MANITIES AND SOCIETY

HUMANITIES AND SOCIETY

知识分子的鸦片

Raymond Aron

[法国]雷蒙·阿隆 著　吕一民 顾杭 译

译林出版社

图书在版编目（CIP）数据

知识分子的鸦片／（法）阿隆（Aron, R.）著；吕一民，顾杭译．—南京：译林出版社，2012.6（2025.12重印）
（人文与社会译丛）
ISBN 978-7-5447-2701-3

Ⅰ.①知… Ⅱ.①阿… ②吕… ③顾… Ⅲ.①政治思想史－法国－现代 ②知识分子－研究－法国－现代 Ⅳ.①D095.655 ②D756.561

中国版本图书馆 CIP 数据核字（2012）第 053015 号

著作权合同登记号 图字：10–2021–22 号

知识分子的鸦片 ［法国］雷蒙·阿隆／著 吕一民 顾 杭／译

责任编辑 张海波
责任印制 董 虎

原文出版 Editions Calmann-Levy
出版发行 译林出版社
地 址 南京市湖南路 1 号 A 楼
邮 箱 yilin@yilin.com
网 址 www.yilin.com
市场热线 025–86633278
排 版 南京展望文化发展有限公司
印 刷 江苏凤凰通达印刷有限公司
开 本 880 毫米 × 1230 毫米 1/32
印 张 10
插 页 2
版 次 2012 年 6 月第 1 版
印 次 2025 年 12 月第 15 次印刷
书 号 ISBN 978–7–5447–2701–3
定 价 59.00 元

主 编 的 话

刘 东

总算不负几年来的苦心——该为这套书写篇短序了。

此项翻译工程的缘起,先要追溯到自己内心的某些变化。虽说越来越惯于乡间的生活,每天只打一两通电话,但这种离群索居并不意味着我已修炼到了出家遁世的地步。毋宁说,坚守沉默少语的状态,倒是为了咬定问题不放,而且在当下的世道中,若还有哪路学说能引我出神,就不能只是玄妙得叫人着魔,还要有助于思入所属的社群。如此嘈嘈切切鼓荡难平的心气,或不免受了世事的恶刺激,不过也恰是这道底线,帮我部分摆脱了中西"精神分裂症"——至少我可以倚仗着中国文化的本根,去参验外缘的社会学说了,既然儒学作为一种本真的心向,正是要从对现世生活的终极肯定出发,把人间问题当成全部灵感的源头。

不宁惟是,这种从人文思入社会的诉求,还同国际学界的发展不期相合。擅长把捉非确定性问题的哲学,看来有点走出自我囿闭的低潮,而这又跟它把焦点对准了社会不无关系。现行通则的加速崩解和相互证伪,使得就算今后仍有普适的基准可言,也要有待于更加透辟的思力,正是在文明的此一根基处,批判的事业又有了用武之地。由此就决定了,尽管同在关注世俗的事务与规则,但跟既定框架内的策论不同,真正体现出人文关怀的社会学说,决不会是医头医脚式的小修小补,而必须以激进亢奋的姿态,去怀疑、颠覆和重估全部的价值预设。有意思的是,也许再没有哪个时代,会有这么多书生想要焕发制度智慧，这既凸显了文明的深层危机，又表达了超越的不竭潜力。

于是自然就想到翻译——把这些制度智慧引进汉语世界来。需要说明的是，尽管此类翻译向称严肃的学业，无论编者、译者还是读者，都会因其理论色彩和语言风格而备尝艰涩，但该工程却绝非寻常意义上的“纯学术”。此中辩谈的话题和学理，将会贴近我们的伦常日用，渗入我们的表象世界，改铸我们的公民文化，根本不容任何学院人垄断。同样，尽管这些选题大多分量厚重，且多为国外学府指定的必读书，也不必将其标榜为“新经典”。此类方生方成的思想实验，仍要应付尖刻的批判围攻，保持着知识创化时的紧张度，尚没有资格被当成享受保护的“老残遗产”。所以说白了：除非来此对话者早已功力尽失，这里就只有激活思想的马刺。

主持此类工程之烦难，足以让任何聪明人望而却步，大约也惟有愚钝如我者，才会在十年苦熬之余再作冯妇。然则晨钟暮鼓黄卷青灯中，毕竟尚有历代的高僧暗中相伴，他们和我声应气求，不甘心被宿命贬低为人类的亚种，遂把迻译工作当成了日常功课，要以艰难的咀嚼咬穿文化的篱笆。师法着这些先烈，当初酝酿这套丛书时，我曾在哈佛费正清中心放胆讲道：“在作者、编者和读者间初步形成的这种‘良性循环’景象，作为整个社会多元分化进程的缩影，偏巧正跟我们的国运连在一起，如果我们至少眼下尚无理由否认，今后中国历史的主要变因之一，仍然在于大陆知识阶层的一念之中，那么我们就总还有权想象，在孔老夫子的故乡，中华民族其实就靠这么写着读着，而默默修持着自己的心念，而默默挑战着自身的极限！”惟愿认同此道者日众，则华夏一族虽历经劫难，终不致因我辈而沦为文化小国。

一九九九年六月于京郊溪翁庄

目 录

序　言

在这几年里，我有机会写了多篇文章。这些文章更多涉及的不是共产党人，而是"亲共人士"(les communisants)，即那些虽未入党，但对苏维埃世界予以同情的人。我决定把这些文章汇编成册，并动手写了一篇导言。这本文集后以《论战》为书名问世[①]，而那篇导言则发展成本书。

知识分子对民主国家的缺失毫不留情，却对那些以冠冕堂皇的理论的名义所犯的滔天大罪予以宽容。我在力图解释知识分子的这种态度的过程中，首先遇到了这些神圣的词语："左派"、"革命"和"无产阶级"。对这些词语的批判促使我对"历史"的崇拜进行了反思，继而又对社会学家们本应关注，却尚未予以关注的一种社会类别——知识分子——进行了考察。

由此，本书一方面探讨了所谓的左派的意识形态的现状，另一方面则探讨了法国以及世界上的知识分子的处境。本书试图解答除了我本人，其他人亦必定曾经提出过的以下问题：为什么马克思主义在法国这样一个其经济演进已不符合其预言的国家会重新流行？为什么无产阶级的意识形态和共产党的意识形态在工人阶级人数较少的地方反而会

① 该书由伽利玛出版社收入"随笔"文丛，并在1955年出版。

取得更大的成功？在不同的国家里，究竟是什么样的环境在支配着知识分子的言论、思想与行动的方式？

在1955年初，关于右派与左派、传统右派与新左派的争论再度流行。在不少地方，人们皆在思忖着是否应该把我归入传统右派或现代右派。对于这些范畴，我是否定的。在议会中，各种阵线会根据所讨论的问题的不同而划定不同的界线。在某些情况下，人们会严格地区分右派和左派。如果人们愿意的话，赞同与突尼斯或摩洛哥的民族主义者和睦相处的人是左派，而赞成予以镇压或维持现状的人则是右派。但是，如果说绝对的国家主权的捍卫者是左派，那么，难道对赞同超国家组织的欧洲予以支持的人就是右派吗？人们完全能够以同样多的理由把这些术语颠倒过来使用。

面对苏联时的“慕尼黑精神”既存在于眷恋马克思主义的博爱的社会党人当中，同时又存在于心头萦绕着“德国的威胁”或未从正在失去的伟大中得到慰藉的民族主义者当中。戴高乐派分子与社会党人的联盟是围绕着“民族独立”这一口号进行的。那么，这一口号究竟是来自莫拉斯的“完整的民族主义”(le nationalisme intégral)，还是来自雅各宾派的爱国主义呢？

法国的现代化、经济的扩张是摆在整个民族面前的任务。有待实现的各种改革会遭遇一些障碍，而这些障碍并非仅仅是由托拉斯或温和派选民造成的。那些紧紧抓住过时的生活形态或生产方式不放的人，并非统统都是“大领主”(des grands)，他们亦经常投左派的票。雇用的方式更不会从属于某个阵营或某种意识形态。

就个人而言，我是个对自由主义有点惋惜的凯恩斯主义者；赞同与突尼斯和摩洛哥的民族主义者和睦相处；确信大西洋联盟的巩固是和平的最好保证。但是，根据人们所涉及的问题的不同，如分别涉及的是经济政策、北非或东西方关系，我既可能被列为左派，又可能被列为右派。

只有抛弃这些模棱两可的概念，人们才可能在法国式论战的一团乱麻中理出一些头绪。只要人们对现实进行观察，只要人们坚持客观立场，他们就会看到这些政治—意识形态大杂烩的荒谬，而这些政治—意识形态大杂烩是由那些忠心耿耿但头脑浅薄的革命者以及急于成功的记者们玩弄的。

如果超越了关于形势的争论，如果超越了变化多端的联盟，人们或许会区别出一些精神家族。每一个精神家族，不管其拥有哪些成员，均会意识到他们的"有择亲和性"(les affinités électives)……但是，当写完这本献给我所出生的家族的书后，我倾向于与之一刀两断。这不是因为我热衷于孤独，而是为了在以下两种人中选择我的同伴：一种是那些知道不带仇恨地进行战斗的人；一种是那些拒绝在"论坛"上展开的斗争中寻找人类命运的秘密的人。

1954年7月于圣西吉斯蒙德

1955年1月于巴黎

第一编
政治的神话

第一章

左派的神话

左派与右派两者之间的抉择还有意义吗？谁要提出这一问题，就立即会有可疑分子之嫌。阿兰曾如是写道："当有人问我，左派政党与右派政党，左翼人士与右翼分子之间的鸿沟是否还具有意义时，我首先想到的是，向我提出这一问题的人肯定不是一位左派分子。"我们不必因这一禁令而裹足不前，因为它暴露出来的与其说是对以理性为基础的信念的爱慕，毋宁说是对偏见的依恋。

根据利特雷词典的说法，"左派"是"法国议会中的反对党，该党的议员坐在议长的左侧"。然而，该词所表示的意思与"反对"并非相同。各个政党会轮流上台执政，但左派政党即使执政，它依然还是左派。

在强调"左派"与"右派"这两个术语的意义时，人们并未满足于指出，在政治力量的"分布"中，围绕着一个不断受到动摇的中心，往往会形成两个彼此对立的集团。人们会提出：或者存在着两种类型的人，他们的态度是根本对立的；或者存在着两套概念，这两套概念之间的对话通过词汇翻新和制度的变化始终进行着；最后，或者存在着两个阵营，这两个阵营之间的斗争充斥于数百年来的编年史当中。除了存在于历史学家的想像之中，除了被德雷福斯事件的经验和选举社会学的颇值得怀疑的解释所滥用，这两类人、两种哲学、两种党派还存在于其他地方吗？

在自命为左派的不同群体之间，从未有过深刻的统一性。一代又一代的左派，其口号和纲领也在变化。而且，昔日为宪政而战斗的左派与当今在人民民主政体中表现出来的左派难道仍有某些共同之处吗？

怀旧的神话

法国被认为是左右对立的故乡。当“左派”、“右派”之类的术语直至第二次世界大战爆发仍很少出现在英国的政治语言中时，它们在法国早已取得了合法身份。在法国，左派享有的威望是如此之高，以至于温和的或保守的党派也绞尽脑汁从对手的词汇表中借取某些修饰语。人们彼此比试着谁最有共和主义、民主主义、社会主义的信念。

根据时下流行的看法，有两种情况使得左右之间的对立在法国显得格外严重。旧制度的统治者所遵奉的世界观是通过天主教的教育获得的，而为革命的爆发做准备的新思想则指责权威的原则，似乎后者既是教会的原则，又是王国的原则。进步党(le parti du mouvement)在18世纪末和19世纪的绝大部分时期，同时与王权和教权展开斗争。进步党之所以倾向于反教权主义，乃是因为教会的等级制度有利于，或看起来有利于抵制进步的党派。在英国，宗教自由显然是发生于17世纪的大革命的原因和结果，故此，其先进的党派更多地保留的是独立派、非英国国教派、激进派等基督教派别的痕迹，而不是无神论的理性主义的痕迹。

法国在实现从旧制度到现代社会的转变的过程中，具有一种绝无仅有的突然性和野蛮粗暴的色彩。在拉芒什海峡的另一边，宪政制度是逐渐地建立起来的，代议制亦产生于其根源可追溯至中世纪的习俗的议会。在18、19世纪，民主制的正统性在君主制并未完全被消除的情况下取代了它。与此同时，公民之间的平等亦逐渐地消除了等级差别。尽管英国人没有以普罗米修斯式的剧烈行为挣脱锁链，但是法国大革命以急风暴雨的方式在整个欧洲大肆推广的一些观念，如主权在民、权力的行使要符合规则、议会得通过选举产生并拥有最高的权力、取消个人身份的差别等等，它们有时在英国却实现得比法国还早。在英国，"民主化"成了对立的党派的共同事业。

法国大革命，不管你认为它壮烈还是恐怖，是灾难的渊薮还是革命的史诗，它毕竟把法国的历史一分为二。法国大革命似乎建立起了两个彼此对立的法国。这两个法国，一个不甘消失，另一个则毫不留情地攻击过去。两者均认为自己体现了一种几乎是永恒的人类社会的类型。它们一个让人想起家庭、权威和宗教，另一个则让人想到平等、理性和自由。在前一个法国中，人们尊重历经数个世纪缓慢形成的秩序；而在后一个法国，人们却公开声明，他们相信人类有能力根据科学知识来重建社会。右派是尊重传统、维护特权的一派，而左派则是崇尚进步、尊重智力的一派。

这种经典的解释并没有错，但是，确切地说，它只道出了一半真相。在所有的层面上，确实存在着这两种类型的人（尽管如此，并非所有的法国人皆属于这两类人中的一类）：奥梅对本堂神甫，阿兰与饶勒斯对泰纳与莫拉斯，克列孟梭对福煦。在某些情况下，当冲突尤其具有意识形态的特征的时候（如围绕着教育法、德雷福斯事件或政教分离所发生的冲突那样），往往会形成两个阵营，而其中的每一个阵营都以公认的信条作为基础。然而，同样应当强调指出，两个阵营的理论本质上是怀旧的，它的作用是掩盖导致各所谓的阵营内部四分五裂的种种不可调和的争论。不管是各种右派，还是各种左派，他们均无法共同执政。正是这一点，构成了1789年以来法国政治史的特征。"左派"的神话只是对1789和1848年的一连串失败的虚拟性的补偿。

直至第三共和国获得巩固之前，除了1848年二月革命和六月起义之间的几个月，19世纪的法国，左派一直扮演着反对党的角色（由此也造成了左派与反对派之间的混淆）。左派反对复辟，因为它自认为是大革命的继承者。左派从大革命中获得了各种历史上的称号、过去的光荣的幻想以及对未来的期望。但是，尽管如此，“左派”仍如同它所仗恃的异乎寻常的事件一样，含混不清。这种怀旧式的左派只具有神话中的统一性。从1789年到1815年，左派从未有过统一性。1848年，当奥尔良王朝的垮台使共和国得以填补宪政的真空时，左派同样并不具有这种统一性。我们知道，右派也同样不是铁板一块。1815年时，君主派分裂成极端派与温和派，前者梦想复辟旧制度，而后者则接受既存事实。路易—菲利普的登基使正统派处于“在国内流亡”的境地，而路易—拿破仑的上台亦不足以使奥尔良派与正统派和好，尽管他们同样地仇视这个篡位者。

法国19世纪的内部纷争重现了使革命事件具有戏剧性特征的那些冲突。君主立宪制的失败导致了一种半议会制的君主制的出现，半议会制的君主制的失败导致了共和国的出现，而共和国则又第二度退化为实行全民表决的帝国。同样，君主立宪派、斐扬派、吉伦特派、雅各宾派之间无情的争斗最后均让位于一位被加冕的将军。这些派别不仅代表着为拥有政权而你争我夺的群体，而且他们在法国政府的形式、所使用的手段以及改革的规模等问题的看法上均各执己见。希望在法国建立一种英国式的君主立宪制的君主主义者，仅仅是在仇视旧制度的这一点上与那些梦想在法国实现平均财产的人相一致。

在此，我们无意去探究大革命为什么会具有灾难性的过程。G.费雷罗在其晚年热衷于阐述两种革命，即建设性的革命与破坏性的革命的区别。前一种革命力图扩大代议制，并确立某些自由；而后一种革命是由正统原则的崩溃引起的，同时又缺少新的能取而代之的正统性。费雷罗的这种区分颇令人满意。建设性的革命几乎可以与我们予以好评的各种事件的结果融为一体：代议制、社会平等、个人自由与思想自由。反之，破坏性的革命则得为恐怖、战争和专制统治承担责任。人们不难设想，君主制在衰退中自身逐渐引起了在我们看来是大革命的成果的一些基本的东西。然而，鼓动法国大革命的思想——严格地说，它们与君主制并非不可调和——却动摇了王权赖以存在的思想体系。它们引发了正统性的危机，而大恐慌与恐怖则又源自这种危机。不管怎样，事实是，旧制度几乎没有进行自卫就一下子崩溃了，此后法国花了一个世纪的时间以寻找另一种能为大多数国人接受的政体。

从19世纪初开始，大革命的社会后果似乎是明显的、不可逆转的。人们对摧毁特权制度，对民法，对法律面前人人平等这些问题已不可能改变主意。但是，是选择共和国还是君主制，这一问题仍悬而未决。民主的愿望并非仅仅与议会制度联合在一起；波拿巴主义者就是以民主观念的名义取消了政治自由的。任何一位严肃的法国作家都不会承认在那个时期的法国存在着一个具有共同愿望的统一的左派，也不会承认左派能把所有与旧法国的捍卫者斗争的大革命的继承人包括在内。进步党只是反对派的一个神话，这一神话无法与选举的实际情况吻合。

当共和国保证能够生存的时候，克雷蒙梭居然不顾历史事实，声称“共和国是一个集团”。这种主张表明左派内部过去的争论已经结束。民主制已与议会制消释前嫌，“一切权威源自人民”的原则得以确立，普选制度将有利于维护自由，而不是有利于专制君主的上台。自由派与平等派、温和派与极端派已不再有消灭对方或互相争斗的动机，因为各党各派分别提出的一些目标最后都已同时得到实现。第三共和国既是一个立宪的政体，同时又是一个民众性的政体。它通过普选制度在法律上接受了人人平等的原则，并且给自己虚构出一个光荣的祖先——大革命的集团。

然而，当第三共和国的巩固结束了资产阶级左派内部的争论时，一种自巴贝夫密谋以来，也可能是自民主思想萌生以来缓慢出现的分裂突然爆发。反对资产阶级的左派继承了反对旧制度的左派。这一新的左派宣称，生产工具是公共财产，经济生活应当由国家来组织。如果说旧的左派反对的是王权的专断、特权制度或行会组织的话，那么，新旧左派的指导思想和追求的目标难道是相同的吗？

马克思主义曾经有过一种提法，这一提法既保证了新旧左派之间的连续性，又表明了他们之间的决裂。作为紧接着第三等级而来的第四等级，无产阶级接替了资产阶级。资产阶级曾经打碎了封建制度的锁链，把人从地方共同体、个人效忠和宗教的束缚中解脱出来。个人在摆脱了传统束缚的同时也失去了传统的保护，并得毫无防备地面对盲目的市场机制和资本家的巨大权力。无产阶级将实现解放，并重建一种人类秩序以取代自由经济的混乱状态。

是强调社会主义作为“解放者”的一面，还是作为“组织者”的一面，这得根据国家、流派和局势来定。人们时而强调它与资产阶级的决裂，时而又强调它与大革命的连续性。在德国，1914年以前，社会民主党通常装出对民主制的纯政治的价值观念不感兴趣，并公然蔑视法国的社会主义者所采取的坚定的捍卫普选制和议会制的态度。

在法国，资产阶级民主与社会主义之间的冲突，表现出了和资产阶级左派不同团体之间的冲突相同的反差：这种冲突在现实中表现得愈是剧烈，人们就愈是激烈地在口头上否认这种冲突的存在。直到最近，或许是直到第二次世界大战，左翼知识分子很少逐字逐句地解释马克思主义，并承认在无产阶级与过去的所有统治者，包括资产阶级之间存在着根本的对立。他们本能地赞同的哲学是饶勒斯的哲学，这种哲学把马克思主义的成分与唯心主义的形而上学和对改良的偏好结合了起来。共产党在人民阵线运动时期或爱国抵抗运动时期比其奉行“阶级反对阶级”路线的时期发展得更快。许多把选票投给共产党的选民坚持认为，共产党是启蒙运动的继承者，共产党更成功地从事着左派的其他团体也在从事的任务。

然而，欧洲任何其他国家的社会史中都未曾包括像1848年的六月起义或巴黎公社那样的悲剧性的插曲。在1924年和1936年，社会党与激进党共同取得了选举胜利，但是，它们却没有能够共同治理国家。当社会党最终加入联合政府的时候，共产党成了主要的工人党。左翼同盟时期，以及德雷福斯事件和围绕着政教分离法而展开的斗争中，俗教徒与社会主义者的联合，并非法国的典型特征，更能表现法国特征的是1848、1871、1936和1945年的爆发所显示出来的资产阶级与工人阶级之间的分裂。左派的统一与其说反映了法国的现实，毋宁说掩盖了法国的现实。

由于没有25年的动荡就不能够达到自己的目标，进步党事后发明了两种原则的斗争，即善与恶、未来与过去的斗争。由于它没能成功地把工人阶级与整个民族结合在一起，资产阶级“知识分子”梦想有一个能包括并代表第三等级、第四等级的左派。这一左派并非完全是神话似的东西。面对选民，它有时能够形成团结。但是，正如1789年的革命者只有在后人回顾复辟王朝使吉伦特派、雅各宾派和波拿巴主义分子成为共同的反对派时才是统一的一样，激进派和社会主义者只有在反对一个难以捕捉的敌人——反动——的时候，以及在投入一项当他们开战时就已经过时的战斗，即世俗化的战斗时，才真正地意见一致。

价值观念的分离

在当代，尤其是自1930年的大危机以来，在左派中占主导地位的观念，也就是被就读于欧美大学的来自非洲、亚洲的大学生带回本国的那种观念，带有一种教条色彩不浓的马克思主义的痕迹。左派以反资本主义者自居，并把生产工具的公有化、对称为托拉斯的经济的集中以及对市场机制的不信任等等，拼凑成一个混乱不清的综合物。在单行道上向左靠，即意味着向国有化和收入均等的方向努力。

在英国，“向左靠”（keep left）这一词在近二十年里已取得一些人的好感。也许，扬言要反对资本主义的马克思主义，向体现未来的左派提供了取代资本主义的历史观。也许,工党在1945年的上台执政显示了在一部分非特权阶级人士中汇聚的对统治阶级的不满。不管怎么说,社会改良的愿望与对一小撮统治者的反抗之间的巧合,为左派神话产生和发展提供了情境。

在欧洲大陆,20世纪具有决定性意义的经验显然是在右派内部和左派内部出现的分别由法西斯主义或纳粹主义和共产主义所造成的双重分裂。在世界的其他地区,具有决定性意义的经验则是左派的政治价值观念与社会价值观念的分离。意识形态方面之所以出现混乱局面,可归因于欧洲自身的分裂与欧洲价值观念在非西方文明社会中的分离之间的碰撞和由此造成的混乱。

把借自西方政治学的术语应用于非西方文明国家的内部冲突,往往会有风险。即便是,或更确切地说,尤其是当这些国家竭力倚仗西方的意识形态时,这种风险依然存在。在一种不同的框架中,各种意识形态很可能会具有与其最初的意义相悖的意义。同样的议会制度,会根据建立并领导这一制度的社会阶级的不同,而起着进步作用或保守作用。

当一些出身于小资产阶级的正直军官解散了由帕夏[①]们操纵的议会,并加速开发本国资源时,他们究竟该算是左派还是右派呢？这些取消了宪法的保护(也就是说,实行了军事独裁)的军官不可能被称为左派。但是,不久前利用选举制度或代议制度来维护其特权的富豪或财阀同样也不配这一光荣的称号。

在南美或东欧国家,类似的权威主义方式和社会进步的目标的结合,不止出现过一次。通过模仿欧洲国家,人们在这些国家建立了议会,引入了普选权,但是,这些国家中的大众仍然是目不识丁,其中产阶级亦依然脆弱。因而,各种自由主义的制度就不可避免地被"大地主"或

① 帕夏(Pacha)是奥斯曼帝国的各省总督,同时也是旧时土耳其的某些显赫人物的荣誉称号。——译注

“财阀”以及他们在国家中的同盟者所垄断。在阿根廷，庇隆的独裁统治受到贫苦劳工的支持，同时遭到了享有特权并控制着议会的大资产阶级的辱骂，那么，庇隆该算左派还是右派呢？左派的政治价值观念和社会经济的价值观念，在欧洲曾分别标志着各个连续的发展阶段并正在最终走向一致。但是，在其他地方，它们仍然处于基本分离的状态。

此外，政治学的理论家们并没有忽视这种分离的现象。希腊作者们已经描述了权威主义运动得以出现的两种典型状况，这两种状况既不能归因于贵族的右派，也不能归因于自由的左派。这两种状况分别是“古代的僭主制”和“现代的僭主制”。前者产生于从家长制社会到城市或手工艺人社会的过渡时期；后者则更多地带有平民色彩，并产生于民主政体内部的派别斗争之中。古代的僭主制至少需要上升阶级中的一部分人，即城市小资产阶级的支持，并废除旧有贵族控制的为其谋利的各种制度。而现代的僭主制则在古代的城邦国家中，把“因受到掠夺性法律的威胁而惊恐不安的富人”与公民中被中产阶级抛弃且被债主逼得走投无路的最贫穷的人结为一个不稳定的联盟。在20世纪的工业社会，也产生了一个类似的联盟。这一联盟包括对正在蔓延的社会主义感到恐惧的大资本家，自以为是的财阀，作为受工会保护的无产阶级的牺牲品的中间性社会群体，工人中最穷的那部分人（农业工人和失业工人），以及那些对议会行动的缓慢感到恼怒的来自各个阶级的民族主义者和活动分子。

在19世纪法国的历史中，也有类似的分离的例子。拿破仑使法国大革命的社会征服得以久存，但他用一种专制而有效的个人权威取代了软弱而宽容的君主制。在资产阶级的世纪，民法与独裁并非毫不相容；同样，在(苏联)社会主义的世纪，五年计划与专制亦可并行不悖。

为了使旧欧洲的各种冲突具有一种意识形态上的纯洁性，人们往往把“法西斯主义革命”解释为反动的极端形式。人们曾不顾事实地否认，法西斯主义的煽动家不仅是社会民主党的死敌，而且同样是自由资产阶级或贵族的死敌。人们坚持认为,右派的革命把政权留给了同一个资本家阶级,同时满足于以警察国家式的专制主义取代议会民主的更狡猾的手段。不管“大资本”在法西斯主义的上台中扮演了何种角色,如果人们把“民族革命”归结为一种并没有什么独特性的反动形式,或把它视为垄断资本主义国家的上层建筑,那么他们就歪曲了“民族革命”的历史意义。

事实上,如果人们把布尔什维主义和佛朗哥主义视为两种不同的极端,那么他们就会毫不犹豫地把前者称为左派,把后者称为右派。布尔什维主义取代了传统的专制主义,消灭了过去的统治阶级,推行生产资料的集体所有制,并通过渴望和平、面包和土地的工人、农民、士兵取得政权。佛朗哥主义则取代了一种议会制政体,得到了特权者(大地主、工业家、教会和军队中的上层人士)的资助和支持;由于驻扎在西属摩洛哥的军队的支持,由于卡洛斯派①的参与,由于德国或意大利的干涉,佛朗哥主义在内战战场上取得了胜利。前者使人想起左派、理性主义、进步、自由的意识形态,而后者则使人想起反对革命、家庭、宗教、权威的意识形态。

并非所有的情况都如此地泾渭分明。……希特勒从银行家、工业家和某些认为只有他才能恢复德国的伟大的军方领导人那里获得了金钱,然而,数以百万计的人相信这位“元首”,是因为他们已不再相信选举、政党和议会。由于经济危机的冲击和战败在精神上所产生的影响的结合,在一种成熟的资本主义中重新形成了一种类似于工业化初期的状况:议会的明显无能与经济停滞之间形成反差,负债累累的农民和失业工人的反叛随时会发生,数百万失去工作的知识分子对自由派、财阀和社会民主党人表示憎恨,认为他们都是现状的受益者。

一旦局势严重到使代议制政体与大众性工业社会的政府的必要性

---

① 卡洛斯派是西班牙近现代历史上支持卡洛斯为国王的教权派专制集团。——译注

之间出现失调,信奉权威主义的政党的吸引力就会显示出来,或可能会显示出来。以牺牲政治自由来换取行动上的活力的诱惑,并未随着希特勒或墨索里尼而消失。

随着其统治的巩固,国家社会主义变得愈来愈不保守。军队的首领、名门之后与社会民主党的领导人一起遭到镇压。随着对经济的管理逐步取得成功,国家社会党力图根据其意识形态来塑造德国,如果有可能的话,甚至是整个欧洲。希特勒的体制混同政党和国家,控制独立的组织,把有偏见的学说转变成一种全民族的正统学说,诉诸暴力并赋予警察无限的权力。右派与左派,或者说法西斯伪右派和苏联伪左派难道没有在极权主义中相汇合吗?

人们对此可以说,前者的思想源自反革命的浪漫主义,而后者的思想则源自革命的理性主义。而且,前者从根本上说强调特殊性,强调民族或种族的因素,而后者以一个由历史选定的阶级为出发点来强调普遍性。但是,号称是左翼的极权主义在革命发生三十五年之后,却颂扬大俄罗斯民族,谴责世界主义,维持治安和正统观念方面的严格规定。换言之,它继续否认各种自由的和个人的价值观念,而这些价值观念是启蒙运动在反对权力的专断和教会蒙昧主义的过程中力图倡导的。

下述论点,即把国家的正统性和恐怖统治归因于革命的激烈和工业化的需要,从表面上看起来似乎更有道理。布尔什维克是成功的雅各宾派,并利用局势扩大了其意志主宰的空间。由于俄国与接受新信仰的国家在经济方面落后于西方,因此,深信自己是进步事业的化身的宗派必须通过强迫其人民省吃俭用、努力劳动,以开创其统治。埃德蒙·柏克本人也认为,雅各宾式的国家,其本身即构成了对传统体制的侵犯,因此,传统体制与革命观念之间的斗争是难以避免、无法平息的。共产主义热情的平息和生活水平的提高,将在未来有助于克服大分裂。届时,人们将会发现,手段上的差别要大于目标上的差别。

在回首往事时,人们会承认,左派在起来反对旧制度时有着多种目标,这些目标既不互相矛盾,亦非互相依存。通过大革命,法国在欧洲国家中率先在纸面上和法律文本中实现了社会平等。但是,君主制的崩溃,特权阶层政治作用的消失,在长达一个世纪的时间里导致了法国所有政体的动荡不稳。从1789年至1880年,不管是在法国还是英国,各种个人自由与权威的宪政特征均未持续不断地得到尊重。主张自由的党更多关注的是人身保护法(l'habeas corpus)、陪审团制度、出版自由和代议制度,而不是国家的君主制或共和制形式。而且,他们从来都仅仅代表微弱的少数。英国直到19世纪才实行普选制,然而,它却从未出现过"实行全民投票的专制统治"之类的现象,其公民也从不用担心被任意逮捕,报纸也不用担心被查禁或查封。

人们会说,类似的现象难道不正在我们眼前发生吗?方法上的冲突难道没有被曲解为原则的冲突吗?工业社会的发展与大众的一体化正成为普遍现象。对生产的控制(即使不算国家对生产的管理)、专业工会参与公共生活、对劳工法律上的保护,构成了当代社会主义的最低纲领。在那些经济发展已达到一个相当高的水平,民主的观念与实践已深深扎根的国家,英国工党式的方法就足以在不牺牲自由的情况下实现对大众的整合。与之相反,在俄国这样经济发展处于停滞状态、国家机器仍然停留在专制主义阶段的国家,就无法适应世纪的任务。因此,一旦革命者团体取得政权,他们必定就会加速工业化进程,并通过暴力迫使人们做出牺牲或服从必不可少的纪律。苏联体制一方面带有雅各宾派的心态的痕迹,另一方面也暴露出计划指导者们的急躁情绪,它将随着意识形态上的怀疑主义的发展以及资产阶级化的发展而向民主社会主义靠拢。

即使人们赞同这种相对乐观的前景,共产主义左派与社会主义左派的调和仍将遥遥无期。共产主义者何时才会不再相信其使命的普遍性呢?生产力的发展何时才能使政治和意识形态上的清规戒律有所放松呢?贫穷正折磨着数以亿计的人民,而对于这些人民,某种学说曾许诺说要给他们带来富足的生活。为此,当局者需要在好几个世纪的时间里对“公开性”进行垄断,以便掩盖神话与现实之间的反差。最后,政治自由与经济计划化之间的调和,比法国大革命历经一个世纪才完成的社会征服与政治目标之间的调和更要艰难。无论是在理论上还是实践中,议会制国家均与资产阶级社会协调。而一个实现计划经济的社会除了允许专制国家之外,还能允许其他类型的国家吗?

从辩证法的角度来看,左派难道不是通过自己的发展而带来一种压迫吗?

政治体制的辩证法

左派形成于对抗当中,并通过一些观念来加以确定。它揭露某种社会秩序像所有人类现实一样不完美。但是,一旦左派取得了胜利,并轮到它来对现存社会负责,那么,成了反对派或反革命派的右派亦能够毫不困难地指出,左派代表的不是与权力对立的自由或与特权者对立的人民,而是一种与另一种权力对立的权力,一个与另一个特权阶级对立的特权阶级。如果想要理解已经取得胜利的革命者有哪些负面的东西或付出了何种代价,只要听一听旧有体制的发言人的论断就足够了。旧有体制往往会在人们的记忆中得到美化,或者会由于现存的不平等现象而恢复声誉,19世纪初保守派的体制与当今自由资本主义体制就是如此。

经过数百年的时间形成的各种社会关系往往会以人性化告终。不同等级成员之间地位上的不平等,并未排除彼此之间的相互承认。它为各种真实的交流留下了位置。在回顾往事时,人们会歌颂人际关系的美好,赞扬忠诚的美德,并用这种美德去反衬在理论上是平等的人与人之间的关系的冷淡。旺代人之所以起来叛乱,并非为了捍卫束缚他们的锁链,而是为了捍卫他们自己的世界。随着人们在时间上远离事件,人们就会得意地强调昨日的臣民的幸福与当今的公民的苦难之间的反差。

反革命的论战不仅把革命后的国家与君主制的国家进行比较，而且还对革命前后的个人进行比较。在革命之后，个人得听凭富人与当权者的任意摆布，而在旧制度下，生活在乡村与城市的法兰西人则被结合进了一些共同体。一个明显的事实是，救国委员会的国家、波拿巴的国家或拿破仑的国家担负着比路易十六的国家更多的任务，其对国人的索取也相应地更多。18世纪的正统君主从不可能会想到对适龄者进行入伍总动员。个人之间不平等的取消同时带来了选票与征募，但服兵役义务的普遍化要远早于选举权的普遍化。革命者坚持要取消专制主义，让人民的代表参与制定法律，以宪政取代专制，并通过间接选举选出行政官员。而反革命分子则提醒道，不久前在原则上是绝对的权力，实际上受到多种风俗习惯、多种中间团体的特殊利益以及不成文法的限制。法国大革命（也可能是所有的革命）在观念上革新了国家，但它同时也使国家变得年轻了。

社会主义者们重新采用了部分反革命的论点。在消除了人与人之间地位上的不平等之后，人与人之间只剩下了一种区别，即经济上的差别。贵族们已经失去了政治地位和威信，而且他们在相当大的程度上也失去了其社会地位赖以存在的经济基础，即土地的所有权。但是，在平等的借口下，资产阶级垄断了国家的财富。换言之，一小撮特权者取代了另一小撮特权者。而人民从中又得到了哪些好处呢？此外，某些社会主义者在批评个人主义方面倾向于和反革命分子一致。他们同样满怀恐惧地描述着个人今后将置身于其中的弱肉强食的世界。在这一世界中，个人将迷失在数以百万计的其他个人中，人们将彼此争斗，并同等地服从于市场的偶然性以及行情不可预测的起伏波动。由此，“组织”的口号取代或补充了“解放”的口号，即通过集体有意识地组织经济生活，使得弱者免遭强者的摆布，穷人免遭富人的利己主义的伤害，并使经济本身避免出现混乱的状态。但是，与在旧法国向资产阶级社会的转变中显示出来的辩证法相同的辩证法，会在从资本主义向社会主义的过渡中重新出现，而且还会有所加剧。

对托拉斯以及生产资料过度集中在私人手中的现象的揭露，是左派偏爱的主题之一。左派自称代表着人民，并对暴君予以抨击。在左派看来，托拉斯的老板不啻是现代的领主，他们主宰着普通人的命运，并与公众利益作对。左翼党派所采用的解决方法并不是解散托拉斯，而是转为由国家来控制某些工业部门或某些大型企业。让我们暂时把这样一种经典的反对意见放在一边：国有化不仅没有消除，而且往往是加剧了经济上的多种弊端。劳动者置身其中的技术官僚等级制，并没有因为所有制方面的变化而出现改变。国营雷诺工厂的经理、法兰西煤炭公司的经理同样能够向当权者提出有利于他们的企业的决定。诚然，国有化消除了人们曾指责的工业巨头躲在背后施加的政治影响。但是，托拉斯领导人所丧失的行动手段却重新出现在国家的统治者手中。后者的责任则往往会随着生产资料占有者的逐渐减少而逐渐增大。当国家仍然民主的时候，它的控制力可能范围广而力度小。但当一个集团控制了国家的时候，它会为了自己的利益重建并实现经济力量和政治力量的结合，而这种结合曾是左派对托拉斯进行抱怨的原因。

近现代生产机构包含着一种我们称为技术官僚制的等级制度。居于这一等级制度上层的与其说是纯粹的工程师或技术员，毋宁说是组织者或经理。在法国、英国或苏联都已在实行的国有化，并未使工人不再遭受其上司的摆布，也没有使消费者免遭托拉斯的坑害。它们只是去除了股东、董事会成员与金融家，而这些人对企业管理的参与与其说是真实的，倒不如说是理论上的。他们只是凭借其财力，在名义上控制并影响着企业而已。在此我们无意对这种国有化的得失利弊进行总结，只是想指出，在国有化的情况中，左派的各种改革只是导致了特权者之间的力量配置的变动，它们既没有提高穷人或弱者的地位，也没有降低富人或强者的地位。

在西方社会，技术官僚等级制度仅局限于生产机构的一个部门。大量的中小企业仍继续存在；农业亦保留着多种身分的从业人员（自耕农、农场主和佃农）；在分配或销售系统中，则是巨人和矮子并列，前者如大型商场，后者如街角的乳品商。西方社会的结构极为复杂，其中有前资本主义时代贵族的后裔、世代相传的富豪家族、私营企业主和拥有地产的农民等等。这些人维持着纷繁复杂的社会关系和独立的群体。由此，数百万的人得以在国家机构的管理之外生活。技术官僚等级制度的推广意味着这种复杂性的消除。任何个人都不再服从于另一个独特的个体，而是所有的人均要服从于国家。左派力图把个人从直接的束缚中解放出来，但它很可能最终使人屈从于公共管理机构的束缚，这种束缚虽然在法律上不那么直接，但事实上却无所不在。然而，国家对社会管理的面越广，……相对独立的群体之间和平竞争的目标就更少。一旦整个社会如同一个巨大的企业，处在其顶端的人必然会变得漠视下层群众的意见（不管是赞同还是反对的意见），事实难道不是如此吗？

随着这种演变，传统关系的残余和地方共同体显然更像是一种阻碍个人被巨大的行政权力这一工业文明所产生的怪物吞噬的障碍，而不是民主的制动器。由此开始，随着时光的消逝而被削弱和消除的各种历史上的等级制度，也似乎不再是旧的不公正行为的维护者，而更像是一种能抑制专制倾向的事物。为了反对这种不公开的专制，保守主义成了自由主义的同盟者。如果传统留下来的制动器失灵，那么，就没有任何事物能够再阻止极权国家的出现。

由此，将解放作为归宿的乐观主义的历史描述被一种悲观主义的历史描述所取代。根据后一种描述，奴役人类的灵魂与肉体的极权主义将是一种以取消国家为开始，以取消所有个人或团体的自治为终点的运动。苏联的经验助长了19世纪的有识之士已经初步具有的这种悲观主义。托克维尔曾经非常明确地指出，如果代议制被群众的急躁情绪所推翻，如果源于贵族的自由意识趋于衰弱，民主的不可阻挡的冲劲究竟会产生何种后果。一些历史学家，如雅各布·布克哈特和欧内斯特·勒南，他们对年代较近时期的专制政治的恐惧，要远远大于对人与人之间的和平共处的期望。

我们不想顺从上述两种观点中的任何一种观点。技术或经济结构的不可避免的转变和国家权力的扩展，既不意味着解放，也不意味着奴役。所有的解放都会具有一种产生新型奴役的危险。左派的神话制造的仅仅是这样一种幻象，即朝着一种幸福的目标发展的历史运动积累了每一代人的成就。由于有了社会主义，资产阶级建立的名义上的自由被赋予了真实的自由。事实上，历史是辩证的——此处的“辩证”并不具有法共如今所赋予该词的严格意义。各种政治体制并不是矛盾对立的，人们并非一定要通过决裂或暴力才能使一种政体转变为另一种政体。然而，在每一种政体内部，都把其他政体视为悬挂在人们头上的威胁。因而，相同的制度会改变其意义。为了反对财阀，人们会倡导普选制或国家权力；而为了反对到处蔓延的专家统治，人们则会竭力维护地方或专业的自主。

在一个特定的政体内，重要的是在难以调和的要求之间达成合理的妥协。我们不妨以人们在争取收入平等方面所做的努力为例来说明这一点。在资本主义制度中，税收充当了减少贫富差距的工具。只要直接税公平地分摊与征收，只要人均收入达到足够高的水平，这一工具就不会失去效力。但是，从某一点开始(这个点的位置在不同的国家会有所不同)，税收会引起隐瞒和造假；并造成自发的储蓄日趋减少。因此，人们应当接受某种与竞争原则本身不可分离的不平等的措施。此外，遗产税虽然能加速巨额财产的分散，但它没有从根本上消灭巨额财产。人们并不会无节制地向着收入平等的方向发展。

在因遭到现实的抵制而失望之后，左派人士会倡导一种完全计划化的经济。但是，在这样的社会中，会产生出另一种不平等。在理论上，计划经济的主管者们能够在所有他们认为合适的范围内减少收入的不平等。那么,在他们看来,符合集体利益、符合他们自身利益的范围又是什么呢?不管是经验上的还是心理上的可能性都不会得出有利于平等事业的答案。计划经济的主管为了鼓励人们努力工作亦实行了差额工资制。对此,人们无法苛责他们。左派只是在自己处于反对派的地位、资本家负责财富的生产时才倡导平等。一旦他们上台执政,他们必然也会把最大限度地生产的需要与对平等的关心调和起来。至于计划经济的主管者们,他们很可能比其资本主义的前任更加高估自己在服务中付出的代价。

除非集体资源出现史无前例的增长,每一种体制都只容忍某种程度的经济平等。人们可能消灭一种与某种经济运行方式联系在一起的不平等,但他们又会自动地重建另一种不平等。收入平等化的界限不仅由社会物质的重力和人的利己主义所勾画,而且也由多种集体和道德的要求所勾勒,后者与对不平等的抗议一样合乎情理。奖赏最积极、最有才能者,同样也是公正的。或许,这样做对生产的增长还是必不可少的[①]。在一个像英国这样的国家里,绝对平等不可能保证维持并丰富着文化的少数人拥有创造性存在的各种条件[②]。

左派倡导的以及几乎整个舆论都赞同的社会立法,从现在起包含着一种负债,因为它们不可能在不损害其他同样正当的利益的情况下无限制地扩展。例如,在法国,其费用源于工资税的家庭津贴有利于家庭中的父辈或老年人,却有损年轻人和单身者,即最具有生产能力的人的利益。左派就肯定会比关心加速经济进步更多地去关心避免苦难吗?

① 在当代,无论是高额收入还是巨额财产均非不可或缺。在民主制的资本主义国家里,高额收入正被国家重新采用,而巨额财产则在急剧减少。

② 贝特朗·德·儒弗内尔通过计算指出,在1947至1948年,为了使最低年收入提高到250英镑的标准,就得把年收入最高者的年收入限制在500英镑(税后收入)。(《分配的伦理学》,剑桥大学出版社1951年,第86页。)

在这种情况中,共产党人不属于左派。但是,在一个人们为生活水平的问题所困扰的时代里,非共产党的左派也应当像不久前的资本家一样,去关心如何促进社会产品的增加。这种有期限的增加符合集体利益,同样也符合个人的利益。此外,社会物质虽经得起理想的意愿的摆布,但其矛盾也在不同的口号如"按需分配"与"按劳分配"之间显示出来。

在英国,与间接税结合在一起的食品津贴导致了家庭内部的不同开销之间的一次再分配。根据1950年4月1日的《经济学家》杂志所引用的统计资料,年收入低于500英镑的四口之家平均每周可获得57先令的津贴,但同时得为各种税收和社会公益事业费用支付67.8先令。尤其是,他们得支付31.4先令的烟酒税。若是这样的话,社会立法政策和税收政策可能会否定自身。在1955年国家开支与税收减少的意义将可能与50年前完全相反。"单向"在政治上是一种巨大的幻象,而"孤独臆想"(le monoidéisme)则是灾难的原因。

左派人士所犯下的错误是为某些机制要求一种只属于观念的威望:集体所有制或充分就业的方式,必须根据其效力,而不是其信奉者的道德影响来进行判断。左派还错误地想像出一种虚构的连续性,好像将来总是比过去更美好,好像主张变革的党始终有理由去反对保守者,人们可以把遗产当成成果,并且只需要去关注新的征服。

不管是传统的政体、资产阶级的政体还是社会主义的政体,均没有始终保证思想自由与人类团结。惟一的左派,总是忠诚于自己的左派,是那些使人想起博爱,即爱,而不是自由或平等的人。

思想与现实

在西方国家中,我们为了便于分析而加以区别的左右对立的不同含义会程度不等地表现出来。所有地方的左派都保留着某种反抗旧制度的斗争的特点;所有地方的左派都以对社会立法、充分就业和生产资料的国有化的关注而给人留下深刻印象；所有地方的左派都向斯大林式的极权主义的严酷妥协；在所有的地方，议会行动的缓慢进展与群众的急躁都可能会导致政治价值观念与社会价值观念之间的分离。但是，在这些意义错综复杂地交织在一起的国家和那些只有一种意义在支配着论争及其战线的形成的国家之间，存在着巨大的差别。在这两类国家中，英国属于后者，而法国则属于前者。

英国无需怎么努力就成功地使法西斯主义变得荒谬可笑。威廉·乔伊斯[①]在事件进程的推动下，不得不在归附与背叛两者之间做出抉择(他选择了背叛)。工会组织的领导人们深信他们属于民族共同体，深信他们能够在既不否定传统又不与宪政的连续性决裂的情况下改善工人的状况。至于共产党，虽然它没有能够在下议院占得一个席位，却通过渗透在工会组织中占据了某些重要职位。尽管它拥有在知识分子中颇有地位的党员或同情者，但并未在政治界或新闻界中起重要的作用。“左倾的”周刊虽具有一定的影响，但它们却慷慨地把人民阵线或苏联化的好处让给了别人——欧洲大陆的或亚洲的左派，因为它们不打算为古老的英国去要求这些东西。

在缺少法西斯党等的情况下，关于观念的讨论往往与实际冲突联系在一起。例如，在社会层面上，在平等的要求与继承过去的社会等级之间出现了冲突；在经济方面，集体主义倾向(集体财产、充分就业、控制)与对市场经济的偏爱之间出现了冲突。一方面是平等主义与保守主义之间的对立，另一方面是社会主义与自由主义之间的对立。保守党希望在达到一定程度后停止对收入的再分配，而工党，至少是新费边派的知识分子却希望走得更远。保守党废除了工党从大战时期接受过来的控制机构，而工党则希望，在重新上台执政时能够部分地恢复这些

① 威廉·乔伊斯在二战期间更著名的名字是豪·豪爵士(Lord Haw Haw)。他在德国电台的英语广播节目中充当了首屈一指的角色。

机构。

若不是两党政治而是三党政治,形势会显得更为明朗。托利党的自由主义会引起争执。在属于温和左派(这是我们在法国采用的称呼)的人当中,信奉理性和改革的人大多厌恶把选票投给倾向于国家干涉主义的社会主义者。不信奉英国国教的左派的思想没有与社会主义左派的思想融合,它在议会中仍没有议席。

作为政治力量的自由党的消失,其原因部分归结于历史状况(劳合·乔治在第一次世界大战后的危机),部分归结于选举体制无情地去除了第三党。但是,自由党仍然具有一种历史意义。基本的自由主义——对个人自由的尊重与和平的统治方式——不再为某一党所垄断,因为它已成为所有人的财产。当人们不再质疑宗教异端或政治分歧的权利时,非英国国教主义也失去了其作用,因为它已赢得了胜利。源于一种世俗化基督教主义的英国左派的道德鼓动,从此之后以工党提出或负责的社会改良为目标和表现。在某种意义上,19世纪的左派已经取得了过于全面的胜利,以至自由主义不再为它所独占。在另一种意义上,19世纪的左派又被多种事件所超越,以至工党在今天似乎成了非特权者的要求的代言人。

工党在1945年赢得了一次连他们自己也感到震惊的胜利。在五年的时间里,工党自由地根据自己的意愿来制定法律,并广泛地使用了这一权利。由此,1950年时的英国一下子与1900年或1850年时的英国截然不同。英国的收入不平等现象在半个世纪前在西方国家中表现得最为突出,而今却变得比欧洲大陆国家还要轻微。曾作为个人首创精神之乡的英国,从此之后提供了社会立法方面的近乎完美的模式。如果免费医疗服务也被引入法国,那我们就可从中看到理论和制度上的思想证据。一些工业企业实行了国有化,农业市场得到了组织协调。但是,不管工党已取得的成就有多大,英国仍然还是英国。无产阶级的生活条件与劳动条件虽得到了改善,但并没有深刻的变化。在印度颇为幸运,而在近东却不太走运的工党外交，在本质上与保守党政府的外交并无不同。难道社会主义仅仅是如此吗？

对于上述两党，人们均可以提出一些问题或进行思考。就工党而言，尤其是在知识分子当中，人们会对该做什么进行思忖。就保守党而言，人们已对它恢复了信心，相信古老的英国，如同在19世纪一样，不用流血，不用牺牲几百年已经取得的成果，就可引入欧洲大陆革命的基本成果。

《新编费边主义文丛》[①]表明，工党今后的斗争更多的是反对富裕，而不是反对贫困。人们希望消除那种使个人无需工作就可生活下去的财产集中，还希望扩大国营企业，以便使减少工资方面的差别成为可能。只要私营企业还在经济领域中占绝大多数的地位，私营企业就会保持高工资的水平。如果国家给国营企业负责人的薪酬明显低于大型私营企业负责人的薪酬，那么国家就会失去其最优秀的仆人。如果人们已完成了对旧的统治阶级的消灭，那么，人们也只有在保留英国社会的情况下减少贵族的特征。

这种研究属于一种学说的正常发展。一旦实现了其纲领的绝大部分内容，工党就会思忖，现阶段究竟应当着眼于巩固还是着眼于新的前进。温和派虽没有公开地表态，但它会接受巩固现状的论点，并同意与开明的保守党人汇合，后者同样也提出了经济问题和历史意义的问题。当充分就业时期工会组织能自由地与雇主们进行谈判时，如何才能避免通货膨胀呢？如何才能维持经济的弹性和企业家的积极性呢？如何才能限制或减少赋税呢？何处能够找到可投资于前景不明的企业的资本呢？简而言之，一个自由的社会如何才能成功地吸收某种社会主义的药方，并在既不会妨碍有才能者晋升又不会减缓整个集体发展的情况下，保障所有人的安全呢？

---

① 《新编费边主义文丛》，格罗斯曼出版社出版，伦敦，1952年。

以下两类人之间的对话并非不可能：对工党改革的不足感到失望的人与害怕改革继续推进的人；要求减少不平等、扩大集体财产的人与关注如何激发干劲和奖赏劳动成果的人；信任“有形的控制”的人和希望恢复市场机制作用的人。统治阶级已经心甘情愿地同意牺牲自己的部分财富和权力。它虽保留了一种贵族风格，但却继续在寻求与那些体现“未来的一代”的人的协调。右派也许不怎么喜欢左派所承认的新英国。但出于明智或伴随着狂热，所有的人都会接受它。当温斯顿·丘吉尔在公共集会上阐释《通往奴役之路》时，把盖世太保与统制经济扯在一起。他的这一说法吓唬不了任何人，只能使许多他的选民发笑。不过，也许人们在几十年或几百年后会把他这番今日看上去是为竞选服务的话当成带有预言性的真理。在英国，政治思想是与现实同时代的。至于法国的政治思想，人们却不可能这样说。

在当今法国，意识形态的混乱与左右对立可能产生的各种各样的含义的混淆有关，而这种混淆很大程度上又可归因于事实。在法国，前工业社会的结构比英国或斯堪的那维亚类型的国家保留得更好。旧制度与大革命的冲突也与自由主义和工党主义的冲突一样现实。但是，思想预先支用了未来，并在法国人远未享受到技术的好处时，就已经揭露了技术文明的各种危险。

法国西部各省仍然被保守主义与进步党之间的冲突所支配着。保守主义与宗教相联系，而进步党则是世俗的、理性主义的，同时具有平等倾向。右派多为天主教徒，并与特权密不可分，而左派的代表多为专业的政治家以及中小资产阶级。如同法国中部与南部某些地区的共产党一样，西部省份的社会党人似乎继承了激进党人。

法国其他省份的状况与不发达国家的状况极其相似。在卢瓦尔省南部，某些工业化程度极低、农业经营方式落后的地区还保留着一种个人主义的结构。那里的人往往把选票投给当地的显贵和中等资产阶级。在那里，有不少民主左翼联盟和独立派的候选人当选为议员，共产党候选人亦有不少人当选。之所以如此,既有左翼传统的因素,又有经济发展缓慢的因素。

工业省份与大都市构成了第三种类型。从1948年至1951年,法兰西人民联盟和共产党人在那里赢得了大多数登记选民。社会党人面对共产党人的竞争难以招架，而人民共和党却因为法兰西人民联盟或温和派而失去了绝大多数选民。

社会结构的异质性在党派的异质性中得到了反映。根据一次问卷调查的答复来判断，共产党选民大多数赞同英国由工党左派提出的主张。但是,如果许多共产党选民确实是连自己都未意识到的“贝文主义者”,那么,这一事实与其说需要一种解释,倒不如说它提供了一种解释。为什么法国的选民会陷入英国、德国或比利时的选民们避开的混乱中呢？西部、不发达地区和现代城市这三种结构的并列至少给这种解释开了个头。

由于比新教国家具有更多的可能性，法国的共产主义自称是资产阶级的理性主义革命的继承人。它在经济不大具有活力的地区吸收了一批支持者。这些地区往往向来就是先进舆论较有影响的地区,之所以如此，可归结于那些与导致共产主义在非洲或亚洲成功的原因相似的原因:它煽动了佃农、自耕农和地主之间的冲突;它夸大了地位最低的弱势群体的要求;它开发利用了经济萧条所引起的不满。最后,在法国的工业地区,共产党的追随者主要来自工人阶级,而工人阶级之所以会被革命党所诱惑,乃是因为改良主义工会和社会党的失败。而这种失败则又至少可归因于经济落后省份生产率的持续低下，以及最有活力的省份前资本主义因素的抵制。

同样的社会异质性说明了党的发展的局限。尽管共产党有数以百万计的选民,但在经济发展较为落后的农村,仍有非常多的自耕农或小资产阶级仇视共产党,以至共产党这一“不满者的党”无法赢得大多数人的支持。而由于所有阶级过于坚决地具有维持一种生活风格的愿望,则又使共产党在工业文明省份获得的选票无法超过三分之一。

与共产党一样,并且也出于同样的原因,法兰西人民联盟选民的构成也相当复杂。在旧制度与大革命、教会与世俗学校之间的斗争仍始终被人当作话题的地区,法兰西人民联盟的成员会在很大程度上与反动派或温和派的选民混淆在一起,而法兰西人民联盟亦可借此从古典右派和人民共和党那里拉一些选民过来。在法国北方的一些城市,法兰西人民联盟的选民则又属于另一种不同的类型。他们在今天时而与社会主义左派汇合,时而与人民共和党汇合,时而又与激进派或温和派汇合。反共产主义与传统民族主义的结合使人想起所谓的"右翼的革命政党"的意识形态,它们力图一方面从左派那里借用其社会价值观念,另一方面则从右派那里借用其政治价值观念。

社会党以及人民共和党的一部分曾在第二次世界大战刚结束不久梦想构建一种类似于英国工党主义的政策,但是,他们却被其潜在的支持者所遗弃。这一失败不能仅归咎于领导无方,而是因为教会和革命的斗争中的"过去"仍旧非常强地存在于现实当中;共产主义和一种先进的社会主义的结合很能取悦广大劳动者;而对已经习惯的生活方式的眷恋则又往往使小资产阶级倒向保守主义。"法国式的工党主义"注定无法走出梦幻的世界。

世界上没有一个地方像法国那样让左右对立具有这么高的地位,也没有一个地方像法国那样让左右对立的含义如此模糊不清,因为连法国的保守主义也以意识形态来表现自己。人们喜欢想像,法国在其伟大的时代曾经存在过整个世纪都为之而战的惟一的主题。左派通过想像,沉溺于一种单线型的历史,在这一历史中,圣乔治最终将战胜毒龙。但是,那些既不愿承认右派又不愿承认左派的人,有时也通过想像把自己置身于一个理性化的社会。在这一社会中,计划经济的管理者固然可能会去除悲惨遭遇,但也会同时去除幻想和自由。在法国,政治思想往往带有怀旧或乌托邦的色彩。

法国的政治行动同样也倾向于脱离现实。在法国实行的社会保障计划处于领先地位，商业机构则落后于工业发展。在工业化过程中照搬外国模式的一些国家所犯的错误正在等待着法国。在进口机器或用外国工厂的模式建立工厂的时候，人们可能会把工程师计算出来的技术选择与根据社会环境不同而变化多端的经济选择混为一谈。现代税收制度只有在纳税人、立法者和管理者皆属于同一(观念)世界的时候才会具有效果。例如，对于那些没有会计的农业、商业或手工业企业，也许任何税收制度都不可能完全成功地发挥作用。

在法国，人们喜欢谩骂资本主义。但是，值得被骂的资本家又在哪里呢？难道是某些重大工厂或商业网络的创始人或雪铁龙、米什兰、布萨克的后人？难道是里昂或诺尔的企业主家族，抑或是天主教徒甚至是农民？难道是工业部门的高级管理人员、国营与私营企业的经理？难道是大的商业银行(其中有的商业银行已由国家所控制)？难道是中小企业的负责人(他们当中有的人经营得当，其他人则只是人为地继续存在而已)？马克思笔下的资本主义、华尔街或殖民事务中的资本主义为谩骂提供了一个比法国这种形式多变、到处扩散的资本主义更好的目标。在后一种资本主义中，如果人们把候选人也算入正式的资产阶级成员，那么，这种资产阶级所包含的远不是国民中的少数。

在法国，人们亦完全可以对反资本主义的左派或凯恩斯式和反马尔萨斯式的左派进行界定，但这必须有一个条件，即不能把自己束缚在左右对立的程式或马克思主义的程式当中，承认具有现实性的争论的多样性，承认构成现代社会的结构的多样性，承认所由产生的问题和必要的行动方式的多样性。历史意义揭示了这种多样性，而意识形态则掩盖了这种多样性，即便是当它裹着历史哲学的华丽外衣时亦是如此。

* * *

使左派受到激励的是三种虽不必然矛盾，但往往会有分歧的观念：自由、组织、平等。“自由”意味着反对政权的专横，赞同个人的安全；“组织”则是为了以一种合理的秩序取代传统的自发的秩序，或是取代个人积极性的无序状态；“平等”则是指反对源于出身和财富的特权。

鼓吹“组织”的左派多少会变得“专制”，因为主张自由的政府行动迟缓，且因为多种利益或偏见的抵制受到抑制。鼓吹“组织”的左派如果不是民族主义的，那也是“民族”的，因为只有国家能够实现它的纲领。鼓吹“组织”的左派有时也是“帝国主义的”，因为计划经济的推行者们渴望拥有无限的空间和资源。鼓吹“自由”的左派会起来反对社会主义，因为它不可能不观察到国家权力的膨胀和专断的回归，虽然此时的专断是官僚机构和不知其名的专断。鼓吹“自由”的左派在反对民族社会主义的过程中，会坚持抑制国际主义的理想，这种国际主义不要求通过军队去取得某种信仰的胜利。至于鼓吹“平等”的左派、他们似乎被判定要不断地去反对富人，反对强者，而后者有时是互相对立的，有时又是混在一起的。那么，究竟谁是真正的左派、永恒的左派呢？

也许，像《精神》杂志的编辑们那样的左倾分子无心地给我们提供了这一问题的答案。他们为“美国的左派”出了一期专号，并老老实实地指出，在大西洋彼岸，很难捕捉到能与这一欧洲术语相吻合的现实事物。美国社会没有经历过类似的反对旧制度的斗争。它也没有工人党或社会党。传统的两党制压制了进步主义的或社会主义的第三党的企图。美国宪法或经济制度的原则没有被人认为有严重的问题。其政治争论更多的是技术之争，而不是意识形态之争。

从这些事实出发，我们可以推理出两种方式。或者是，我们可以用该刊的一位美国撰稿人的方式说道，“如果社会主义意味着改善弱势阶级的生活条件和确保社会公正，那么，美国始终是一个社会主义国家”

(罗斯)[1]。或者我们也可以凭借欧洲社会主义的优点去期望美国“建立一个工党,因为这是美国社会一切变革的首要条件”,同时宣布,在美国“实现社会主义”是“世界的当务之急”[2]。显然,法国的编辑们倾向于后一种说法。产业工会联合会的倾向于社会主义的工人在工会的层面上,属于“新左派”。一个欧洲风格的工人党,将是惟一能够达到左派的各种目标的政党。各种手段、工人党或计划化,已变成了基本的价值观念。

但是,在提出这种不由自主的偏见的证据之后,《精神》杂志的一位编辑在该作出结论时却突然遗忘了知识分子的因循守旧:“应当思忖的是,在不再存在动荡不安的地方,人们是否还能够谈及左派……因为至少在我们法国人眼里,左派人士是那些始终不认为其国家的政策有理的人,而且他知道,并不存在能确保自己在未来是公正的神秘保证。左派人士还是对殖民远征进行抗议的人。他还无法接受暴行,即便这种暴行是针对敌人的或出于报复的亦是如此。”[3]“……在这种人类关切被压迫者和受难者的简单情感,即昔日促成一些欧洲人和美国人为捍卫萨科和范齐蒂奋起反抗的情感逐渐衰退的地方,人们还能够用‘左派’来美化自己吗?”[4]

如果只有敌视一切正统性和能感受到一切苦难的人才是左派,那么,为什么只有美国没有这种左派?认为苏联始终正确的共产党人是左派吗?那些为亚洲、非洲的所有人民,却不为波兰或东德的人民争取自由的人是左派吗?历史上的左派的语言或许在当代会博得喝彩,然而,当怜悯本身只具有惟一的意义的时候,永恒的左派的精神实际上已经死亡。

---

① 《精神》,1952年11月,第604页。

② 米歇尔·克罗泽埃,第584—585页。

③ 我们在此遗漏了J.-M.多梅纳克谈到“或许正在进行的”细菌战的一句话。

④ 第701—702页。

第二章

革命的神话

左派的神话隐含着“进步”的理念,并暗示着不断运动的观念。大革命的神话具有一种既互补又对立的意义:它使得人们期待着突破人世间正常的进展方式。在我看来,它的产生亦同样源于对过去的思考。回顾过去,那些在我们看来似乎是大革命先驱者的人,他们虽然通过传播一种与旧制度的思想方式不可调和的思想方式为大革命作了准备,但他们既没有宣告,同时也并不希望旧的世界像末日降临般地覆灭。他们当中几乎所有的人,虽然在理论上激进大胆,但在行动上,则表现出了与充当王室顾问或立法者的让—雅克·卢梭一样的审慎。他们大多具有“乐观主义”的倾向,认为一旦摆脱传统、偏见与狂热,一旦使人们得到启蒙,社会的自然秩序就会实现。从1791年或1792年开始,大革命被其同时代的人包括“哲学家们”视为一场灾难。但在事过境迁后,人们最终却不再觉得它是一场灾难,而只记得它是一个壮烈的事件。

在追随“进步党”的人当中,一些人力求忘掉恐怖统治、专制暴政、战事不断以及所有可溯源至“攻克巴士底狱”或“联盟节”等光辉壮烈日子的血淋淋的事件。在他们看来,平民之间的各种相互残杀、军事的胜利与失败,实际上只是大革命的偶然的伴随物。解放思想、解放人类以及建立理性社会的热望,虽然曾遭受君主派或教会反动势力的阻碍,但只要在需要的时候有限度地使用暴力,这些热望就可以继续发挥作用。

与之相反,另一些人则强调夺取政权和颠覆。他们信仰暴力,认为惟有暴力才能塑造未来。诚然,革命神话的追随者们往往赞同一种与改良主义者相同的价值体系,并期待着相同的目标——一种和平的、自由解放的、受理性支配的社会。然而,他们同时却又认为,人类只有通过普罗米修斯式的行为,才能实现自己的天职,控制自己的命运。换言之,这种普罗米修斯式的行为无论是在目的还是在手段上都是必不可少的。

革命值得人们如此颂扬吗? 对革命进行思考的人并不是那些从事革命的人。发动革命的人如果不是被流放或监禁,亦很少能活着看到革命结束。如果没有人认清革命的成果来自群体对群体的争斗,革命真的能够成为主宰自身命运的人类的象征吗?

革命的含义

在社会学的通用语中，革命指的是通过暴力快速地以一个政权取代另一个政权。如果我们接受这一界定,势必就得摈弃该词某些会导致含糊不清或混淆难辨的用法。在“工业革命”这样的表述中,“革命”让人想到的只是深刻、迅速的变革。当人们提及工党革命时,他们是想用此词强调1945—1950年间执政的英国工党政府完成的改革的重要性。不管这种重要性是真实的,还是夸大的,这些改革既不急剧,亦未违反宪法。换言之,它们并没有构成一种在性质上堪与1789—1797年发生在法国或1917—1921年间发生在俄国的事件相提并论的历史现象。“革命的”这一形容词在用于形容雅各宾派或布尔什维克派的成就时,其含义与用来形容工党的成就时并不相同,故此,工党的成就从本质上来看,并不是“革命的”。

即便我们摈弃该词的各种错误的用法，它仍然会存在某些含糊之处。任何概念都不可能精确地与事实相对应。因为前者的界限是严格地划定的，而后者的界限则是不稳定的。我们可以列举一些个案以表明这种踌躇是可以理解的。德国纳粹党的上台过程是合法的，其暴力行动亦得到了国家的授权。难道人们可以无视这一过渡阶段的合法特征，仅凭政府组成人员以及制度特征方面出现的变化极为突然，就将这一转变称为革命吗？还可举另一极端的例子。南美诸共和国的军事政变(pronunciamentos)虽然以一名官员取代另一名官员(更严格地说以一位军人取代一位平民或以一位平民取代一位军人)，但领导阶级与政府模式并没有真正地更换，我们能够称它们为革命吗？就其在合法性方面所造成的混乱而言，它缺少宪政上的决裂。就其突然的更迭而言，不管这种更迭有没有伴随着流血斗争，不管当事人如何从宫殿中的新贵沦为狱中的囚徒，它缺少制度方面的变化。

就这些问题提出独断论的答案并不重要。“定义”无所谓真实还是虚假，它的存在或多或少是为了有用或便利。“革命”并不存在一种恒久不变的本质，但其概念可有利于我们去理解某些现象，并使我们在思考这些现象时更加明白。

在我们看来，用“政变”(coup d'Etat)一词指称下述两种现象是合乎情理的。其一是掌权者用非法的手段宣布改变宪法(如1851年时的拿破仑三世)；其二是一伙武装人员控制了国家。在后一种现象中，若这些人的行动(不管流血与否)导致了另一个政体的另一个统治阶级的上台，则应该另当别论。革命并非仅仅意味着“你走开，我来坐这里”。相反，尽管希特勒是合法地被兴登堡总统任命为政府总理的，但其上台仍然是“革命的”。希特勒对暴力的运用是在上台之后而非之前。不过，可以肯定的是，这一革命现象仍缺少一些法律上的特征。以社会学的观点来看，革命现象的基本特征是：一小部分人通过无情地铲除对手获取政权，创设新的政体，并梦想着改变整个民族的面貌。

有关“革命”一词的咬文嚼字的辩论本身并没有什么意义，但有关此词的讨论却能显示论战的实质。记得1933年我在柏林时，那里的法国人最喜欢争论的题目是，到底有没有发生一场“革命”。人们没有适当地思忖，是否只要有了合法的外衣或伪装，就不能将其与克伦威尔或列宁的先例相提并论。一如我在德国哲学学会的一位同事在1938年所做的那样，这些在柏林的法国人明确地认为，“革命”这一高贵的术语不能用来指称像发生于1933年的德国的事件那样的平淡无奇的事件。然而，在确定是否是革命时，除了领导人、统治阶级、宪法和意识形态的变动，人们还能要求什么呢？

对于这样的一个问题，1933年时在柏林的法国人会如何来回答呢？一些人将会答道，1月30日的任命[①]的合法性以及没有出现街头骚乱，乃是第三帝国的建立与1792年法兰西第一共和国以及1917年共产主义政权在俄国的建立之间的根本差别。然而，说到底，人们究竟是把它们当成同一类型的两种现象来看待，还是把它们当成两种不同类型的现象来对待，实际上无关宏旨。

另一些人之所以否认纳粹主义在进行革命，乃是因为在他们看来，纳粹主义是“反革命的”。人们只有在涉及下述情况时才有权利采用“反革命”的说法：旧制度复辟；前朝的政要重新上台；今日的革命者所带来的恰恰是昨日的革命者所消除的观念或制度。然而在此之外，还有许多次要的情况。因此，“反革命”从未全然地意味着“复辟”。另外，所有的革命亦始终全盘地否定过去的革命，并由此表现出某些反革命的特征。但是，无论是法西斯主义还是纳粹主义，它们都并不完全是，或并不从本质上是反革命的。它们重新采用了保守派的某些用语，尤其是采用了后者用来反对1789年大革命的思想的那些论点。然而，纳粹主义抨击基督教的宗教传统，抨击贵族的以及资产阶级自由主义的社会传统，鼓吹“德意志信仰”、大众动员和领袖原则，而后者确实具有一种革命的意

① 此指兴登堡总统授权希特勒组阁。——译者

义。纳粹主义并未表示要回到过去,它在与过去决裂方面所表现出来的激烈程度堪与其他激进学说等量齐观。

的确,当人们说到大革命,当人们寻思着某些突发、暴力的夺权行为是否值得被送入供奉着1789年大革命、1830年的光荣三日以及1917年的“震撼世界的十天”的殿堂时,他们或多或少会自觉地援引以下两种观点。其一,人们在不可胜数的国家中观察到的这种或那种革命,不管有没有流血,是不是平淡无奇,或者是否令人失望,它们只有在符合左翼的意识形态,即人道主义、自由主义和平等主义的意识形态的条件下,才可能划入革命的范畴;其二,革命只有在达到颠倒现存财产关系这一结果的条件下,才称得上圆满完成。但从历史的角度来看,这两种观念纯粹是偏见。

政体的任何急剧、粗暴的变化都会导致一些人发财,而另一些人破产——两者皆同样不公正,它还加速了财富与精英的流动。不过,它并非一定得引入一种新的财产权的概念。根据马克思主义的观点,取消生产工具的私有制构成了革命的基本现象。但是,无论是在过去还是现在,君主制或共和制的崩溃,以及国家被一小撮活跃分子所征服,皆往往无法与法律准则的混乱相吻合。

认为暴力与左派的价值观念不可分离,可谓是无稽之谈。但若把它倒过来说,即说左派价值观念与暴力不可分离,则会更加接近实际情况。革命的政权通常都是专制的政权。它在行使权力时不受法律的约束。它表达的是一小撮人的意愿。它不会,也不可能会关心其他民众的利益。专制的阶段持续的时间有长有短,这取决于局势。但是,人们不可能省略这一阶段,或更确切地说,若人们能够避开专制的话,其进行的是改良,而非革命。通过暴力夺取与行使政权,必须以谈判或妥协无法解决的冲突为前提,换言之,必须以民主程序的失败为前提。“革命”与“民主”是两个相斥的概念。

由是言之,根据原则对革命无论是进行谴责还是颂扬,同样地不合情理。人既然是人,团体既然是团体,他们就注定会捍卫自己的利益,就注定会成为现实的奴隶。人们还很少能够自我牺牲,即便这种牺牲可以保障未来。此外,人们与其说是勇敢果断地选择一个党派,毋宁说更多地是在反抗与让步之间犹疑不决。例如,路易十六与其说是在统帅军队方面取得了成功,倒不如说他是在引导极端保皇派或妥协派方面取得了成功。由此可见,革命在一系列社会中或许仍然是不可或缺的。统治阶级经常会背叛它应当负责的社会群体,并拒绝了解新时代的要求。日本明治维新时代的改革家们,还有土耳其的凯末尔·阿塔图尔克为了革新社会政治秩序,曾赶走了日趋没落的统治阶级。但如果他们没有消灭其对手,如果他们没有借助武力强制性地规定一种大多数国人或许会抵制的观念,他们就不可能在如此短的时间里完成他们的事业。为了革新自己的国家而抛弃传统与法制的统治者并非个个都是暴君。俄国的彼得大帝、日本的明治天皇在从事其堪与凯末尔·阿塔图尔克,甚至在某种程度上与布尔什维克相提并论的任务时,他们是合法的君主。

国家的瘫痪、精英集团的衰退以及制度的过时,有时是不可避免的。而诉诸一小部分人的暴力,有时亦是恰当的。有理智的人,尤其是左派人士,当他们面临着治疗还是动手术、改良还是革命的抉择时,注定会选择前者。在他们看来,革命的暴力有时可能是与其理想相符合的变革的伴随物或必要的条件,但他们不可能把革命暴力本身视为善行。

诉诸专制统治的行为有时会得到原谅。这一经验也表明,在政权的不稳定与社会秩序的转变之间存在着分离的现象。19世纪的法国所经历的革命要多于英国,但它在经济发展方面却慢于英国。一个世纪前,普雷沃—帕拉多尔(Prévost-Paradol)曾经这样感叹道:不管在什么时候,法国人都能使自己得到革命的奢侈享受,却没有能力实现与最美好的思想相符的各种改革。今天,“革命”一词风行,看来这个国家会重蹈当年的覆辙。

与之相反,美国在将近两百年的时间里一直未让宪政受到损坏。借助于时间的力量，美国逐渐地赋予其宪法一种近乎神圣的威望。然而，美国社会始终处在不停的、迅速的转变之中。经济的发展与社会的融合都被纳入了宪政的架构之中，而这一架构亦因此未受到摇撼，由此，这一原以农业立国的国家，在法制未受到破坏的情况下，成为世界上最强大的工业大国。

殖民地的文明或许得服从其他的法则，这些法则源于那些历史悠久、地理封闭的文明。尽管如此，宪政的动荡不稳仍然是“有病”的征兆，而非“健康”的征兆。在民众起义或政变中，一些政体成了牺牲品。但是它们的失败并不表明它们就是“恶德”（vices moraux）的化身——它们往往比胜利者的政治制度更为人道，而只表明它们犯了政治错误。它们要么没有能够给反对派以出路；要么摧毁了保守派的抵抗；要么为平息不满分子的不满与满足野心分子的政治野心而开始了敏感的改革。像英国或美国那样的政体，在历史加速发展后仍安然无恙。这就表明，最理想的政体既是坚定的，同时又是有弹性的。它们是通过革新传统来拯救传统。

一位“先进的”知识分子肯定会承认，南美国家的层出不穷的政变既是一种危机的征兆，又是一种对进步精神的讽刺。他也有可能会承认（虽然并非情愿），英国或美国始自18世纪的宪政方面的持续性，乃是运气使然。而且他也会乐于承认，法西斯主义或纳粹主义的掌权证明了相同的手段——暴力与一党专政——就其本身而言并非好的东西，但是可用来实现极端目标。最后，他还会坚决地认为，真正的革命，其希望或愿望并非是以一个政权去取代另一个政权，而是推翻所有的政权，或至少使所有的政权更人性化。

不幸的是，历史的经验无法提供符合某些所谓马克思主义者所预言或人道主义者所希望的“革命”的例子。一些取得成功的革命皆已属于已经被定位的类型：第一次俄国革命，即二月革命，标志着一个王朝的崩溃。这个王朝在革命发生之前，由于传统的专制主义与思想进步之间的矛盾，同时也由于沙皇的无能和没完没了的战争，已经摇摇欲坠，不堪一击；第二次俄国革命，即十月革命，则由一小部分人夺取了政权。这些人思想坚定，拥有武器，并利用了国家的失控和人民的和平愿望。人数不多的工人阶级尤其在第二次俄国革命中起了重要的作用。在内战中，农民对反革命分子的仇视可能具有决定性的意义。在中国，其共产党队伍中最重要的部分并不是由人数相对更少的工人阶级提供的。该党的根子是在农村。它在农村招募战士，在农村为其胜利进行准备。人数要多于产业工人的知识分子则为中国共产党提供了干部。一系列社会阶级依次传递着火炬，这样的场面只会出现在供儿童翻看的历史图片中。

马克思当年所设想的革命尚未发生。不管是生产力的发展，还是工人阶级的成熟，都没有导致资本主义被意识到其使命的劳动者所推翻。所谓的无产阶级革命，如同过去的所有革命一样，只是由一个精英集团通过暴力取代另一个精英集团。这样的革命并未呈现出任何非同寻常的特征，能使人借此欢呼“史前史的结束”。

革命的威望

在法国，法国大革命属于整个民族的遗产。法国人之所以喜欢“革命”这一字眼，乃是因为他们沉迷于这样的幻想：延长或再现往昔的荣耀。

作家弗朗索瓦·莫里亚克在回顾第二次世界大战结束后不久发生并失败的“基督教与社会主义革命”时，对“证据”或“确切”之类的要求似乎未加理会。诚然，他的表述使人动情，并促使人们去回忆或梦想；但里面的内容却完全难以确定。

即便是完善的改革亦只能改变某些事物，而革命似乎能够改变一切，因为人们并不了解革命将会改变的东西。对于在政治领域寻求消遣、信仰的对象或投机的题材的知识分子来说，改革使人厌倦，而革命却令人激动。前者庸常乏味，后者却诗意盎然；前者是政府官员的工作，而后者则是人民起来反抗剥削者的行动。革命会中止日常的秩序，并使人相信，最终一切都是可能的。1944年的“半革命”(la semi-révolution)给那些作为拥护者而经历它的人留下的是对那个充满希望的时代的怀旧之情。人们惋惜充满激情的梦想；并对是否去批评它感到犹豫。导致他们失望的是“他者”(les autres)，即某些相关人物、一些偶然事件、苏联或美国。

法国人醉心于思想观念，对政治制度却漠不关心；热衷于毫不留情地批评政客们的私生活，却拒斥在政治方面进行理性的思考。更有甚者，法国人是口头上的革命派，行动上的保守派。然而，革命神话并非仅局限于法国及其知识分子。在我看来，革命神话受惠于多种威望，而这些威望又往往是假借的而非真实的。它首先受惠于美学的现代主义(le modernisme esthétique)的威望。艺术家揭露庸俗的人，而马克思主义者则揭露资产阶级。他们可能自以为会在反对共同敌人的共同战斗中团结一致。艺术上的先锋派与政治上的先锋派有时会梦想为了共同的解放而进行共同的冒险。

事实上，在19世纪，这两种先锋派的结合并非比其分离更为频繁。没有一种重要的文学流派曾如此密切地与政治上的左派联系在一起。雨果在步入老年且声望正隆时最终成了民主政治的正式代言人。但在此之前，他曾颂扬过已被废除的旧事物。而且，他从来不是“革命家”(就此词的现代含义而言)。在最伟大的作家中，有的是反动派，如巴尔扎克；有的是彻头彻尾的保守派，如福楼拜。“被诅咒的诗人”丝毫不是革命者。与学院派相对抗的印象派画家们，几乎没有考虑到对社会秩序进行谴责，并且也未想到为参加革命的人画“和平鸽”。

就社会主义者而言，不管是理论家，还是活动分子，他们始终没有赞同过文学或艺术上的先锋派的价值体系。莱昂·勃鲁姆在数年的时间里,或许在其一生当中,把波尔多—里什(Porto-Riche)视为当代最伟大的作家之一。在《白色评论》这一“先锋”的文学杂志的撰稿人中,勃鲁姆可谓是惟一的投向革命党的人。科学社会主义的创始人在艺术领域里偏爱的是古典风格。

依我之见,正是在第一次世界大战结束后不久,两种先锋派结成了联盟。在德国,超现实主义就是这方面的象征。在法国,文学咖啡馆、实验戏剧则与极左派,尤其是经常与布尔什维克主义结合在一起。人们用同一种声音揭露艺术上的俗套、道德上的循规蹈矩和金钱的专制。基督教的秩序与资本主义秩序,同样都成了他们的敌人。然而,这种联合并未持续很久。

俄国革命爆发之后,现代派的建筑师在新古典风格的复兴中成了牺牲品。我现在还清楚地记得,让—理夏尔·布洛赫(Jean-Richard Bloch)曾以改宗般的诚意宣称,虽然在建筑中重新采用巨柱确实标志着一种艺术上的倒退,但它肯定是一种辩证的进步。在苏联,文学或艺术领域最杰出的先锋分子在1939年前就已经被淘汰。绘画得向五十年前的法国艺术家沙龙的标准看齐,而音乐家们则得一而再、再而三地表示效忠或做自我批评。1935年前,人们为其在电影、诗歌或导演方面表现出来的大胆而颂扬苏联。但在今天,当西方人审视现代艺术的英雄们,包括那些因不被大众理解而处境悲惨的艺术家时,却在革命的祖国苏联发现了一个反动的正统派的策源地。

在苏联之外,阿拉贡从超现实主义转向共产主义。他不仅成了最守纪律的党的积极分子,而且还以无动于衷的态度做好了“指责”或“颂扬”法国军队的准备。而布勒东则仍然忠于他年轻时的理想以及总体革命。通过归依学院派与资产阶级价值观念,苏联消除了思想解放与一党专政之间的模糊界限。但是,这两种表面上看似乎对立的“反动的”事物是在什么样的历史运动中掺合在一起的呢?作家被迫处于孤独状态或结成小团体。而画家则要么得想办法入党,要么就得设法不理睬社会主义的现实主义。

两种先锋派的结盟源于一种误会和各种各样特殊的局势。出于对循规蹈矩的恐惧,艺术家们与所有反叛性的党聚合在一起。然而,征服者往往很少成为胜利的受益者。在动乱中产生的新社会的统治阶级渴望稳定与受到尊重。它喜欢有巨柱的建筑,不管这是真的古典主义还是伪古典主义。人们在维多利亚时代的资产阶级的低级趣味与当今苏维埃资产阶级的低级趣味之间可觉察到某些相似之处,即它们都为其物质上的成就感到自豪。开创了初级工业化阶段的那代资本家或经理需要坚实的家具和壮观的建筑物的外观。而斯大林的性格也说明了苏联为何要采取极端蒙昧主义的形式。

苏联在今后的几年或几十年中或许将会追求开拓巴黎的学院中学术研究自由的那种道路。它暂时也会揭露希特勒曾斥责过的颓废、腐朽的艺术。富热隆(Fougeron)的例子可能具有名副其实的新意:出于对所蒙受的政治上的恩典的感动,一位先锋派的艺术家竭力想创造一种符合其信仰的学院派。

“道德上的不妥协主义”的威望亦产生于同样的误会之中。一些生活放纵的学界人士觉得自己与极左派的行动关系密切;而社会主义的活动分子则拒斥资产阶级的伪善。在19世纪末,一切极端自由主义的概念,如自由恋爱、堕胎权等,曾在政治上先进的人士中流行。一对恋人通常会认为公证结婚并不是一件多么光彩的事,而“伴侣”一词似乎比“妻子”或“夫人”叫得更响,因为后者从很远的地方就可感觉到它们的资产阶级气息。

“我们已改变了所有的一切”。婚姻、家庭的美德在革命的祖国受到了颂扬。虽然离婚与堕胎在某些特定的情况下仍然合法,但官方的宣传中却反对这些行为,并号召个人应当让自己的肉体享受或情欲服从于高于自身的利益,即社会本身的利益。而传统主义者们所要求的亦不过如此。

历史学家曾多次指出,革命者像清教徒或雅各宾派一样偏爱美德。这种偏爱构成了乐观主义的革命者用自己的纯洁性去要求他人的革命者的特性。布尔什维克分子也往往斥责腐化堕落分子。在他们看来,放荡的人是值得怀疑的。这并非因为后者无视被人们普遍接受的规则,而是因为他沉溺于腐化堕落之中,同时还因为他在无足轻重的活动中耗费了过多的时间与精力。

家庭的复兴是一种完全不同的现象。它标志着曾因革命的困扰而一度消失的日常生活的复归。家庭制度通常经受得住国家或社会动乱的考验。旧秩序的崩溃当然会使它有所动摇,但只要新秩序稳定下来,只要获胜的精英集团对自己和未来充满信心,家庭制度就会随之恢复原状。当然,决裂有时也会留下解放的遗产。在欧洲,家庭的专制结构在某种程度上历史地与国家的专制结构存在密切联系。促使公民的普选权得到承认的哲学与促使公民的幸福权得到承认的哲学是相同的。而在中国,不管共产主义在那里的前途如何,持续了许多世纪的大家庭将不复存在,而妇女的解放也多半会随之发生。

对传统道德观念的批判,在政治上的先锋派与文学上的先锋派结盟的过程中充当了纽带。无神论似乎把反抗的玄学与革命的政治结合了起来。此外,在我看来,后者还受惠于一种虚名:人们错误地把它当成人道主义的必然结果。

马克思主义的发展始于对宗教的批判,而马克思批判宗教的观点则又取自费尔巴哈。人之所以异化,乃是因为他把自己渴望的完美形象投射到上帝身上。上帝并不是人类的创造者,它本身只是想像出来的偶像。人若生活在尘世中,他们就一定会把将自己已经构想好的以及尚未构想出来的美好形象变为现实,作为目标。对宗教的批判导致了对社会的批判。那么,为什么这种批判具有终将导向革命的必然性呢?

"革命"与"行动"的本质不能混为一谈,前者仅仅是后者的一种方式或形态(modalité)。事实上,所有的行动都是对既定事物的否定。在这一意义上,改良与革命亦可等量齐观。1789年的法国大革命给黑格尔提示了一项主题,而革命的神话即由这一主题与其他主题一起构成。该主题就是:为理性服务的暴力。然而,除非人们赞同阶级之间的斗争本身就具有一种价值,否则,排除各种残余势力以及建立一个符合思想准则的国家的努力,并不需要突然性的决裂或内战。革命既不具有必然性,也不是一种“天命”,它只是一种手段。

在马克思主义各派中,人们可以发现“革命”的三种互相抵触的概念。其一是布朗基主义的概念,这指的是政权被一个小的武装团体所夺取,后者一旦成为国家的主宰,就会改变各种社会政治制度;其二是进化论的概念,即认为未来社会应当在现存社会中酝酿成熟,直至最后的、救助性的危机出现;其三是“不断革命”的概念,即无产阶级政党不断加大对资产阶级政党施加的压力,一方面利用后者赞同的各种改革去侵蚀资本主义秩序,另一方面则为社会主义的胜利与上台做准备。这三种概念均以暴力的必然性为前提,但第二种,即最不符合马克思本人的性格却最符合马克思主义社会学的那种概念,将决裂的环节推迟至一个仍未确定的将来。

在任何时期,一个被具体考察的社会都会显示出不同时代以及不同风格的因素,这些因素一看就是难以调和的。君主制、议会、工会、免费医疗服务、征兵、全国煤炭协会、皇家海军等等,在当代英国共同存在着。如果历史上的制度与我们赋予它们的本质相吻合,那么,为了从一种制度转向另一种制度,革命似乎将无法避免。从不完善的资本主义到准社会主义(un socialisme approximatif),从贵族与资产阶级的议会制到由工党与群众政党的代表组成的代表大会制,这一转变在理论上并不要求人类互相残杀。起决定作用的乃是局势。

历史的人道主义——即人们通过政治体制和帝国的更替来“寻找”自己——只有在下述情况下才会导致革命崇拜:教条式地混淆各种永久的愿望与某种行动方式。除非阶级斗争为实现它在历史中的作用而必须让尸骨成堆，否则，方式方法的选择并不取决于哲学思考，而是取决于经验与智慧。那么，整个人类的和好难道注定要以某一阶级的胜利为出发点吗？

马克思曾通过历史辩证法的中介，从“无神论”转向“革命论”。许多丝毫不想了解辩证法的知识分子之所以也想从无神论转向革命论，并非是因为革命给人以使人类和好或解决历史之谜的希望，而是因为它摧毁了一个平庸的或可憎的世界。文学的先锋派与政治的先锋派之所以相互联合，主要是因为他们都憎恨既存的秩序或失序的局面。换言之，革命受惠于“反抗的威望”。

“反抗”这一词语，就像“虚无主义”一词一样，颇为流行。人们热衷于使用该词，却对它究竟意味着什么不甚了了。人们思忖着，是否大多数作家都不赞同安德烈·马尔罗的格言：“思想最根本的尊严就存在于对生活的指责之中，所有实际上想把世界理想化的思想，一旦不再是一种希望，便毫无价值。”在20世纪，谴责这一世界肯定比美化这一世界更容易。

从形而上学的角度来看，“反抗”否认上帝的存在，而上帝的存在是宗教或唯灵论根据传统赋予价值观念或道德的基础。“反抗”同时还揭示了“世界”与“生活”的荒诞性。从历史的角度来看，“反抗”对“如是的”社会或现存社会进行了谴责。“如是的”社会经常会通向现存的社会，但两者都没有不可避免地通向革命，或通向企图代表革命事业的价值观念。

那些揭示毫无意义的宇宙强加给人的命运的人有时会与革命者汇合，这是因为义愤或仇恨压倒了所有其他的思考，同时还因为惟有“摧毁”才有可能在有限的范围内抚慰绝望的意义。但是，同样完全符合逻辑的是，他也可能会消除乐观主义者们传播的幻想。在他看来，那些顽固地与人类不幸的社会症状作斗争以至无法了解人类所处的困境的乐观主义者已是无可救药了。有些反叛者认为，行动纯粹就是行动，它不为其他的目的存在,而只是为了自身,因此,它可以作为毫无目标的命运的结果;另一些人则认为,行动只是一种毫无价值的游戏,它表明人类企图掩饰自身空虚的处境。当今取得胜利的革命党对克尔凯郭尔、尼采或卡夫卡的继承人颇为蔑视,认为从他们身上可以看到,资产阶级不能不因上帝的死亡而深感悲痛,因为它会从中意识到自己的死亡。只有革命者,而不是反叛者,掌握着历史性的未来(l'avenir historique)的超验性与意义。

诚然,反叛者们也起来反抗现存秩序。他们在大部分社会禁忌或社会规范中看到的只是俗套或伪善。但是,他们中的某些人同样接受他们所处的社会环境所接受的流行价值观念,而另一些人则虽起来反抗他们的时代,却并未起来反抗上帝或命运。俄国的虚无主义者们在19世纪中叶,实际上以唯物主义和利己主义的名义,与资产阶级和社会主义的运动汇合在一起。尼采与贝尔纳诺,一个宣告了上帝的死亡,另一个则是坚定的信徒,但他们却都是名副其实的不妥协主义者。两人均拒斥民主制、社会主义和大众的政治制度(不过,出发点却有所不同,前者以一种预测到的未来为名,而后者则援引旧制度的理想主义形象)。两人都仇视或漠不关心生活水平的提高、小资产阶级的普遍化和技术的进步。他们还惧怕选举实践或议会实践所散发的庸俗、卑劣气息。贝尔纳诺还大骂不信教的国家,认为它们是瞎说乱冲的巨兽。

自各种法西斯主义失败以来,大多数反叛的知识分子以及所有的革命知识分子都表现出了一种无可指责的妥协主义。他们没有与他们所谴责的社会的价值观念决裂。在阿尔及利亚的法国移殖民、在突尼斯的科西嘉的官员并不尊重当地的土著,也不信奉种族平等。在法国,即便是一个右派知识分子,也不怎么敢详述殖民主义的哲学。而苏联知识分子亦不敢详述集中营的理论。希特勒、墨索里尼或佛朗哥的追随者们之所以招人痛恨,乃是因为他们拒绝拜倒在现代思想、民主制、人与人、阶级与阶级或种族与种族之间的平等、经济进步、人道主义与和平主义面前。1950年时的革命者们有时也让人感到害怕，但他们从未引起公愤。

今天,没有一位基督徒,即使是反动的基督徒,敢说或者敢想他不在乎群众的生活水平。在所谓的左翼基督教徒中,敢于显示其勇气或自由的人要少于赞同尽可能地吸收非信教者中流行的思想的人。在有限的范围内,"进步主义的"基督徒认为,政体的改变或人类物质境遇的改善对于传播基督教的真理是必不可少的。西蒙娜·韦依宣扬的理念并不是左翼的,而是"不妥协主义的",它使人想起那些人们已不再习惯于去倾听的真理。

在当今法国,人们将很难发现两种像"旧制度"的哲学和"理性主义"的哲学那样互不相容的哲学。时下彼此相斗的人们——除了法西斯主义的残余分子——只不过是对立的兄弟而已。社会主义重新采用了资产阶级时代的主导性思想:控制各种自然的力量,首先关注所有人的舒适与安全、拒斥种族和国家之间的不平等、信教自由。苏联社会可能在深处隐含着一套与西方的价值体系相悖的价值体系：这两个世界公开地指责对方违背了他们共同的价值观念。关于财产制度与计划化的争论所注意的与其说是"目的",毋宁说是"手段"。

无论是反叛者还是虚无主义者均对现代世界进行指责，前者说它成了它想要是的样子,后者则说它没有,忠实于自己。目前,虚无主义者在人数上要多于前者。不过,最为激烈的论战并非爆发于这两者之间。而是爆发于在某些基本问题上观点一致的知识分子之间。卷入论战的知识分子若要刺激对方,根本不需要在"目标"问题上针锋相对,只要表明其在对"革命"这一神圣词语的理解上不同于对方就足够了。

反叛与革命

1952年8月《现代》杂志第82期发表的阿尔贝·加缪、让—保罗·萨特和弗朗西斯·尚松之间交流的信件或文章立即变成一场著名的争论。我们不打算在此评判这场争论的是是非非、孰优孰劣,而只是希望了解在冷战爆发后的第七个年头里，革命神话在这些重要作家的意识中处于何种状态。

争论双方的形而上学立场是相近的。上帝已经死亡,天地万物未赋予人类命运任何意义。勿庸置疑,萨特在《存在与虚无》中对人类处境的分析与加缪在《西绪弗斯神话》或《鼠疫》中的相关分析并不相同(严格地说,这些书是无法互相比较的),但是,一种共同的追求真实的愿望、对幻想或伪装的拒斥、与世界的对抗以及一种积极的斯多葛主义,却以全然不同的方式表现了出来。萨特对最新问题的看法与加缪的相关看法并不一定是互相冲突的。

当他们对某些事物表示肯定或否定(后者出现的次数比前者要多)时,往往显示出相似的价值观念。他们两人都是人道主义者,都希望减轻人们的苦难、解放被压迫者。他们都与殖民主义、法西斯主义和资本主义进行斗争。在涉及西班牙、阿尔及利亚或越南问题时,加缪从未承认他犯有任何亵渎进步主义的“罪行”。当佛朗哥统治的西班牙加入联合国教科文组织时,加缪曾写过一封令人钦佩的抗议信。而当苏联或捷克斯洛伐克加入该组织时,他却保持缄默。在本质上,加缪同样属于思想正统的左派。

除非其思想在《存在与虚无》出版后已发生了深刻的变化,萨特并未把历史解释为“精神的变异”(le devenir de l’esprit)。他不会赋予革命——不管是什么革命——一种本体论的意义。无阶级的社会既无法解开我们的命运之谜,也无法调和本质与存在,人与人之间的矛盾。萨特的存在主义摈弃了对历史的总体性(la totalité historique)的信仰。在萨特看来，每个人都会把自己投入历史之中，并冒着犯错误的危险去选择其计划和同伴。对于这样一些观点，加缪将会毫不犹豫地附和。

那么，他们两人又为何会决裂呢？究其原因，似乎可溯源至这样一个独特的问题，在西方世界，围绕着对这一问题的不同看法，曾导致兄弟阋墙，同志分手，朋友反目。这一问题就是：对苏联与共产主义应当采取何种态度？如果两个对话者一个已加入了列宁、斯大林或马林科夫的党，而另一个则拒绝加入，那么，这场对话就不会显得既如此激烈又如此感人。因为非共产党员们完全可以用其他的方式说明他们为何拒绝加入共产党，有的人可以称自己是非共产党员，而有的人则可自称是反共产主义者；有的人同时谴责列宁和斯大林，而有的人则只对斯大林持严厉的态度。

在论战发生时，萨特还没有进行他的维也纳之行，并且也没有进行他的莫斯科之行。他还可以写道："如果我是一艘潜水艇，是一个秘密成员，是一个不光彩的同情者，何以他们恨的是我而不是您呢？但是，我们不要去吹嘘我们引起的仇恨吧，我坦率地对您说，我为这种敌视感到深深的遗憾，有时候我甚至对他们对您表示的巨大的冷淡感到嫉妒。"[①]他丝毫没有否认苏维埃制度的专制，没有否认集中营的存在。萨特的"革命民主同盟的时期"，即他拒斥两大阵营、力图走出第三条道路的时期刚刚过去不久。在揭露殖民压迫与"佛朗哥主义"的耻辱方面，加缪丝毫不比萨特含蓄和逊色。这两个同样不依附于任何党派的人到处谴责在他们看来值得谴责的东西。那么，这两人的不同之处又在哪里呢？如用平常的语言来说的话，其答案是：加缪宁愿选择西方，而萨特宁愿选择东方[②]。而若用高深的语言来说的话，则是，萨特在政治思想的层面上指责加缪在向"弃权"的方向后退："您谴责欧洲的无产者，因为他们没有

---

① 《现代》杂志1952年8月第83期，第341页。

② 当然以他继续生活在西方为条件。

公开地表示反对苏联人,但您也谴责欧洲政府,因为他们将要接纳西班牙进入联合国教科文组织。在这种情况下,我看您只有一条出路:加拉帕戈斯群岛。"[1]应当承认,不偏不倚的愿望以及严厉地揭露不公正行为的愿望在两大世界中均不缺乏,但这些愿望并未产生纯粹政治性的行动。加缪不是个政治家,萨特也同样如此,两人都通过笔杆子发挥作用。那么,在革命民主同盟解体之后,可取代加拉帕戈斯群岛的其他出路是什么呢?萨特的答复是:"相反,我认为,帮助那边的奴隶的惟一途径是站在这里的奴隶一边。"

这种推理与1933年至1934年间法国的反动分子或和平主义分子的推理如出一辙。当时,后者曾指责左派人士多次举行支持被迫害的犹太人的示威游行和公开集会。他们说道:"你们应该'只扫自家门前雪,莫管他人瓦上霜'。帮助第三帝国的受害者的最佳方式就是减轻危机、殖民主义或帝国主义的受害者的苦难。"事实上,这种推理是错误的。无论是第三帝国,还是苏联,它们都没有彻底地对外部世界的舆论无动于衷。世界上的犹太人组织的抗议活动可能会有助于减少反犹太复国主义和反世界主义运动的声势。在铁幕的另一边,当犹太人重新受到迫害时,当局打的就是反犹太复国主义和反世界主义的旗号。在欧洲或亚洲展开的反对美国实行种族隔离的宣传,也有助于那些致力于改善美国黑人的处境,以及致力于把美国宪法赋予的平等权利交给黑人的人。

让我们暂且把这两种态度的实际后果搁在一边,并回到下述问题,即为何一种表面上看极为细致的差别会煽起如此强烈的激情?萨特与加缪都既不是共产党员,又不是"大西洋主义论者"。他们两人都承认在两大阵营中均存在着罪恶。但加缪希望揭露两大阵营各自的罪恶,而萨特却希望,在不否认东方阵营的现实的情况下,只揭露西方阵营的罪

① 属于厄瓜多尔的一个群岛,岛上多巨型蜥蜴。此处似有讽为"世外桃源"之意。——译注

恶。人的差别是细微的,这勿庸置疑。但是,这一细微差别却涉及到了一种哲学。

加缪要揭露的并非仅仅是苏联现实中的某一方面。在他看来,它的制度是由一种哲学所煽动和辩护的完完全全的专制统治。他指责革命者否定所有永恒的价值,否定所有超越阶级斗争、超越时代变迁的道德。他控告他们为他们所认定的一种绝对的“善”,为一种其概念就是矛盾的或无论怎么说也与存在主义难以调和的“历史的终结”,而牺牲活生生的人。有人不否认集中营,也有人揭露集中营,如果后者不赋予他的揭露以与革命“计划”决裂的意义,而前者拒绝与他并未参与的“计划”决裂,那么,这一切都无关宏旨。

在《反叛者》一书当中,加缪分析了从黑格尔经由马克思到列宁的意识形态的演化,以及在马克思的著作中包含的某些预言和事件的进程之间的差距。这一分析并没有什么新意,人们轻而易举地就可在别处看到它。但是,这一分析在某些地方却是难以被人非议的。加缪的这本书,还有他的《致〈现代〉杂志主编的信》均容易受到责难。在书中,论据的主线消失于一连串拙劣的相关研究之中,而行文的风格与道德主义的腔调则使得哲学的严谨几乎无法表现出来。那封信则企图把存在主义者包含在某些过于简单的交替物中。(萨特巧妙地回答道,马克思主义并未在“预言论”或“方法论”中耗尽,它也具有一种哲学。)可不论怎样,加缪仍然提出了一些萨特和尚松难以答复的具有关键性的问题。

他问道,你们到底认不认为苏联的政体意味着革命的“计划”的实现?

然而,弗朗西斯·尚松的回答既是明确的,又是含糊不清的:“我之所以未对斯大林主义明确表态,原因并非是主观上的矛盾,而是一种实际困难,在我看来,这种实际困难似乎可这样来表示:遍布于全世界的斯大林主义运动,对我们来说,并不是一种真正的革命运动,它只不过自以为是革命运动罢了。它集结了绝大多数无产者,这在法国表现得尤其突出。所以,我们既反对它,同时又支持它。前者是因为我们不赞同它的各种方式,后者是因为我们不知道是否真正的革命并非一种纯粹的空想;或者说,我们不知道在能够建立某种更人道的社会秩序之前,革命事业是否首先得经历这一过程;此外,我们也不知道,这一革命事业的缺陷与它的完全毁灭究竟哪个更为可取。"[①]人们并没有看到加缪曾表示希望"这一事业完全毁灭"(假定这一提法有意义的话)。这种承认自己心中无数的做法是值得称赞的,但它出现在一个"介入"的哲学家身上则是令人惊讶的。历史中的行动要求人们在尚且一无所知的情况下就作出决定,或至少是,人们在作出决定时,要更多地采取肯定的语气,而不是说自己不了解情况。在20世纪中叶,所有的行动都必须以在对待苏联事业的问题上持何种立场为前提。回避这一立场问题,就是回避历史存在的制约,即便是人们诉求于"历史"亦同样如此。

加缪写道:为夺取政权、集体化、恐怖统治以及以革命的名义建立的极权国家辩护的惟一理由,也许是确信要服从于必然性,以及确信要加快实现"历史的目的"。然而,存在主义者们会既不认同这种必然性,也不相信这种"历史的目的"。对于加缪的观点,萨特回答道:"历史有意义吗?您问,历史有一种目的吗?对我来说,这个问题是没有意义的,因为它离开了创造它的人之外,历史只是一个抽象的、僵死的观念,不能说它有目的或没有目的。问题不在于**认识**它的目的,而在于**给予**它一种目的。……人们不会讨论是否有超越历史的价值,人们只是注意到,**如果有的话**,这些价值是通过人的活动表现的,而人的活动的最根本的特点就是其历史性。……而马克思从未说过历史有一个目的,它怎么会有呢?正如说有朝一日人没有了目标。他只是谈论过史前时期的目的,即是说一种于历史内部可实现的目标,像其他目标一样可以超越的目标。"这样的回答不太符合诚实讨论的规则,对此,想必萨特比别人知道

① 《现代》杂志1952年8月第83期,第378页。

得更清楚。没有人会怀疑我们通过自己的行动赋予“历史”一种意义，但是，如果我们不能够确定普遍的价值观念或者无法理解整体，那么又如何选择这一意义呢？任何决定，如果它没有参照永恒的规范与历史整体性的话，它就只能是随意的，同时它还会造成人与人或阶级与阶级之间的战争。而且，甚至在战争结束之后，我们仍无法在交战双方之间作出决断。

黑格尔曾肯定过在概念的辩证法与帝国和政体的递嬗之间存在着“相似性”。马克思也曾宣告以无产阶级的社会作为历史之谜的答案。在本体论的层面上，萨特无法也不愿意重新采用与“绝对精神”联系在一起的“历史的目的”的概念。但是在政治层面上，他却重新引入了一个与之相等的概念。然而，如果社会主义革命是史前历史的终结，那么，它就必须呈现出一种完全不同于过去的固有的创造性，必须在时代的变迁中显示出一种决裂，同时还得显示出社会的转变。

萨特声称，在“预定论”和“方法论”之间，他从马克思主义那里借用了某些纯哲学的真理。这些出现在青年马克思的文本中的真理，在我看来，主要是对形式上的民主制的批判、对异化的分析，以及对推翻资本主义秩序的紧迫性的肯定。这种哲学潜在地包含着“预言论”：无产阶级革命将与过去的一切革命存在本质上的区别，只有它才可能使社会人道化。这种预言论的巧妙的版本，就像其寄希望于企业的集中化与群众贫困化的普通版本一样，并未被19世纪的各种事件所驳倒。但它仍然是抽象的、形式化和不确定的。比如，一个政党夺取了政权就标志着史前时代的结束，这究竟有何意义呢？

加缪通常以浅显的语言来概述其思想，故此，他的思想或许缺乏新意。就它引起《现代》杂志恼怒的一些观点来看，加缪的思想显得平庸但又合情合理。如果说“反叛”显示了与不幸者的休戚与共，显示了它对于值得怜悯的人们来说绝对必要，那么，斯大林式的革命者实际上就背叛了反叛的精神。……

从这些判断中，人们无法得出任何行动的规则。但是，对历史狂热主义(le fanatisme historique)的批判却可以鼓励我们依照多种不同的局势，并根据可能性与经验去作出选择。斯堪的纳维亚的社会主义并不是一种放之四海而皆准的模式，而且它也没有以此自命。像“无产阶级的使命”、“异化的消除”、“革命”这样的概念无疑充分表现出了这种企图。令我个人感到担忧的是，当人们为自己在20世纪的世界中定位时，这些概念仍然在起着同样大的作用。

在法国之外，甚至在巴黎的圣日耳曼—德普雷(Saint-Germain-des-Prés)[①]一带以外的地区，这样一种论战将令人难以理解。在英国或美国，这种论战的思想条件或社会条件均不存在。在那里，人们不会像我们讨论标志着其科学阶段的重要著作那样，热衷于讨论马克思的社会学或经济学。人们对马克思的哲学并不感兴趣，不管是青年时期的哲学还是成熟时期的哲学，均是如此。此外，他们对马克思的哲学在批判商品拜物教时表现出来的黑格尔主义的影响，以及在马克思的其他文本和恩格斯的著述中反映出来的自然主义倾向，亦缺乏兴趣。既然人们拒斥黑格尔主义，那么，关于苏联革命是否符合“革命”的标准的提问就完全失去了意义。一些革命者，在一种意识形态的名义下，建立了某种政体，我们已相当了解，因此并不希望它无限地扩张。这种拒斥并未迫使我们希望这一政体“完全地毁灭”，也未迫使我们与无产阶级或被压迫者的反叛进行斗争。

支持一个真实的因而也是一个不完善的政体，使得我们与任何时代和任何国家都难以避免的一些不公正或残暴的行径联系在了一起。真正的共产主义者是那些完全接受人们对他灌输的苏联现实的人。而真正的西方人则是那些仅在西方文明能让他保留批评的自由并让他有

① 巴黎第四区的一个街区，因区内的同名教堂而得名。从20世纪初开始，特别是四五十年代存在主义盛行的时期，这一带是知识分子经常出没的地方。——译注

机会去改善它的前提下才完全接受西方文明的人。一部分法国工人阶级归顺法国共产党的现象，深刻地影响了法国知识分子置身其中并从中作出抉择的处境。一位起来反对麻木的德国与初级工业的暴行的青年哲学家在一百年前宣告的革命的预言论，会帮助我们理解形势并理智地进行选择吗？梦想革命，它是一种变革法国的方式呢，还是一种逃避法国的方式？

法国的形势是革命的吗？

法国的知识分子，无论他是基督徒、社会主义者、戴高乐派分子、共产主义者还是存在主义者，都在说他们渴望革命。这是为什么呢？难道是因为他们对历史的颤动比一般人要敏感，并由此感觉到大变动的时代到来了吗？

在第二次世界大战前的十年间，人们曾经提出过这一问题。但是很快，希特勒的威胁并不是禁止法国人再争吵——大概没有任何人或事阻止得了这种争吵——而是通过暴力一下子就解决了他们的争端。伴随着解放而来的是一场“准革命”。对于这场革命，不管是其支持者还是反对者，都一致认为它是失败的。1950年时，人们再次思忖着法国是否处在大爆发的前夜。当时，全国有近半数的选民不是支持共产党，就是支持戴高乐，他们在理论上是敌视现存政体的。几年之后，保守主义似乎并未因极端主义的愿望或好战的言辞而动摇，相反，它却因此而得以维持。

法国在1940年和1944年所经历的是“伪革命”（pseudo-révolutions），其结果是复归第三共和国的政治制度、人物和实践。1940年的“溃败”迫使议会在同年7月签署了一项放弃权力的法案。一个成分繁杂的团体——其成员既有共和派的叛徒，又有右翼的空论家和渴望行动的年轻人——试图引入一种专制的但不是极权的政体。“解放”使这一企图终成泡影,并使另一个团体获得了权柄。这一团体在人员组成和思想观念上同样也是五花八门的。该团体在反对维希政权时自称继承了共和制的合法性，但它时而把自己与第三共和国的最后一届政府联结在一起,时而又诉求抵抗运动中表现出来的民族的愿望。它还往往宣称自己的根源与计划是革命的:它的合法性并非建立在选举的基础之上,而是建立在一种神秘的代表制的基础之上，即由某一个人来代表人民的意志;同时,它力图革新国家,而不仅仅是恢复共和制。

导致革命衰竭的原因有三。其一是对附敌分子的整肃;其二是所谓的结构改革(即国有化运动,源于人民阵线纲领);其三是某些法案的通过,如社会保障法,这些法案的通过延续了以往的演进过程,同时也不需要引起动乱。在宪法的条款与实践方面,传统——或更确切地说是不好的习惯——轻而易举地战胜了革新的愿望。第四共和国的议会和各个党派既表现出它们惟恐失去其特权，又表现出它们对第三共和国时过强的行政权力的敌视。在1946年,各个党派,尤其是三大政党被人指控为主张大一统极权统治原则(monolithisme)。在1946年至1947年,激进派和温和派对它们发起了攻势，并且还从戴高乐将军的深得人心与现政府因通货膨胀和社会动乱而引起的不得人心中受益匪浅。今天,绝大多数党派已不再像过去那样主张“大一统极权统治”,并在绝大多数选举中各自为政。时下,真正的病症并非是“大一统极权统治”,而是党派内部的纷争。

从传统来看,法国的议会民主制以行政权的软弱为特征。议会不仅能够代表民意,而且还能使政府更迭频仍,结构松散。法国的溃败与解放为推翻这种传统创造了一个机会。当戴高乐将军试图创造第二个这样的机会时,他失败了。外在事件所允许的事情,却被法国政府本身所不容。

人们可能会辩解道，法兰西人民联盟的失败首先得归结于策略上的错误。如果被人誉为“解放者”的戴高乐在1946年仍然在台上执政并充当反对第一次宪法草案运动的领导人，如果他在辞职后的几个月内，即在第一次全民公决前夕参加竞选，胜利将属于他。他将能够强制性地规定一个与第二次全民公决所通过的宪法全然不同的宪法。也许在1947至1948年间的市镇选举结束之后，甚至在1951年6月的立法选举结束之后，如果他同意与某些党派或团体联合，他即便不能取得绝对的权威，那也能组成新的政府，并引入改革。应当说，该组织在1952年的解体可归因于一种非同一般的愚蠢。那么，该联盟的主席[①]在内心深处是情愿遭到无可非议的失败呢，还是情愿去获取疑窦颇多的成功？他可能获得的有限的权力只会使他的相关举措顾此失彼，令人失望：不用承担责任的抗议或许会留下更多的回忆。

一种误会从一开始就对戴高乐的计划产生了危害。对共产主义的恐惧一旦消除，大多数选民和活跃分子，甚至还有戴高乐派的议员，都会希望出现一个类似于雷蒙·普恩加莱政府的政府。领导者比其率领的部属更野心勃勃。他们拒绝妥协，而后者则可能会予以赞同。

不管是哪些事件导致了1940年和1944年革命的失败以及法兰西人民联盟的解体，保守力量的胜利均可作为其缘由。法国人是心存不满，但他们没有任何上街闹事的欲望。从1946年到1948年，食物的短缺、通货膨胀，再加上共产主义的发展，使不满情绪进一步加剧。1949年以后，大部分老百姓渴望恢复已经习惯了的生活方式。大多数产业工人敌视拒绝提高他们的生活水平和拒绝他们的社会参与的政体。工人们的政治热情以及某些工会领导人加入共产党，在维持阶级斗争的气氛方面起了一定的作用，但并未引起不可抗拒的暴动。

革命与其说产生于不满，毋宁说产生于绝望或希望之中。法国所承受的外部压力使得革命的爆发变得更不可能。在议会的角逐中，右翼从共产党的选举力量中获得了好处。如果法共没有屈从于莫斯科，如果它

① 指戴高乐。——译注

真诚地与社会党合作，那么，人民阵线就可能使保守派的共和国不复存在。然而，从表面上看有点自相矛盾的是，这个保守派的共和国却因为其憎恶的敌人而获得了新生。

至少在不远的将来，革命派可以在以下两种策略中选择其中的一种。其一是使劳动者摆脱共产主义的影响；其二是建立左翼的共同阵线（或民族阵线、人民阵线），将共产党人与非共产党人联合起来。不过，这两种策略都不太可能实施。法国共产党的长处与社会党的短处正好相称。当社会党丧失其动力以及工人群众的支持时，共产党却成功地赢得了大部分无产阶级成员的支持。两种现象之间的关系与其说是因果关系，倒不如说是互相依存的关系。那么，该如何走出这种恶性循环呢？何种巨大的改革才能使数以百万计的左翼选民摆脱他们曾寄予厚望的政党呢？人们怀疑，是否一个精明强干的总理和一次经济扩张就足以一下子改变局势。至少，它还需要时间。

法国的保守主义在反对左派革命时受到了工人运动的"斯大林化"的庇护，在反对急于改革时受到了社会党的弱点的庇护。迄今为止，它在对付自身的错误及其后果时则受到了"大西洋主义"的庇护。从1946年到1949年，美国的援助使法国得以在危机时期不必采取严厉的措施，一般来说，如果没有外援的话，类似的措施非采取不可。与一种国际体系合为一体，不管它是否有必要，都会有遏制改革愿望的危险。

1946年，在许多观察家（其中也包括我本人）看来，在法国所实行的议会制似乎格外地不适应冷战和共产主义的挑战，同时也不适应半统制经济的要求。人们忘记了法国在世界上的处境。从马其顿确立其霸权开始，人们就已不再为改善雅典的社会政治制度而操心。从政治的角度来看，在成为亚历山大帝国或罗马帝国的一部分之后，这个光荣的城市就不复存在了。

这种比较只是部分有效。美国既不具有组建其霸权的才智，也没有因这方面的愿望而充满生气。在欧洲和非洲，法国保留的是纯政治的责任。孟戴斯—弗朗斯先生的上台以及在北非问题作出的重大决策，都发生于美国拒绝在印度支那帮助法国人之后。奠边府的惨败在议会加速了其负责人的败落。

从1930年到1939年，人们怎么能够不对当时统治法国的人的懦弱与愚昧感到气愤呢？在战争前夕，生产水平仍然要比1929年时的水平低20%左右。法国的军队在1940年时几乎是单独在面对德国军队。在十年的时间里，由于一连串几乎难以想像的错误，这些领导人导致了或遭受了我国经济的衰落及我们的同盟体系的瓦解。

人们无法肯定，第四共和国的外交政策是否就优于第三共和国对付衰落时的外交政策。法国把自己最精锐的部队投放到了印度支那。在这一地区，我们既不再有什么利益，也不再有什么行动的手段。在这场已持续多年的战争中，我们很可能会失败，而不是取得胜利。

在欧洲，直至1950年，我们的外交一味地想使西德的复兴步伐放慢却没有因势利导地去巩固局势所要求的法德和解。但实际上，自从苏联在东欧实施苏维埃化，这种复兴就是不可避免和可以预见的。从舒曼计划开始，我们的外交又走向了另一个极端。我们打算与联邦德国、意大利和荷（兰）比（利时）卢（森堡）建立一种共同的国家。六国联邦成了我们的代表宣告的宏伟目标。那么，人们又该如何在不拆散法兰西联盟的情况下来实现这一计划呢？法国，尤其是法国议会的大多数人会赞同联邦主义者的这一计划吗？

有关和平或战争的重大决定并不是在凯道赛①做出。我国外交可能遭到的失败不会再产生二十年前那样的灾难性后果。1939年前，法国人还有怨恨其领导人的共同的理由，因为他们还有一个明确的目标：在不丧失独立的情况下避免战争。而在今天，就连最低限度的共识也已不复存在。在谈到一个其疆界和政体都未确定的欧洲时，大多数人会表示赞

① 法国外交部所在地，此指法国外交部。——译注

同。但只要一涉及一个确定的欧洲，如六国联邦或一个实行联邦制或准联邦制的欧洲时，法国人就会四分五裂。在此之前，在涉及联邦德国的重整军备、东欧的解放或在突尼斯和摩洛哥的改革时，法国人也同样如此。法国人在紧要关头会一致谴责政府无力确定一项政策。他们抱怨缺少一种共同的意志。然而，他们的内心深处真希望能找到这样的共同意志吗？

就内政而论，第四共和国的最初十年要好于第三共和国的最后十年。这一判断也许会引起那些强调货币贬值、国家的官僚主义现象加剧的自由主义者的愤慨。经济扩张，即便它引起通货膨胀，也比由货币稳定伴随的经济停滞更为可取。况且，1931年至1936年间为维持法郎的汇率而不得不实行的紧缩通货，为1936年的社会爆炸和人民阵线政府的经济错误埋下了伏笔。

就农业、工业和社会立法而言，法国已不像过去那样停滞不前，僵化保守。但人们还不能说工业家的马尔萨斯主义已最终消除，也不能说农民都已认识到耕作手段现代化的必要性。保守的统制主义在起作用，这种主义主张保护一切已取得的利益，限制有可能迫使边缘性企业转产的自由主义机制或行政管理机制。不管如何，溃败、占领、1944年的准革命已经使习俗受到了撼动，使法国人更容易接受变革，更容易接受冒险。

如果说整个民族已更加充满活力的话，那么，政治体制却依然如故。较之第三共和国的最后岁月，政府更加分裂，更为软弱。除非将行动上的无能视为国家的最高美德，否则没有人会赞同第四共和国。认为只有知识分子不满现状，这是错误的。事实是，法国人对法国不满，公民对国家不满。停滞的社会、敏感的思想，这两种现象仅仅在表面上是矛盾的，而实际上却存在着共存的联系。对现实愈不敏感，人们就会愈梦想革命。现实愈是显得僵滞，人们在批判和拒斥它时就会愈敏感。

在保守主义的外壳下日趋成熟的变革力量，出生率的增长，工业、农业的现代化,凡此种种,展示了未来的前景。知识分子只有在法国变得与他们的思想更相称的时候,才会与法国和解。如果这种和解没有出现,或仅仅是缓慢地出现,那么,革命者习惯于谋求的,以及各个政党内心害怕并尽全力准备应付的"爆发"就会挣脱束缚,突然发作。虽然这种现象至今仍然不像会真的发生,但它的发生却是可能的。每当危机达到使政体及议会的作用受到威胁的程度,议会就会借助共和国的某种不成文法,把其权力转交给某位人物。这一使第三共和国得以延续的不成文法似乎已被传给了第四共和国。在印度支那的失败为孟戴斯—弗朗斯内阁上台打开了道路。

法国人还不至于不幸到得起来与自己的命运抗争。在他们看来,国家的衰落与其说应归咎于某种事件,毋宁说应归咎于某些人物。由于无法期望一个共同的美好的未来,他们缺少能激发群众的希望。他们也从来没有那种不必依赖理想的智慧,当没有一种意识形态能改变他们面貌的时候,那些需要他们完成的任务也就无法触动他们。各种各样的意识形态使得他们彼此争斗。他们只有在这样的条件下,即用怀疑主义去冷却他们互相矛盾的热情,才可能生活在一起。怀疑主义并不是革命的东西,即便它讲述革命的语言时亦是如此。

* * *

革命的概念不会沦落到被废弃的地步,左派的概念同样如此。革命的概念表达了一种怀旧情绪。只要社会仍旧不够完美,只要人们仍旧渴望改革,这种怀旧之情就会长存不衰。

这并不是说,企求社会进步的愿望始终通向,或逻辑地通向革命的愿望。它还需要有某种程度的乐观主义和缺乏耐心。人们往往认为革命者对世界充满仇恨,并向往巨大的灾祸。但实际上,在更多的情况下,革命者因其乐观主义而犯错误。任何为我们所知的政体,如果我们把它们与一种抽象的平等或自由的理想相联系,那它们必定会受到谴责。只有革命——由于它是一种冒险,或者说,只有一种革命的政体——由于它赞同不断使用暴力,似乎才能够达到崇高的目标。革命的神话为乌托邦思想充当了避难所,并成为现实与理想之间的神秘的、不可预测的说情者。

暴力本身的吸引力、迷惑力要大于其排斥力。英国工党的政策,"斯堪的纳维亚的无阶级社会"在欧洲的左派,尤其是法国的左派身上从未享有俄国革命所具有的威望,尽管后者出现过内战、集体化和大清洗的恐怖。那么,人们究竟应当说上述现象无损于俄国革命的威望呢,还是应当说正是由于有了这些现象,俄国革命才具有如此的威望? 过去发生的一切有时让人觉得,革命的代价与其说是让革命事业的声誉受损,毋宁说是使它获得了声望。

"没有人会如此疯狂,以至于宁要战争,不要和平。"希罗多德的这一评注也可以运用于内战。战争的浪漫主义已经在弗朗德尔的污泥中死亡,而内战的浪漫主义则还在卢比安卡的地下室中残存。人们有时会思忖,革命的神话会不会最终与法西斯主义的暴力崇拜汇合在一起。在《魔鬼与天主》一剧的结尾处,戈兹喊叫道:"这就是刚刚开始的人的统治。一个好的开端。来吧! 纳斯蒂,我将是刽子手和屠夫……这里有一场战争要对付,我将投入战斗。"

人的统治将是战争的统治吗?

第三章

无产阶级的神话

马克思主义的“末世学”赋予无产阶级一种集体救世主的角色。青年马克思所使用的表达方式清楚地表现出了“天选阶级”神话的“犹太—基督教”根源。这一阶级之所以被选中，主要是因为它为拯救人类遭受了苦难。无产阶级的使命，革命导致了史前时代的终结，自由的统治，在这些表述中，人们不难发现至福千年说的思想结构：救世主，决裂，上帝的王国。

马克思主义并未因上述比较而失去信誉。古老的信仰以一种科学的外表复活，这对弃绝了信仰的心灵自然存在着诱惑力。正如现代思想可以视为各种梦想的幸存物，神话亦可视为真理的预示。

如此颂扬无产阶级，这并非是一种普遍现象。我们甚至可以把它看作法国外省方言式的言语。在“新信仰”所统治的地方，被崇拜的对象与其说是无产阶级，毋宁说是政党。在工党原则取得胜利的地方，已成为小资产阶级的产业工人不再让知识分子产生兴趣，而他们自己也不再关心意识形态。他们的命运的改善使他们不再享有“不幸”的声望，并使他们摆脱“暴力”的诱惑。

这是否就是说，关于无产阶级及其功能的空论，今后就仅限于那些在受苏联体制的诱惑与对民主自由的依恋之间犹豫的西方国家了呢？在《现代》杂志、《精神》杂志的专栏中正充分展开的关于无产阶级和政党的钻牛角尖的争论，和半个世纪前在俄国与德国的活动分子与理论家中进行的争论颇为相似。在俄国，这些争论后来以专制的手段得到解决，而在德国，它们后来却因缺乏争论的对手而式微。但是，在转向信仰共产主义的国家和生产力的发展已使得所有受苦的人变为通情达理的工会组织成员的西方国家之间，依旧有半数以上的人一方面羡慕西方国家的生活水平，一方面却把希望寄托在共产主义国家身上。

无产阶级的界定

“阶级”，也许是政治学的语言中最为流行的概念，但对于它的界定，却往往引起情绪化的争论。在此，我们不打算卷入这种争论，因为在某种意义上，这种争论不可能有任何结果。我们根本无法了解这个应当被冠以“阶级”之名的现实事物在未被冠以此名之前究竟是何物。这种争论没有必要的另一个原因是，没有人不知道，在现代社会中，哪些人可以被称为无产阶级分子：在工厂里用双手干活的被雇佣的人。

对工人阶级进行界定为何往往会显得困难呢？任何界定都无法泾渭分明地划定一种范畴的界限。技术工人从哪一个等级开始才不再算是无产阶级分子呢？公用事业的体力工人既然从国家而不是从私人企业主处领取工资，那他是无产阶级分子吗？商业领域的那些搬运别人所制造的商品的雇佣劳动者与产业部门的雇佣劳动者属于同一群体吗？在我们看来，对于这些问题，恐怕很难有教条化的答案，因为它们没有共同的准则可循。人们如果根据职业的性质、领取酬金的方式和酬金的多寡以及生活方式来划分的话，就会把某些工人归为无产阶级，而把另一些工人排除在无产阶级之外。汽车修理厂的机械师，他们虽然也领取工资，干的也是体力活，但他们的处境及其观察社会的角度却与雷诺汽车制造厂流水线上的装配工大不相同。因此,所谓“无产阶级”(靠薪金过活的工人所属的阶级)的本质并不存在,真正存在的只是一个其中心可用特征或特点来显示,但其外延却难以区分的范畴。

划定界限方面所存在的困难,并不足以引起如此之多的争论。马克思主义学说给无产阶级赋予了独特的使命,说这个阶级要“改变历史”,或者说它可以实现人性。那么,散布在成千上万个企业里的数百万工厂工人能够成为完成这一任务的人吗?由此又产生出另一个问题,这一问题涉及的不是无产阶级的界限,而是无产阶级的统一性。

在工业部门的体力劳动者当中,人们不难观察到某些共同点(物质上和心理上的共同点均有):收入的多寡、开支的安排、生活的方式、对待职业或雇主的态度、价值观念等等。但这些可客观地察觉到的共同之处,只是局部性的。法国的无产阶级在许多方面与英国的无产阶级不同,而与他们自己的同胞却非常相似。生活在村庄中或小城里的无产者与其邻人的相似之处,或许要大于他们与大城市的工人们的相似之处。换言之,无产阶级这一范畴的同质性,虽然可能比其他范畴的同质性更明显,依旧是不完善的。

这些平平常常的评注说明了,为什么社会学家研究的无产阶级与负有改变历史使命的无产阶级之间不可避免地存在着差距。为了消除这一差距,当今流行的做法是采用马克思主义的格言:“无产阶级必须具有革命性,否则它就没有理由存在。”“正是通过拒绝让自己被异化,无产阶级才成其为无产阶级。”(弗朗西斯·尚松语)[①]“无产阶级的统一性,完全取决于它与社会上的其他阶级的关系,简而言之,完全取决于它的斗争。”(让—保罗·萨特语)[②]一旦被一种普遍意志所界定,无产阶级就取得了一种主观上的统一性。具有这种普遍意志的、有血有肉的无

① 《精神》1951年7—8月号,第13页。

② 《共产主义者与和平》,载于《现代》1952年10—11月号,总第84—85期,第750页。

产阶级在数量上有多少并不重要，重要的是，具有战斗精神的少数人能够合法地代表整个无产阶级。

汤因比对该词的使用使“无产阶级”一词的含义更加含糊不清。产业工人仅仅是这类人当中的一个典型：这些人在文明解体时期人数众多，他们与现存文化格格不入而起来反对现存秩序，并容易受到先知的召唤的影响。在古代，奴隶与被放逐者听从的是使徒的召唤。在工厂密集的郊区，数以百万计的工人成了马克思主义预言的信徒。正如处在文明圈边缘的半野蛮人是无产阶级一样，无法被融合的人就是无产阶级。

让我们暂且把关于无产阶级的最新界定搁在一边，根据这一新的界定，被剥夺国籍者、集中营里的囚徒和少数民族比产业工人更有资格被冠上“无产阶级”的称号。与之相反，让—保罗·萨特的界定把我们引到最基本的主题：为什么无产阶级在历史中负有一种独特的使命？

在青年马克思的著作中，“无产阶级的挑选”是通过下述著名的程式来表达的：“一个完全身负枷锁的阶级；一个资产阶级社会里的不属于该社会中的任何一个阶级的阶级；它由于所遭受的普遍性的苦难而拥有一种具有普遍性特征的身份……”无产阶级之所以能成为纯粹的人和具有这种普遍性，乃是因为他们受到了非人的待遇，并遭到所有特殊的社会共同体的排斥。

这种观点与存在主义哲学家，尤其是莫里斯·梅洛—庞蒂用多种不确定的形式表达的观点如出一辙：“如果马克思主义赋予无产阶级一种特权，这是因为根据其状况的内在逻辑，根据其最受约束且与所有救世主幻想无关的生存方式，只有这‘未被当作神的’无产阶级能够实现人性……如果我们考虑它在特定历史环境中的作用，那么，只有无产阶级才能实现人与人的互相承认。”[①]“无产阶级的状况是，它并非是通过思想以及通过一种抽象化的过程脱离特殊性，而是通过现实以及它的生

① 《人道主义与恐怖》，巴黎，1947年版，第120页。

命运动本身来脱离特殊性。所以,只有它具有其所想的普遍性,只有它才能实现哲学家在他们的思考中勾勒的自我意识。"①

知识分子通常公开表示出对工商业职业的蔑视。在我看来,此举恰恰是值得蔑视的。知识分子们还看不起工厂企业中的工程师或负责人,只承认在车床前或流水线上工作的工人才是"具有普遍性的人"。在我看来,这种看法虽让人产生好感,但也令人惊奇。事实上,无论是工作的分工还是生活水平的提高,均未对这种"普遍化"有所助益。

人们可以想像得出马克思所观察到的无产阶级分子的模样:他们每天要劳动十二个小时;得不到工会组织与社会立法的任何保护;不得不接受铁的工资规律的摆布。但这些不幸并不足以使他们与众不同。而且,上述情形并非底特律、考文垂、斯德哥尔摩、比扬古尔、鲁尔或莫斯科的工人的现实处境。这些地方的工人与其说像一个"具有普遍性"的人,毋宁说更像是一个国家的公民或一个政党的党员。哲学家有权利希望无产阶级脱离现存秩序和等待革命行动。但是,在20世纪的中叶,他不能将此确定为产业工人具有普遍性的事实。那么,在何种意义上,因处于敌对的组织而四分五裂的法国无产阶级能够被称为"惟一真正的主体间性(la seule inter-subjectivité authentique)"呢?

以证实马克思主义的末世学为目的的推论,其最后阶段并未更加令人信服。为什么无产阶级必须是革命者呢?如果人们坚持在较含混的意义上使用"革命的"一词的话,就可以辩护道:1850年时曼彻斯特的工人与当今加尔各答的工人一样,均通过反叛之类的行动对自己的处境作出反应。他们意识到自己是一种不公正的组织的牺牲品。并非所有的无产阶级分子都能感觉到自己被剥削或被压迫。极度的悲惨或天生的顺从会扼杀这种情感,而生活水平的提高与工业关系的人道化也会使之缓和。这种情感很可能从未完全消失过。即使在苏联和东欧国家的强

① 同上,第124页。

制性宣传中，它也同样多地与领取工资者的状况和现代工业的结构联系在一起。

人们不能够得出结论说，无产阶级的革命性是自发的。列宁曾敏锐地指出，工人并不关心自己的使命和近期的改革。宣扬无产阶级先锋作用的党的理论，确切地说是源自一种公开的吸引群众的必要性，这些群众渴望更好的命运，但厌恶启示录。

在青年马克思的马克思主义中，无产阶级的革命"天职"来自辩证法的要求。无产阶级是将要战胜其主人的奴隶，而他们之所以要起来斗争，并非是为了他们自己，而是为了所有的人。无产阶级还是将实现"人性"的"非人性"的明证。马克思把他的余生用于通过社会经济分析去验证这种辩证法的真理。

正统的共产主义同样毫不费力地提出了无产阶级的革命天职的假设。后者被包含在共产主义对历史的总体解释之中，而这种解释被认为是不容置疑的。事实上，强调的重点被转移到了政党上。不过，无论是党的存在还是党的意识，均不容置疑。起初，人们之所以加入共产党，乃是因为党代表了阶级，并充当着集体救世主的角色。但一旦进入党内之后，由于党内的同志来自不同的阶级，人们就更加不会就阶级问题进行自问了。

同样的事情并未发生在法国哲学家们的身上。这些哲学家自称是革命的，但拒绝加入共产党。然而，他们却断言，人们不可能"在不成为人类和自身的敌人的情况下与工人阶级进行斗争"①。在20世纪中叶，产业工人已不再为温饱发愁，在这种情况下，这些思想家又该如何为他们赋予无产阶级的使命进行辩护呢?

抛开语言的复杂性不说，他们的论证似乎大致如下：产业工人若不起来反抗，就不可能意识到自己的处境；反抗是认识到非人性的处境之

① 让—保罗·萨特，《现代》，1952年7月第81期，第5页。

后惟一的合乎人性的反应。工人阶级的命运与其他人的命运是休戚相关的;工人阶级显然看到,它的不幸是集体性的,而不是个人的;导致不幸的原因是相关制度的结构,而不是资本家们的意愿。由此,无产阶级的反抗将倾向于有组织的行动,倾向于党的领导下的革命行动。无产阶级只有在它获得一种统一性时才构成一个阶级,而这种统一性又只有在与其他阶级对立时才能取得。因此,无产阶级只存在于它与社会的斗争之中。

让—保罗·萨特在其近作中,从真正的马克思主义的观点,即“无产阶级只在与其他阶级对立时才会团结”出发,得出了有必要建立组织,也就是说有必要建立政党的结论,他还偷偷地把无产阶级政党与共产党混为一谈,并利用共产党论证道,为了捍卫工人的利益,需要有一个政党,而这一政党非共产党莫属。此外,人们并不清楚,这样的论证是否对1955年时的法国无产阶级、近两个世纪来的法国无产阶级或资本主义制度内的所有无产阶级有价值。

让我们回到一些更令人乏味的思考上来。如果人们赞同把产业工人称为无产阶级,那么,导致他们反抗的处境究竟是什么呢?革命要消灭的又究竟是什么呢?“非无产阶级化”的工人阶级的胜利该具体包括哪些内容?战胜了昔日的异化的工人与当今的工人究竟在哪些地方存在差别?

理想的解放与真正的解放

马克思与信奉马克思的作家告诉我们,无产阶级分子是被“异化”的。他除了在市场上出租给生产工具所有者的劳动力之外,一无所有。他被限定在某一已分成许多份的工作当中。作为其劳动的补偿,他获得的仅仅是一份刚够养家糊口的工资。根据这一理论,正是生产工具的私有制才是压迫和剥削的最后根源。在被一个个资本家剥削了他们所创造的剩余价值之后,可以说工人也已被剥夺了其人性。

诚然,这些马克思主义的主题至今仍存留在思想背景当中。但是,若想要原封不动地再提出这些主题,并非易事。在《资本论》中,论证的关键在于这样一个概念,根据这一概念,工资就像所有的商品一样,其价值是由工人及其家庭的需要来决定的。然而目前,不管是在严格的意义上还是宽泛的意义上使用这一概念,均不可能再得出满意的结果。在前一种情况中,西方国家里工资水平的提高这一事实已无可争议地将它驳倒。在后一种情况中或者说用"工人的不可缩减的需求取决于集体心理"这种说法进行解释时,这一概念将不再告诉我们任何东西。在20世纪中叶,美国工人的工资想必会允许他们去购买洗衣机和电视机。

在法国,人们很少研究《资本论》,作家们亦很少去引证该书。这种局面的出现,与其说是因为忽略了马克思的经济理论——该理论削弱了对异化的分析,倒不如说是因为发现了这样一个明显的事实:工人的许多不满与所有制没有任何关系。当生产资料属于国家时,这些不满仍照样存在。

我们在此列举出工人们的不满主要有:一,报酬过低;二,工作时间过长;三,完全失业或部分失业的威胁;四,生产技术或工厂的行政管理组织所引起的贫困;五,被封闭在工人的圈子里,升迁无望;六,意识到自己是一种基本上不公正的体制的牺牲品,在这一体制中,工人既无法公平地分享国家的财富,又无法参与经济管理。

马克思主义的宣传倾向于扩散这种对"基本的不公正"的意识,并倾向于以剥削理论去证实它。这种宣传在任何国家都未取得成功。在那些工人的直接要求大部分得到满足的国家里,对政体的指责会成为毫无效果的激进主义。与之相反,在那些工人的直接要求未得到满足或满足得很慢的国家里,指责政体的欲望很可能变得不可抗拒。

马克思主义对"无产阶级的不幸"的解释,在无产阶级看来,不可能不像是真的一样。雇佣劳动、贫苦、技术、没有前途的生活、对失业的担心，凡此种种，为什么不可以统统归咎于资本主义呢，既然“资本主义”这一含混不清的词语同时涵盖了生产关系与分配方式？甚至在像美国这样的改良主义势头极强、私人企业总体上被大众所接受的国家里，仍然存在着对利润、投机的带有敌意的偏见，仍然始终准备着要揭露资本家或股份有限公司对劳工的剥削。马克思主义的解释与劳工所本能地认同的对社会的看法汇合在了一起。

事实上，我们知道，在西方国家，工资水平取决于劳动生产率、多种投资活动之间国民收入的分配、军费开支和消费、阶级之间的收入分配。在苏联型的政体中，收入分配并不比资本主义类型或混合型的政体更为平等。在铁幕另一边的国家中，投资比例要高于西方国家。但是，那里的经济扩张并不是为了提高生活水平，而是为了使国家更加强大。此外，没有证据能够表明，集体所有制比私有制更能够改善劳动生产率。

劳动时间的缩短可以与资本主义并行不悖。与之相反，失业的威胁始终是一切政体，而不仅仅是私有制和以市场为基础的政体的弊病。除非人们能够彻底消除行情的波动或赞同持久不断的通货膨胀，否则，所有实行自由雇佣制的经济都将包含失业，或至少是暂时失业的风险。人们不应该否认这一弊端，而应该尽可能地去减少这一弊端。

针对与工厂劳动的不安有关的问题，工业心理学家们已经分析了其原因和多种行为方式。他们还提出了一些方法，这些方法可以减轻疲劳或烦恼，平息过激的言辞，使工人与企业的某个部门乃至整个企业融合。任何一种政体，不管它是资本主义的，还是社会主义的，都不可能垄断或排除这些方法的运用。就这一方面而言，私有制的弱点是：对这一制度的怀疑会鼓动许多工人或知识分子去揭露人们为了社会稳定而运用一些从各种与人有关的科学中得出的教诲。

给工人升迁的机会，这是政治体制的职责吗？要回答这一问题是困难的：对社会流动性的比较研究过于不足，使人们无法作出明确的判断。一般而言，非体力劳动者的比例增加，升迁就会变得比较容易。同样,经济进步本身也是促进升迁的因素。在实行资产阶级民主制的国家中,社会等级方面的偏见的消除,必然会加速精英集团的更新。在苏联,旧贵族的消灭和工业建设的发展,也增加了升迁的机会。

最后,针对政治体制的抗议会顺理成章地呼唤革命。如果以生产工具的私有制和市场机制为特征的资本主义是一切邪恶的根源,那么,改良就必然得受到谴责,因为它可能会延长一种可憎的制度的寿命。

从这些简单扼要、平平常常的评语出发,人们可以毫不困难地区分出工人解放或异化的终结的两种形式。第一种解放的形式,是一种永远都不完美的形式,它由以下多种局部的措施组成:工人的薪酬与劳动生产率同步增长;保障家庭与老人的社会法案;工会组织可自由地与雇主讨论劳动条件;教育制度的扩大增加了升迁的机会。我们可将这种解放称为"真实的解放":它通过具体改善无产阶级的状况得到表现;它允许一些抱怨继续存在(如失业与企业内部的问题所引起的抱怨);有时候它也允许多少有点强大的少数人起来反抗政治体制的原则。

苏联的革命赋予了一部分人权力,这一部分人声称代表无产阶级,并把许多工人或工人的儿子转变成工程师或特派员。生活水平非但没有在东欧人民民主国家中突然地提高,实际上反而在降低。过去这些国家曾存在自由的工会,而今却只剩下了服从国家的工会组织,这些组织的作用是鼓动工人干活。无产阶级已不再被"异化",因为根据这些国家的意识形态的说法,无产阶级拥有了生产工具,甚至还拥有了国家。但是它实际上没有摆脱被放逐的危险,也没有摆脱劳动手册的束缚,更没有摆脱经理人的管制。

这是否就意味着这种解放,即我们将称作"理想的解放"的解放,是虚假的呢?我们不想让自己卷入这场争论之中。我们说过,无产阶级倾向于根据马克思主义哲学来解释整个社会:它自以为是老板的牺牲品,甚至当它成为生产不足的牺牲品时,它依然这样认为。但是,尽管这种判断可能有误,却毕竟是真实的。随着资本家的压迫被国家任命的经理人员的压迫所取代,随着计划的设立,一切都变得十分清楚。薪酬的不平等与职责的重要性的不同是相对应的,而消费的降低则与投资的增长相对应。无产阶级,至少是他们当中的绝大部分,更容易接受的是国家任命的经理人员,而不是私人老板。他们之所以没有抗议私有化,是因为他们理解私有化对于未来的必要性。那些相信有无阶级社会的人会觉得自己正与一项伟大的事业联系在一起,并用自己的牺牲来强化这种信念。

我们之所以把马克思主义者所称的"真实的"革命称为"理想的"革命,是因为一种意识形态对这种革命作了界定:私有财产是一切异化的根源;雇佣劳动者曾由于为某个企业主干活而被赋予"特殊性",但在苏联的体制中,他将由于参与了某种共同体而被赋予"普遍性",并且还因此获得了自由。之所以如此,是因为他服从了工业化计划所体现的必然性,因为他符合了不可改变的法则所支配的历史要求。

谁若揭露了资本主义,那他本人就会倾向于选择在政治上具有严格规定的计划化,而不是变化莫测的市场体制。苏联体制处于历史之中。因此它宁愿以"将来会怎样",而不是以"现在如何"来评判自己。在第一个五年计划期间,苏联人民的生活水平提高缓慢。但当局在对此进行辩护时,并未采用任何学说,而只是强调受到威胁的苏联有必要增强其经济军事实力。超越社会主义建设阶段的"理想的"解放将越来越接近"真实的"解放。

在夺取政权之前,没有一位布尔什维主义的理论家曾想到过工会将会被社会主义国家所控制。不过,列宁已经意识到所谓的无产阶级国家可能会重复资产阶级国家的恶行的这一危险,因此,他事先为工会独立的理由进行了辩护。内战之后的经济崩溃,托洛茨基以及布尔什维克为抵抗其敌人而采取的军事指挥的方式,使人们忘记了以前曾公开主张的自由观念。

今天,人们大概会宣称,既然国家已属于无产阶级,那么,请愿、罢工以及反政府的活动就不再具有意义。对官僚制度的批评仍然是合法的,必要的。在私下里,根据秘传的学说,人们预计到当社会主义的发展足以放松纪律的时候,批评的权利会扩大。工会不会受到政治体制的压制,它还可以像英美国家的工会一样,为捍卫工人的利益而与国家委派的经理人员对着干。限制的功能逐渐地得到了请愿的功能的补充,而这两种功能是所有工业社会中的工会都同时具备的。

就算我们接受这种有期限的乐观主义,那么,为什么西方国家在19世纪经历与苏联的第一个五年计划时期相应的发展阶段时, 也必须为"理想的"革命的神话去牺牲"真实的"革命呢? 在资本主义制度或混合制度陷于瘫痪的地方,人们会引用与不发达地区的人一样的论点:只有统治国家的团体具有绝对的权威, 才可能粉碎封建分子或大地主的抵抗,并强制性地建立集体经济。而在经济继续发展、生活水平仍在提高的地方, 为什么要为了一种可笑地与国家的至高无上的权力混为一谈的"全面的"解放而牺牲无产阶级的实实在在的自由呢(即便这些自由是局部性的)? 也许"全面的"解放会使那些缺少工团主义或西方社会主义经验的劳工有一种"进步"的感觉,但在经历过真正自由的德国或捷克工人的眼里,它只是一种欺骗。

理想的解放的诱惑

当无产阶级中的大多数人追随着其完全相信真实的革命的领导人时,左翼知识分子却不大了解前者在信仰方面的情况。也许他们无意识地对工人的态度感到失望, 因为让这些工人更有感受力的并不是伟大的任务,而是近期就可获得的好处。艺术家和作家们很少思考英国的工党主义或瑞典的工团主义。他们有理由不把时间花在研究这些已有的成就上,这些成就虽然在许多方面令人钦佩,然而研究它们却不需要更高层次的精神思考。在英国,工人出身的工党领导人通常会表现得比来自知识分子群体的领导人更为温和。A.贝文显然是一个例外,但他也被知识分子们所包围,而工会的书记们则被其对手列为头号敌人。

法国的情况与此有所不同。在法国,大部分工人把选票投给了共产党,最有影响的工会的书记亦是共产党人。而改良主义则被认为是难以奏效的行为。这里就出现了使存在主义者、左翼基督教徒和进步主义者分裂和对立的矛盾,即为什么要与代表无产阶级的党分离?为什么要加入一个更关心为苏联的利益服务而不是为法国工人阶级的利益服务的党呢?

若采用合乎情理的方式,这一问题可以有许多不同的答案。如果有人认为,不管怎么说,苏联代表了无产阶级的事业,那么,他就会加入共产党或与共产党合作。反之,如果有人认为,真实的解放已在西方阵营中具有最好的机会,或者认为"瓜分世界"为和平提供了惟一的机会,法国就地理位置而言处于资产阶级民主国家一边,那么,人们就会力图使工会免遭那些诚实地为莫斯科效劳的人的控制。最后,人们也可以寻求一条中间道路,在内政上是进步主义的,在外交上是中立的,同时又没有同西方决裂。上述决定均不需要形而上学的空论,同时也没有使知识分子变成无产阶级的敌人。不过,这必须要符合这样一种条件,即这方面的决定必须是参照历史的局势作出的,而不是参照马克思主义的预言论(prophétisme)作出的。存在主义者和进步主义的基督教徒却只愿意通过这种预言论来观察现实。

要与无产阶级团结一致的愿望,证明了一种乐于助人的情感,但几乎无助于在世界中的定位。在20世纪中叶,并不存在世界性的无产阶级。如果人们加入苏联的无产阶级政党,那他们势必就会与美国的无产阶级政党作对,除非他们认为数千名共产党员、黑人或墨西哥族裔等无产阶级中受剥削最重的阶层是美国工人阶级的代言人。如果人们加入以共产党员为核心的法国工会组织,那他们就会与德国的工会组织作对,后者在反对共产主义方面几乎是铁板一块。如果人们以多数选票为准则(在法国,此类人在30年代时应当是社会党人,50年代时应当是共产党人),那么,他在英国必定是工党分子,而在法国则必定是共产党员。

用自己的双手在工厂干活的数百万工人并非自发地具有一种共同的主张或愿望。根据不同的国家或环境，他们会分别倾向于暴力或顺从。真正的无产阶级并不是根据产业工人的实际经验,而是根据一种历史学说来界定的。

为什么在第二次世界大战结束后的20世纪中叶，在法国这样一个农民与小资产阶级要多于无产阶级的国家里，一些关心具体事物的哲学家会重新找到马克思主义关于无产阶级的预言论呢？萨特向亲共产主义方向发展的路线似乎是辩证的,它包含着“肯定”或“否定”的一种颠倒。由于人们天生具有空幻的激情,因而,说到底,他们往往会把多种不同的“计划”同样地视为不会有什么结果的东西。无产阶级社会的绚烂多彩的幻象连接着类似于自然主义小说家笔下的令人厌恶的社会,政治乐观主义往往与人类的卑鄙的行为结合在一起，它就像插在今日的粪堆上的“未来”的小蓝花。

一如马克思主义的意识形态的批评，存在主义的心理分析通过揭穿隐藏在口头上的高贵之下的肮脏的私利,使一些学说丧失了信誉。不过,这种方法存在着通向一种虚无主义的危险:为什么我们自己的信仰就一定比别人的信仰更为纯洁呢？求助于个人的或集体的意志的法西斯式的决定,为跳出这种普遍否定提供了出路。而无产阶级“真实的主体间性”或历史的法则则为之提供了另一条出路。

总之,存在主义者的哲学是一种道德的激励。萦绕在萨特心头的是对真实性、交流和自由的关注。一切使人无法行使自由的处境,皆有悖于人类的目的。个人与个人之间的主仆关系歪曲了良心之间的对话,这些良心彼此之间是平等的,因为它们都平等地享有自由。伦理激进主义(le radicalisme éthique),再加上对社会结构的不了解,会使人习惯于一种口头上的革命。对资产阶级的仇恨会使人放弃平平淡淡的改革。无产阶级绝不应当与拥有既得权利的“卑鄙家伙”串通一气。就这样,一位排除了所有全体性的哲学家,在未意识到矛盾的情况下,重新引入了工人阶级的“天命”。他这样做与其说是克服了矛盾,毋宁说是掩盖了矛盾。

进步主义的基督教徒的道德激励则是另一种情况，他们在良心方面的表现有时颇令人感动。他们的所作所为若放在一位非天主教徒身上,很难不被人视为是虚伪或狂热的行为。用来对付边做工边传教的教士的措施,使基督教徒烦乱不安。这些措施同样被这样一些人所利用,这些人对宗教漠不关心,利用各种机会诋毁教会,特别是求助于一些在远见力而非思想品质方面值得争议的人去恢复共产党的同路人的威望。

人们在理解进步主义的基督教徒的态度时，往往以这一首要事实为出发点:在法国无产阶级中的大多数人与共产党存在着联系。

由此,《教会的青年时代》[①]一书的作者曾如是写道:如果我们在教会应当扎根的工人世界中只看到其抽象的、受歪曲的一面,就不可能指望教会为了大家的利益有效地发挥影响。同样,不管要付出什么样的代价,我们都将坚持到底。在此,坚持到底意味着直至在共产主义和整个工人世界之间形成有机的联系。

为什么要有这种有机的联系呢?该书的作者并没有乞灵于历史的解释。在探讨工会在人民阵线、抵抗运动以及解放时期的合并的原因时,他得出的结论几乎适用于任何地方和任何时候。共产党“以某种科学的方式发现了工人阶级受压迫的原因”。共产党之所以要组织起这一阶级,是因为不这样的话,这个阶级就会“为了一种遥远的成功比局部或近期的结果更重要的行动”走向暴力。总之,共产主义为工人阶级提供了一种哲学。关于这种哲学，让·拉克洛瓦曾以非凡的洞察力写道:

---

① 《事件与信仰(1940—1952)》,巴黎,瑟依出版社,1951年版,第35页。

“它是无产阶级的内在的哲学。”[①]

《教会的青年时代》还写道:“这是我们所寻求的东西。我们之所以狂热地去寻求它,是因为如果我们找不到它的话,我们将可能在绝望中消亡。这是一种全新的、健康的力量,它能够抵制所有与过去相联系的肮脏的东西,能够完成那些其他人只满足于思考和自私自利地利用的事情。这种力量确确实实地存在着。随着一些事件使我们更接近人民,我们发现了这种力量的稠密度和潜在性。惟一值得我们去寄予希望的世界,就是工人的世界……不!工人既不是超人,也不是圣人,他们有时在大人物们竭力要树为美德的丑恶面前表现得相当软弱。然而,尽管如此,他们仍给新的世界带来了生机,这里的新世界是对正在我们眼前崩溃的世界而言的。经过几个世纪的发展,或在克服空间的限制之后,无产阶级将与一种新的文明汇合,在这种新的文明中,金钱与资本将不再能独揽一切,腐蚀一切。”[②]

工人给世界带来了生机,而共产党则又与工人存在着有机的联系,但是,“只有根据计划,并只有通过工人们自己的生存条件与斗争条件所决定的方式,工人地位才可获得提高”[③]。由此,人们可能毫不犹豫地得出这样的结论:“工人阶级将重新信仰基督教——对此,我们充满希望——但是,只有当他们在自己所具有的内在哲学的指引下,并通过他们自己的手段,工人阶级才可能征服人类。”[④]此外:“人类正通过工人运动重新获得了新的生机。”[⑤]

我觉得有必要指出,上述引文中所反映出来的这些谬误,纯粹是

---

① 《事件与信仰(1940—1952)》,第36—37页。

② 《事件与信仰(1940—1952)》,第18—19页。

③ 同上,第59页。

④ 同上,第57页。

⑤ 同上,第56页。

“知识分子”的错误。不过,这些错误并非仅出现在个别知识分子身上,而是正流行于某些知识分子的圈子里。他们认为,正如共产主义者所宣传的那样,马克思主义科学地解释了工人的悲惨处境。这种态度不啻是将亚里士多德的物理学与爱因斯坦的物理学,或是将达尔文的《物种起源》与现代生物学混为一谈。左翼基督教徒天真地接受的那种马克思主义,把导致压迫和贫困的责任归于政治体制。它还把工人阶级遭受的不幸归咎于财产法和市场机制。这种所谓的科学仅仅是一种意识形态。

此外,马克思主义也不是“无产阶级的内在哲学”。工厂里的雇佣劳动者或许倾向于认为,整个社会被生产资料的所有者所统治并剥削。对工厂的所有制的指责,对贫困的原因不加区别,要资本主义对所有罪恶承担责任,凡此种种皆表明,工人有时更倾向于法共宣传所助长的粗浅的判断。但是,“只有革命才能解放工人阶级”的断言,远远不能表达无产阶级的内在思想,它只属于法共从未使其追随者完全信服的学说。

马克思主义并不是关于工人不幸的科学,共产主义也不是无产阶级的内在哲学,工人阶级本身决不会相信自己是拯救人类的“选民”。继这两个错误而来的是关于阶级斗争和新世界的降临的第三个错误。我不打算讨论左翼基督教徒加在工人身上的美德,因为我们承认自己不了解这方面的情况。当我们读到:“工人阶级是一个诚实的族类。正是出于对自由的热爱,它有朝一日会自觉或不自觉地远离教会,但它会更加远离资产阶级用来控制教会的各种结构与外在形式”[①],“人民中的大多数男女……是忠于‘山上宝训’的”[②]时,我们既不想去否认它,因为普通人的善良并非是一种传说;也不想去赞同它:天选阶级的神话明显充斥于字里行间。

任何一位天主教徒均有权利相信,集体财产所有制或计划经济与

① 《事件与信仰(1940—1952)》,第78页。

② 同上,第79页。

被称为资本主义的制度相比，会更有利于大多数人的利益。正是在这里,存在着人们能够加以肯定或拒斥的关于世俗事物的看法。天主教徒还有权利相信,历史将朝着它所喜爱的体制的方向发展。此外,天主教徒还有权利承认，为国民收入的分配或社会的组织而展开的阶级斗争是一种事实。如果他把社会主义的降临称为“历史的意义”,如果他把共产党的掌权美化为工人的解放,如果他赋予阶级斗争一种精神价值,那么,他就会成为马克思主义者,并且会徒劳地致力于把一种基督教的异端与天主教的正统结合在一起。

把基督教徒在其本人没有意识到的情况下诱惑到工人群众和马克思主义意识形态当中的,正是宗教经验的残余和反响:无产阶级分子和党的活动分子,就像基督最早的信徒一样,生活在一种对新世界的期待之中。他们仍旧是纯洁的,并且还心怀仁慈,因为他们没有剥削他们的同胞。给人类带来生机的阶级,正起而反抗腐朽的过去。左翼基督教徒主观上虽仍旧信奉天主教,但在行动上却已把宗教事务置于革命之后。“我们无所畏惧:我们笃信我们的信仰,笃信我们的教会。我们此外还知道，教会绝不会长时期地与真正的人类进步作对……如果有朝一日工人前来与我们谈论宗教,甚至恳求我们给他行洗礼,我想,我们将在开始时就问他,是否思考过工人生活悲惨的原因,以及是否会参加他的同志们为争取所有人的利益正在进行的斗争。”①

人们已经迈出最后的一步:让福音传教服从于革命。当进步主义的基督教徒以为自己在使工人皈依基督教时,他们已经被“马克思主义化”了。

天主教的信仰并非与对先进政党、工人运动和计划化的好感互不相容,但它却与马克思主义的预言论互不相容,因为后者只在历史的变化中看到通往拯救的道理。被共产主义行动作为目标的“解放”,可以让

① 同上,第61—62页。

人进行客观的描述。在某些情况下,尽管付出了代价,选择革命暴力而不是选择缓慢的改良进程,同样合乎情理。但是,理想的解放并没有产生所有进步的条件，而是只在对事件的纯宗教的解释中才留下救世的第一阶段的痕迹。共产主义者实际上也从信仰中获得活力的:他们并不反对仅仅以合理地组织自然资源的开发与集体生活为目的，而是渴望主宰宇宙的力量,以及主宰不同的社会,以便揭开历史之谜,并把对超验性的沉思转移到自身满意的人类上来。

理想的解放,只要它用借自基督教传统的方式来表达,就会使左翼天主教徒受到诱惑。而它之所以能对存在主义者产生诱惑,则是因为无产阶级似乎为被内心孤独所困扰的哲学家们提供了一个神秘的共同体。此外,它之所以能诱惑以上两者,还因为它保存着“未知”、“未来”和“绝对”的诗意。

真正的解放的单调乏味

进步主义的基督教徒,就这一名词的严格的意义来说,他们在法国的人数并不多。而在法国之外,进步主义的基督教徒更是屈指可数。法国有不少天主教徒是左倾分子。但是,这可能只是一种法国的现象。至于存在主义哲学家的革命措辞,在所有西方国家中堪称绝无仅有。人们甚至可以得出这样的结论，对理想的革命的怀念和对真正的革命的蔑视,即便不是法国特有的现象,也是巴黎特有的现象。

不管怎样，我不能肯定这种现象超出了圣日尔曼—德普雷地区就没有意义。理想的解放的诱惑是真正的解放引起的失望情绪的对立面。这种诱惑仅局限在一个狭窄的圈子里，但我担心失望情绪会传播得很广。西方国家的工人增加了小资产阶级的数目。他们没有带来新生的文明，只是促进了一种打过折的文化的传播。目前的阶段也许是过渡性的,它不可能不让知识分子扫兴。

在19世纪,工人运动的理论家已经构思出了三种方法。我们可以将这三种方法简单地称为革命的方法、改良的方法和革命工团主义的方法。第一种方法在俄国与中国取得了成功,第二种方法在大部分西方国家取得了成功,而第三种方法则尚未在任何地方取得成功。最后一种方法从许多方面来看是最有吸引力的:提出由工人自己在劳动地点进行革命;意识到自己是一个阶级,并为这一阶级感到骄傲;拒绝向资本家的家长制作风屈服,或拒绝与小资产阶级融为一体。没有一个地方有工人承担过生产的管理。与之相反的情况还没能出现。

技术的进步扩大了研究部门与管理部门的作用,并要求工程师具有较多的权限。技术的进步还减少了纯体力劳动者的数目,但与此同时,专业人员的数目也在减少。不过,只要经过几个星期的培训就可能胜任工作的熟练工人却在增加。

由生产者自己来管理生产将可能会意味着什么呢?是意味着选举领导人,还是企业委员会或雇员大会经常协商呢?这些实践是可笑的或不值一提的。任何人都可以对改进企业、利益分享和薪酬平等提出设想。煽动家们不时阐述的对雇佣者的压迫,只在一种象征意义上才有可能。如果人们同意把由私人企业主支付的工资称为固定的薪酬(计时或计件),那么,雷诺工厂或高尔基工厂的工人就不再是雇佣劳动者了。既然革命没有在企业中实现,那它就会被抛向政治、工会和政党。在英国的工会中,工人们受到了一种巨大的、温和的管理机构的约束,而这些管理机构的负责人的生涯往往以进入上议院或进入冶金行业指导委员会、电力行业指导委员会为结束。那么,英国无产阶级的解放难道是无产阶级自己的事情吗?在某种意义上,答案是肯定的。工党地位的提高是经过斗争取得的,它曾经而且现在仍然受到工会的资助和支持。但是,工会所代表的工人,其大多数是被动的,他们不希望更多地在国营企业内部或私营企业内部承担责任。虽然其工会领导人成了大臣,但工人们在艾德礼政府执政时要求增加工资的热情并不比在丘吉尔政府执政时有所减弱。工党内阁是工人们的,但它跟温斯顿爵士的保守党内阁并不会有太大的差别。在这两种不同的情况中,因为他们在道德上没有与共同体的其余部分脱离开来,工人们从当政者那里认识到了自己。

阶级之间的历史障碍的消除,这在其他国家可能完成得更为彻底。有些观察家认为,瑞典已成为无产阶级的社会,在那里,人们的生活方式大致相同,阶级意识已然消除。

在那些为无产阶级的悲惨状况而悲痛,并蔑视由没有学说的社会主义所取得的成就的人身上,可能有着一种令人难以忍受的虚伪。在20世纪,也许人们无法为自己确定一个更高的目标。但是,即便如此,人们也没有理由为那些把希望寄托在工人运动身上的知识分子的缄默感到吃惊。

《精神》杂志的编辑一而再、再而三地对我们说些什么呢?他们说:无产阶级才是普遍价值的承担者,只有无产阶级的斗争才是全人类的斗争。从上述言论中可以演绎出一些含混不清的看法。例如,我们应该"感谢马克思使我们认识到,哲学的进步与承载着超越自身的价值的无产阶级的进步息息相关"。"正是因为这一切原因,工人地位的提高是当今应当通过参与才能够思考的事件。"[①]"如果无产阶级担负着未来,那么它的解放将成为所有人的解放,而不是用被神化的劳工独裁取代金钱专制的权力的交替。"[②]

哲学教授向我们保证说他参与的"工人地位的提高",意味着什么呢?可以肯定,它意味着生活水平的提高、工会组织的加强、社会立法和工业关系的人道化。然而,这些改革并未把工人阶级提升到最高的行列。与生产原料打交道,并诅咒着日常生活中的困苦的工人,也许会预防那些生活在话语世界中的人的卑鄙。技术的进步并没有"提升"工人

① 让·拉克洛瓦,见《精神》1951年第7—8期,第207页。

② 《精神》,1951年第7—8期,第217页。

的地位，它只是用机器取代了双手，用知识取代了纯体力。体力劳动落到社会的底层，并非是资本主义或社会主义的过错，它是科学应用于工业后的必然结果。

在某种意义上，工人地位的提升是真实的。原先那种时代已经过去，在那个年代里，非特权阶级成员被排除在所有知识之外，并被限定在一个与世隔绝的小范围里，始终对历史的命运一无所知。现在的人能读会写，相互依赖地生活在大都市里。权贵们对他们百般讨好，以便用他们的名义来进行统治。但是，我们也极为清楚地知道，大众的时代亦是帝国的时代、强权统治的时代和阴谋的时代。皇帝或警察头目在皇宫阴谋中被暗杀，这样的事情与纽伦堡的阅兵大典或莫斯科的“五一”节庆祝活动属于同一个时代。工人组织的力量使得作为个人的工人日趋消极被动。在铁幕的两边，真正的工人文化正日趋消亡。

此外，“工人阶级地位的提升”的提法以及“金钱专制”和“劳动的文明”等提法均是含混不清的。人们得推测使用这些提法的人的意愿。为什么人们没有为了一种理想而把自身最好的东西用于为集体服务呢？即使可能会被人认为是犬儒主义者，我仍然要表示，我不相信任何社会秩序能够信赖其公民的美德或大公无私。为了获得最高的产量，计划经济的推行者们早已恢复了工资乃至利润的不平等：苏联的经理们往往将用企业的盈余所积聚的资金的绝大部分留于自用。

从青年马克思的著名篇章开始的所有反资本主义和反资产阶级的文学作品中，一直存在着对金钱的抨击。与此同时，左派采用了被那些仍怀念贵族气派的文明的思想家所拒斥的“普遍舒适”（le confort universel）的理想。现代世界的敌人，如莱昂·布洛瓦之流、贝尔纳诺之流和西蒙娜·韦伊之流，他们有理由去揭露金钱的危害。但是，进步主义者们却对机器没有在两百年中战胜千年的贫困、无产阶级和无产阶级国家没有从财富的平均分配中受益愤慨不已。他们究竟要指望什么样的奇迹？如果他们不希望老年人突然改变主意，那他们就应当把赌注押在可赠与财产奇迹般的增加上，并为了这一目的，而向那些最精力旺盛、最雄心勃勃的老人许诺尘世的回报。计划化、集体所有制消除了某些利润的形式，但是，它们没有消除这个世界中对财产的贪欲，简而言之，没有消除对金钱的欲望。现代经济，不管是社会主义的还是资本主义的，都必定是货币经济。

在所有社会中，都会有少数人渺视金钱，并具有自我牺牲精神。这类人在革命政党或刚刚从革命中产生的政体中比稳定的政体中要多一些。在人们把一时的成功、商业上的成功置于首位的文明中，这种人更是特别稀少。社会的性质并不会顺从于空想理论家的意愿。禁止共产党员领取多于工人的工资的做法，在狂热时期尚未结束时就已终止。在第一个五年计划期间，人们把过去的"发财致富"口号用于社会主义劳动竞赛。而且，还可能，甚至很可能出现这样的情况，即苏联公民对其领导人的特权的痛恨不及美国公民对资本家的特权的痛恨。

但是，有人可能会说，在苏联，金钱已不再占据统治地位，因为富人已不再凭借其财富而拥有政权：统治阶级依靠的是党和理念。在被统治者看来，统治者所仗恃的合法性并不比权威的行使方式要重要。在铁幕的另一边，经济权势和政治权势均操纵在同一只手里，而在铁幕的这一边，它们则分别掌握在一些相互关联和对立的团体手中。权力的分散是自由的条件。

革命者们借助理想主义，把完全消灭工业社会中的弊病（这些弊病确确实实存在）这一超人类的使命赋予工人阶级。他们没有勇气承认，随着无产阶级不可避免地资产阶级化，它会丧失那些看上去似乎该赋予它一种天职的美德。

真实的解放留下的缺憾，自由工团主义的单调乏味的审慎，使得知识分子容易受到理想的解放的诱惑。工人在英国或瑞典的真实的解放就像英国式的星期天那样令人厌烦，而苏联工人的理想的解放，则像对美好的未来进行一次造访或一场突然降临的灾难一样具有迷惑力或慑服力。也许,电视机将会除掉罩在莫斯科已获得解放的无产阶级身上的殉道者的光环。

* * *

存在主义者、左翼基督教徒似乎赞同弗朗西斯·尚松先生的这一提法:“无产阶级的天命并非处在历史之中,而是处在使历史改变之中。”[①]克洛德·勒弗尔先生也同样描述道:“因为工人的政治斗争瞄准了一个基本的目标——废除剥削,所以,如果它不成功的话,那就只能是绝对的失败。”[②]由于对“剥削”缺少明确的界定——收入的不平等或劳资双方之间的劳动合同从什么程度开始才能算剥削呢?——故此,勒弗尔的主张是含糊不清的。不管人们赋予工人的政治斗争的意义是什么,它都是不符合实际的:无产阶级已取得了局部的成功,但他们从未完全成功过。“产业工人以改变历史为己任”的说法毫无意义。

那么,在哲学家和基督教徒的思想中,“独特的命运”指的是什么呢?答案是:能够证明社会不公正和人类不幸的苦难。

西方无产阶级的苦难当今仍然使特权者心中有愧。同“患麻风病的少数人”的苦难相比,下面的一切难道不是当代的耻辱和象征吗?它们是:第三帝国对犹太人的种族灭绝行为;党的总书记发怒后下令追捕托洛茨基分子、犹太复国主义者、世界主义者、巴尔干人或波兰人;注定使人慢慢地死亡的集中营;南非被限制在“保留地”中的黑人;美国或法国的移民以及无产阶级中受压迫最重的阶层。如果只有遭受不幸才能赋予天命,那么这种天命在今天就应当归于那些遭受种族、意识形态和宗教迫害的牺牲者。

---

① 《精神》,1951年第7—8期,第12页。

② 《精神》,1952年6月第81期,第182页。

对于共产主义来说，在20世纪，工业部门的雇佣劳动者和企业主之间的“矛盾”，乃是它最难以开发的资源。因为在不发达国家中，无产阶级的人数尚不多；而在资本主义国家里，无产阶级又已不再具有足够的革命性。无产阶级只有煽动起不久以前还由白人统治的民族的激情，或煽动人民起来请愿，它才可能赢得所有其他的成功。就“阶级斗争”一词的经典意义来说，20世纪与其说是一个阶级斗争的世纪，毋宁说是一个种族之战或民族之战的世纪。

只要人们忘掉党派的学说，事情就很容易解释：那些被剥夺了独立地位的国家，那些被认为是低劣的民族，它们往往比无产阶级更具有暴力的倾向。工业部门的雇佣劳动者，不管怎么说，受到了劳动纪律的束缚。在原始积累阶段、技术性失业或因通货紧缩而引起失业的阶段，他们有时也会起来反抗机器或老板。这种反抗会使已经衰落的国家或倾向于妥协的统治者受到威胁。但是，在组织起来之后，工人就会处于双重的保障之中，即处于生产机构和工会机构的保障之中。两者的效力是同步增长的。前者可以保证生产更多的商品，而后者则可以保证让部分经济增长的成果由雇佣劳动者支配。由此，雇佣劳动者不可避免地会顺从于他们的处境。而且，工会的领导人也乐于接受一个允许他们分享权力和利益的社会。

农民具有暴力的倾向则属于另一种情况。他们之所以会起来反抗大地主，是因为他们渴望拥有土地。正是在农村，以及正是对土地来说，财产制度真正地具有决定性的意义。现代工业愈是发展，财产权就愈不怎么重要。基洛夫工厂或通用汽车公司均没有单独的财产所有人。它们的区别在于经理人员的招募与权力的分配。

假定“改变历史”意味着某些东西，那么，在我看来，最不能够担此重任的就是工人阶级。在工业社会中，革命已经改变了工人审视自己及那些向他们发号施令的人的处境的观念。这些革命还转变了双重的等级制度之间，即科技官僚制和工会与政治的等级制之间的关系。20世纪重大革命的结果就是使工会与政治的等级制服从于科技官僚制。

在第三帝国和苏联，工人组织的领导人与其说更多地为雇佣劳动者向国家提出要求，毋宁说更多地是向雇佣劳动者传达国家的命令。确实，权力的拥有者们往往声称其权力是由阶级或种族的共同体所赋予的。一些西方哲学家会突然觉得那些他们曾针对资本主义予以谴责过的实践(强制性的储蓄、计件工资等等)是合理合法的。这些西方哲学家还会赞同一些禁令，而如果这些禁令是民主国家颁布的话，他们肯定会予以揭露和谴责。为反对提高生产定额而举行罢工的东德工人，被他们视为是其阶级的叛徒。如果葛罗特沃尔先生不是马克思的信徒，那他就会被当作无产阶级的刽子手。言语的效力真是奇妙啊！

极权制度恢复了技术等级制度与政治等级制的统一。不管人们是欢迎它还是诅咒它，都不会把它视为一种创新，除非他们毫不了解几个世纪以来的经验。西方的自由社会构成了历史的特殊性，在这一社会中，权力是分散的，国家是世俗的。而梦想着总体解放的革命者们却在加速向专制主义的陈旧事物回归。

论政治乐观主义

“左派”、“革命”、“无产阶级”，这些流行的概念乃是前不久激发政治乐观主义的重要神话“进步”、“理性”、“人民”的为时已晚的复制品。

左派包括所有坐在半圆形议事厅左侧的党派，并被人们赋予多种恒定不变的目标或一种永恒的使命。它的存在有赖于这样一种条件，即未来必定比现在更为美好，社会变化的方向能够一劳永逸地得到确定。左派的神话必须以进步的神话为前提。它在保留了后者的历史观的同时并没有显示出和后者一样的自信。因为，左派始终不得不面对挡住其道路的右派。而对于这些右派，左派既从未战胜过他们，也从未使他们转变。

在革命的神话中，胜负难料的斗争被当成具有必然性的东西。人们只有通过暴力，才能粉碎仇视“美好的明天”的利益集团或阶级的抵抗。从表面上看，“革命”与“理性”完全是对立的：前者令人想到暴力，而后者则令人想到对话。“理性”注重讨论，并以说服别人作为结束，而“革命”则不再想去说服别人，并重新诉诸武力。但是，暴力曾经是并且将继续是某些缺乏耐心的理性主义者最后的手段。那些知道各种制度应当具有的形式的人，为其同胞的盲目轻率而怒火中烧。他们对高谈阔论并不抱有希望,而且还遗忘了这样一个事实,即个人与集体的本性在当今所造成的障碍在明天同样会出现,革命者一旦成了国家的主人,势必也会面临着这样的抉择:是采取妥协政策还是实行专制统治。

在已赋予无产阶级的使命中,缺少一种堪与不久前赋予"人民"的美德相提并论的信任。相信人民,就是相信人类。而相信无产阶级,则只是相信"因受苦而被选中的人"。因为无产阶级之所以被选为所有人的拯救者,乃是其不人道的处境使然。"人民"与"无产阶级"均象征着纯朴的真理,但在法律上,"人民"仍然更具有普遍性,人们可以设想,在一定范围内,特权阶级本身也被包括在这一群体之中,而无产阶级则只是众多阶级中的一个阶级,它得通过消灭其他阶级才能取得胜利,并只有通过血淋淋的斗争才能把自己与社会整体融合起来。谁若以无产阶级的名义说话,他就会如同那些在几个世纪中与其主人斗争的奴隶一样,不再相信自然秩序会逐渐地降临, 并指望以奴隶的最后反叛来消灭奴隶制度。

这三种观念包含着一种合乎情理的解释。左派是不甘于顺从不公正,并维持着各种不利于当局的信仰的权利的派别。革命是一种充满激情或具有迷惑力(在记忆中尤其如此),且往往是难以避免的事件。为了革命而要求革命与始终谴责革命一样不值得称道: 它丝毫没有显示统治阶级已经吸取了教训, 而且也未曾显示人们在不践踏法律和动用军队的情况下就能够去除不称职的统治者。如果无产阶级指的是大工业所产生的工人群众,那么他们只是从一位出生于德国,并于19世纪中叶在英国避难的知识分子那里接受了"改变历史"的使命。但是,在20世纪,无产阶级与其说代表的是作为牺牲者的庞大的工人阶级,毋宁说代表的是由经理人员组织以及受煽动者鼓动的群体。

由于一种思想上的谬误,使得这些观念不再合乎情理,并变成具有神话色彩的东西。

为了重建左派在历史上的延续性, 或为了掩盖左派在不同时期的分裂，人们会对以下现象置若罔闻：政体兴废过程中的辩证关系；不同政党在价值观念方面的逐渐转变；右派为反对计划化和中央集权制而重新采用自由主义的价值观念；在互相矛盾的目标中间建立一种明智的妥协的必要性。

20世纪的历史经验显示出了工业时代革命的频繁及其原因。这里的错误在于，赋予革命一种它所没有的逻辑，即把革命看作是一种与理性相一致的运动，并期待着它能带来与事件的本质相抵触的善行。在剧烈动荡过后，社会复归到和平安定的状态，总体情况是积极的，这样的例子并非没有。但更多的情况仍然是，人们所采取的手段背离了人们所追求的目标。诚然，一些人对另一些人采用暴力，有时是必要的。但是，它往往不可避免地否定了集体中的成员之间得以结合的互相承认。由于根除了互相尊重和传统，它就可能会摧毁公民之间的和平的基础。

无产阶级不可能不要求在当代社会的共同体中取得一个地位。在19世纪，无产阶级曾饱受了工业社会的苦难。但是，在西方，经济发展已使得无产阶级成为历史上最自由、薪酬最高的奴隶，不幸者的名声也应当由那些处境比他们要差的少数人群体承担。

这些错误有着一个共同的根源，即把梦想中的乐观主义与现实中的悲观主义结合起来。

人们信任那些始终从为相同的事业服务的相同的人中吸收新成员的左派，却不厌其烦地憎恨那些永久不变的右派，认为这些右派会捍卫自己肮脏的利益，或不能够辨认新时代的特征。左派的领导人处在等级制度的中间位置。他们动员下层群众来驱逐处在上层的人。在取得把他们变为特权者的胜利之前，他们是半特权者，并代表着非特权者。我们没有从这些老生常谈中得出犬儒主义的教训：任何一种政治体制或经济体制均不可能与其他政治体制或经济体制等量齐观。但是，常识教导人们，切莫通过把仅仅属于观念中的荣耀加到词义不清、没有得到很好界定的名词上，来美化这些名词。人们往往以自由为名建立专制统治。

因此,经验告诉我们,在比较各个政党的优劣时,与其关注它们的纲领,还不如观察它们的实际成就。同时,在这种语言会掩盖思想、价值观念时刻在变化的值得怀疑的战斗中,还应当避免信仰的行为或简单的否定。

人们的过错在于,期待着有辉煌结局的灾难的拯救,或对和平斗争中的胜利感到绝望。暴力使得人们可以不断地快速前进,它会释放人的能量,并有助于有才能者地位上升。但是,它也会摧毁对国家的权威起限制作用的传统,并传播以武力解决争端的嗜好与习惯。革命固然能医治被废除的政体的弊病,但革命所遗留的创伤却需要很长时间才能愈合。当合法政权垮台时,一群人,有时是单独的一个人,会担负起共同的命运,为的是不让革命死亡——这是其追随者的说法。事实上,在群体之间的混战中,首领的当务之急是重新恢复安全。为什么说一种与战争相似的、排除对话的、否定了一切规范从而使得一切都成为可能了的事件,就会给人类带来希望呢?

狂热的乐观主义为无产阶级指定了一项独特的任务,而过度的悲观主义却剥夺了其他阶级的资格。人们可以设想,在任何一个时期中,某个国家会比另一个国家更富有创造力。根据黑格尔的说法,世界精神是依次在不同的国家中体现的。宗教改革、资产阶级革命和社会革命的连续,可以这样来加以解释:16世纪的德国、18世纪的法国和20世纪的俄国曾逐个地作为理性的工具出现。但是,这种哲学并未赋予任何集体一种超越共同法则的政治和道德的功效。在这方面,有作为例外的个人,却没有作为例外的集体。

阶级并不比国家更适合于区分成被选中和被弃绝的两类。阶级既可以把产业工人这样庞大的群体包括在内,又可以与少数征服者,如贵族或资产阶级混为一谈。在前一种情况中,阶级之所以成为阶级,与其说是由于对历史使命的共同的愿望,毋宁说是由于共同遭受的苦难。诚然,阶级有需要发挥的作用,有需要完成的事业,但并没有需要实现的转化。服从于工厂的严格纪律的无产阶级,即便换了主人,也既没有改变自己的性质,又没有改变社会的性质。

争论的焦点就在于此。历史的乐观主义一旦染上悲观主义的色彩,就会要求推翻自古以来的社会秩序。如果它认为现在的社会秩序丑陋,它就会要求新的社会秩序基本上与前者不同。由此,它就会依靠各种主张进步的政党,依靠暴力,依靠特殊的阶级来实现这种通向自由的转变,不管这种转变是渐进的,还是突然的。由于其结果往往会令人失望,它就会在失望中进行自我谴责。而导致其失望的原因是,它痛骂的社会结构显示出了持久不变的特征。

人们可以为通过全民选举,而不是根据出身来选择其政治首领感到骄傲。人们还可以把生产资料的管理权交给国家,而不再是交给私人。但是,无论是取消世袭贵族还是资本家,都不会改变社会秩序的本质,因为这种取消没有改变"政治人"(l'homo politicus)的本质。

城邦的存在每时每刻都受到内部的解体或来自外部的侵略的威胁。为了防止侵略,城邦就必须得强大。为了抵制分化瓦解,权力机构就必须维持公民内部的团结和纪律。不可避免的是,理论家会倾向于一种没有幻想的政治观点。在理论家看来,人类变幻无常,自命不凡,从来不会满足自己应有的命运,并渴望着强权与威望。这一判断也许失之简单和片面,但在一定范围内却是毋庸置疑的。不管是谁,若卷入了政治斗争并受到了不可想像的财产的诱惑,他就会为了满足其个人野心和打击他所妒嫉的对手,不惜使整个国家陷入混乱的境地。

不管是公共秩序,还是国家的力量,均未构成政治学独特的研究对象。人也是一种道德存在,而集体只有在向所有人提供参与机会的条件下才是人道的。但是,从政体的更迭交替中,我们可以得出这样一种基本准则:不可能有奇迹使"政治人"全心全意地为公众利益操劳,也不可能有奇迹让"政治人"获得这样一种智慧,使之满足于靠机会或功绩而获得的现有地位。人的不满足使社会不致凝结在某种具有偶然性的结构之中。而对荣誉的渴望则既可以激励一位伟大的建设者,也可以鼓动卑微的阴谋家。但不管怎么说,人的这种不易满足的天性,在左派改变了国家的体制,或革命取得了成功和无产阶级获得了胜利之后,仍继续会使国家动荡不安。

左派、革命和无产阶级假定取得了胜利,则它们引发的问题又会与它们解放的问题一样多。如果人们消灭了贵族的特权,那么人们允许继续存在的只有国家的权威或从国家的权威中获得权威的人的权威。出身的特权一旦消失,就会为金钱的特权打开道路。地方性共同体的摧毁加强了中央政权的特权。两百名公务员取代了两百家族的地位。当革命遏制了对传统的尊重,传播了对特权者的仇恨时,群众就必定会屈服于首领的军刀,直至激情耗尽、合法性得以恢复和让其直系亲属听从理性的引导的那一天。

左派的神话、革命的神话和无产阶级的神话被人摈弃,并不是由于它们的失败,而是由于它们的成功。左派在反对旧制度时可界定为具有自由思想、把科学应用于社会的组织、拒斥门第观念。显然,他们取得了胜利。今天,已不再有始终朝同一个方向前进的问题存在。当今存在的问题是平衡下列关系:计划化与主动性,工资平均化与激发积极性,行政机构权力的强大与个人权利,经济集中制与保护思想自由。

在西方世界,革命对于我们已成为过去,而不再是一种现实。甚至在意大利和法国,我们已不再有需要去推翻的巴士底狱,或不再有需要吊在路灯杆上的贵族。今天如果有可能出现革命的话,那么它将会以强化国家、约束各种利益和促进社会变革作为自己的任务。如果习俗、法律的稳定是旧社会的理想,那么,与之不同,在20世纪中叶,不管是左派还是右派均同样地主张要进行持久的革命。美国的宣传曾为这种持久的革命而自吹自擂,同时也有人(在另一种意义上)把这种持久的革命归功于苏联社会。局限于狭窄的知识分子圈子里的柏克式的保守主义打算抑制的,并不是经济进步,而是永恒的道德观念的消失。

毋庸置疑,实际结果与事先预测之间的差距是巨大的。由于科学而变得理性化的社会并非是更为和平的社会，它们似乎也不见得比过去的社会更加合理。如果一点点的不公正就确实足以显示一个政体的卑鄙无耻,那么,在当代,没有一种政体能免遭指责。人们可以计算出个人收入的微薄难于维持最低程度的体面生活,但是,他们也应当对一百年前和现在的收入分配与统治方式进行比较。这样,他们就会观察到,集体财富的增长使得社会更加平等,更加不专制。尽管如此,这些社会依旧得服从旧有的工作和权力的必然法则的支配，而这在乐观主义者看来,是让人难以接受的。

当我们观察一部宪法或一种经济制度的运行情况时，会得出一种可能是错误但肯定是浮浅的印象:机遇、经历或狂热仍继续占据着支配地位。人们共同的生活方式,对于那些把技术理性的统治作为理想的人来说,似乎是荒谬的。

对于这种失望,知识分子的回应方式要么是思考,要么是反叛。他们力图发现昨日的梦想与当今的现实之间出现差距的原因,或者说,他们重拾旧梦,并把这些旧梦投射到当今完全不同的现实中去。在亚洲,不管它们会带来什么样的幻想,这些神话仍继续在铸造未来。在欧洲,这些神话已起不了什么作用,它们所能证实的与其说是行动,毋宁说是口头上的义愤。

理性会信守它所允诺的一切,甚至更多。但是,它没能改变社会的本质。人们不是给那些抵制进步的人划定界限,而是将任何政党、阶级和暴力都不曾拥有的威力赋予一个奇怪的造物主:“历史”。与“历史”一起,并在时间的帮助下,难道他们就不会完成对宗教真理一直眷恋的理性主义始终期待的这种转变吗?

第二编
历史的偶像崇拜

第四章

圣职人员与信徒

马克思主义在当今西方文化中已不再风光，即便在有相当多知识分子公开支持斯大林主义的法国和意大利亦复如是。人们无法把严格意义上的马克思主义者视为经济学家。后者中的一些人认为《资本论》已预示了凯恩斯的真理,而另一些人则认为《资本论》已对私有制或资本主义制度作了存在主义的分析。但当涉及到对现实世界进行解释时,没有人会只选择马克思的范畴，而置资产阶级科学的范畴于不顾。同样，人们也无法找到一位其著作仗恃或来源于辩证唯物主义的杰出史学家。

确实,如果没有马克思,任何历史学家和经济学家都不可能像他们所做的那样精确地进行思考。由于有了马克思，经济学家意识到了剥削,抑或还意识到了人们在资本主义经济中付出的代价。由于有了马克思,历史学家也不再敢无视支配着数百万人生活的“微不足道的现实”(des réalités humbles)。人们一旦忽视劳动的组织、生产的技术以及阶级之间的关系,他就不可能理解一个社会。当然,这并不就是说人们只有从这些工具(outils)出发才能理解艺术或哲学的形态。

马克思主义在当代意识形态的冲突中仍然以其原初的形式流行

着。如诅咒私有制或资本主义的帝国主义,确信市场经济与资产阶级的统治本身最终会导向社会主义的计划化和无产阶级的统治。马克思主义学说的这些零散的片断不仅被斯大林主义者或斯大林主义的同情者所接受,而且还被绝大多数以进步主义者自居的人所接受。所谓的先进知识分子,甚至在那些他们从来也不读《资本论》的盎格鲁—撒克逊国家,都几乎本能地对这些偏见表示赞同。

马克思主义在意识形态的层面上并不比过去更少现实性。在当今法国,这种马克思主义首先是历史的解释。未曾经历过堪与本世纪震撼欧洲的大灾难相比拟的大灾难的人们,不会对这些悲剧性或伟大事件的意义进行考问。马克思本人曾经寻求过资本主义制度运行、维持和转变的法则。但是,20世纪的一切战争和革命,都无法符合马克思所描绘的理论。尽管如此,人们仍然不由自主地保留“资本主义”、“帝国主义”、“社会主义”等术语,并用它们来解释已经完全不同的现实。这些术语无法使人们科学地解释历史的过程,只是事先赋予历史一种固定的意义。由此,大灾难转变成了救赎的手段。

在绝望的年代中,为寻求希望,哲学家们遂满足于一种可能引起灾难的乐观主义。

党的永远正确

马克思主义本身是一种综合:它汇集了进步主义思想的各种重大主题,尊奉能保持其取得最后胜利的科学,并颂扬能打乱人类社会古老的方式的技术。它把对正义的永恒追求作为自己的追求,并宣称要对不幸进行报复。它断言,有一种决定论在支配着悲惨事件的进程,但这种必然性是辩证的,它蕴含着依次更迭的政体之间的矛盾、从一种制度转为另一种制度时的狂暴的决裂,以及表面上看互相矛盾的各种要求之间的最终调和。这种学说就短期而言是悲观主义的,而从长远来看则是乐观主义的。它在动乱的沃土上传播着浪漫主义的信仰。每一种气质，每一个精神家族，均能够在这种学说中发现与它自己的偏爱相符合的一面。

这种综合式的理论总是具有吸引力而非逻辑的严密性。那些不了解其中真义的人往往很难让历史整体的可理解性与唯物主义相容。只要将历史本身视为“精神的进展”(Progrès de l'Esprit),任何人均可以了解“理想”与“现实”终会调和在一起。一如历史唯物主义,形而上学的唯物主义使这种“必然性”与“进步”的结合,即便不是变得矛盾,也是变得奇特。为什么要超升到一个受到各种自然力量摆布的世界?为什么其结构由生产关系所支配的历史必然会通向一个无阶级的社会？为什么物质与经济使得我们确信乌托邦将会实现?

由于强调一种庸俗的唯物主义，以及抹杀历史演进的整个图式(le schéma),斯大林主义加剧了马克思主义的内在困难。马克思主义从世俗事物的平淡无奇中提出一种神圣的历史，这种历史的发展肇始于原始共产主义,终止于未来的社会主义。其间,财产私有制的衰落、剥削和阶级斗争对于生产力的发展以及人类进入一个更高的自主阶段，均不可或缺。资本主义通过积聚生产资料以及由于无法平均分配财富,加速了自身的灭亡。革命将爆发时的处境是前所未有的:人数众多的受害者、少数的压迫者、生产力的剧增等等。在经过决裂之后,进步的观念会更有价值。在经过无产阶级革命之后,社会进步将不再需要政治革命。

在德国社会民主党和第二国际的时期,“资本主义的自我毁灭论”被认为是马克思主义学说的重要内容。爱德华·伯恩斯坦被第二国际代表大会谴责为修正主义者，因为他对这一理论的一些关键性论点提出了质疑。但是,教条主义从未超越相关的理论和策略。在日常行动中,每个社会党内部的意见分歧或各种社会党之间的意见分歧仍然是合情合理的,因为策略不属于神圣的历史。然而这在斯大林主义中却不再行得通。

俄国1917年的革命，以及西方革命的失败造成了一种出乎意料的处境，这种处境使得对马克思主义学说的修正难以避免。人们依旧保留了与历史结构相关的概念。但是，既然无产阶级政党首先在资本主义成熟的条件尚未形成的俄国取得了胜利，人们就不能不承认，生产力的发展并不能单独决定革命是否会发生。他们不甘心宣布革命的机会会随着资本主义的进步而减少。他们被迫把论点变得更灵活一些，认为革命将会以多种形式产生，而其形式则要由产生革命的具体状况来决定。由此，从资本主义向社会主义发展的运动，与布尔什维克党的历史混淆了起来。

换言之，为了使1917年的事件与马克思主义学说能够调和，就应当放弃所有国家都得经历相同历史阶段的概念，同时强调，俄国的布尔什维克党堪称无产阶级的代表。由布尔什维克党（或服从于该党的其他国家的党）夺取政权，正体现了受压迫者挣脱其锁链的“普罗米修斯式的行动”。政党掌握国家之日，也是革命取得进展之时，即便有血有肉的无产阶级不肯承认自己身属这个政党与这场革命，也无济于事。在第三国际中，就是将世界无产阶级等同于作为信仰的首要对象的俄国布尔什维克党。共产主义者，不管他是斯大林主义者还是马林科夫主义者，首先得是把苏联的事业与革命的事业等同起来的人。

党的历史是通向人类救赎的神圣历史。那么，这一政党又怎么能够在世俗事物中具有内在的缺陷呢？任何人，包括布尔什维克分子都可能犯错。但是，布尔什维克党既然是历史真理的代言人与工具，就不能也不可能犯错。而且，党的行动必须符合种种未能预料的环境。彼此同样忠诚的党的积极分子，在决策的拟定和取舍上可能意见相左。只要不对党是无产阶级的代表提出异议，这种党内的争论是正当的。但是，当党在某一极其重大的问题，如农业的集体化问题上出现分裂时，党内的某一派别就代表了党，即代表了无产阶级和历史真理，而另一派别，即被挫败的反对派，则被视为背叛了神圣的事业。列宁从未怀疑过他个人的使命。在他看来,这一使命与工人阶级的革命天职是分不开的。一小撮人或某个人对“无产阶级先锋队”具有的绝对权威,消除了日益与党联系在一起的绝对价值和在无结构的历史内从事的行动中的迂回方法之间的矛盾。

一个自认为始终正确的党,必须时时刻刻在宗派主义与机会主义之间划定一条正确的界线。这条正确的界线该划在何处呢?它应该与“机会主义”和“宗派主义”这两个暗礁的距离相等。但是,这两个暗礁从一开始就是相对于正确的界线而言的。诚然,人们只有通过党内权威的决定来摆脱恶性循环,但是,“真理”和“谬误”同时也完全由党内的权威来确定。这种决定必然是专断的,因为它出自一个能在个人与群体之间作出最终裁决的人。如果原先的学说正确无误,这个世界必然按照该学说所指的途径而运行无阻,但这个“应然的世界”(le monde tel qu'il serait)与“本然的世界”(le monde tel qu'il est)之间是有差异的。不过,这种差异在凭借强权充当“解释者”的含混不清、无法预料的决定中被搁在了一边。

起初,每种经济制度均可用一种财产制度来界定。工人在资本主义制度中受到剥削,是生产工具私有的结果,而伴随着受剥削而来的则是贫困。生产力的发展将逐渐地消除各种“中间群体”(les groups intermédiaires),这一过程最后势必会爆发出“无产阶级革命”。社会主义将以平均分配资本积累的果实作为任务。不过,1917年的革命亦曾经把强制实行类似于资本积累的措施作为其职责,而在欧洲与美国,情况却与建立在一种庸俗马克思主义的基础上的预见相反。具体而言,在欧美国家,大众生活水平的提高以及新的中等阶级始终不停地填补着技术进步在旧的社会等级序列中留下的空白。

这些众所周知的事实本身无法驳斥共产主义的历史解释。即便生活水平实际上更多地取决于生产力而不是所有制,人们也会以哲学推论来刻划由财产制度所决定的经济社会制度的特征。这些事实同样要求人们去区别这些词语细致或隐晦的含义以及一般性的含义。

我们可以用两种解放的形态，即理想的解放与真实的解放来作为这种区别的例子。如果“剥削”从定义上看与生产工具和企业利润的私有化有关，那么，福特汽车工厂的工人确实是受到了剥削。如果为“集体”工作就意味着“解放”，那么，普提洛夫工厂的工人确实是得到了“解放”，确实是不再受到剥削。然而，受“剥削”的美国工人既有自由选举工会负责人的权利，又有讨论工资和提高薪酬的权利，而得到“解放”的俄国工人却既没有权利要求国内的通行权，也没有权利去批评工会的国有化，其工资更是低于西方国家的工人。苏联领导人清楚地知道，“资本主义剥削”既不会使劳工陷入悲惨的境地，也不会降低国民的平均所得。这些名词隐晦与浅显含义之间的距离愈大，苏联领导人就愈不可能公开承认这种差异存在的现实。他们企图（如果不是被迫的）向大众提供一种能调和这两种含义的世界观。根据莫斯科方面的宣传，底特律、考文垂、比扬古尔等西方国家城市中的工人处境悲惨，而哈尔科夫或列宁格勒等苏联城市的工人则将获得西方人所不知道的好处。由于苏维埃国家控制了舆论工具，而且禁止工人越过边境，因此，这种对世界的描述能够被部分成功地强加给数以百万计的人。

隐晦的含义与一般含义之间的同样的区别也出现在许多词身上。苏共的一切胜利，甚至是军事上的胜利，都是一种和平的胜利。一个社会主义国家，从本质上说就是和平的，而帝国主义则是各种资本主义矛盾的结果。战争本身无须受到谴责，但如果它不是通向社会主义的胜利，也即共产党的胜利，那么，这一战争就是非正义的。从另一方面来看，和平，就其粗浅的含意来说，意味着战争的消失。克里姆林宫以及法国共产党政治局的那些人清楚地知道“和平”与“战争”的准确含义，但他们却在其宣传中，尽可能地在粗浅的意义上来使用“和平”一词，以此迎合民众中的和平主义。①

上述两种含义的区别可以说明斯大林主义在近年来为何要对“客观性”这一概念进行奇怪的谴责。在斯大林主义者看来,在不参照相关学说的情况下就事论事,就会犯一种“资产阶级的错误”。然而,如果说把个别的已知条件归并到整体中无可厚非,那么,以更深刻的理解作为借口,赋予事实一种跟事实本身相矛盾的特殊意义,这种做法是不正当的。警察力量的加强,既不表示国家权力的萎缩,也不表示工会在向社会主义靠拢。同样,如果有人想思考原来的已知条件,如权力的组织、劳资关系等等,他们就会走上异端的邪路。

没有人知道党的无条件的权威延伸到什么程度。在斯大林—日丹诺夫时代,党终止了关于遗传学的争论,建立起艺术理论,插手语言学问题,并决定过去与未来的所谓真相。但是,“历史真相”不会比文字解释更不易处理。托洛茨基的名字被从俄国革命的编年史中剔除,红军的缔造者在人们回溯往事时已不复存在。

苏联的宣传机构经常不断地玩弄辞藻,对此,一些辩证学家难辞其咎。这些辩证学家在真正的学说与用来引诱或争取某个阶级或民族的意识形态之间作了区别。作为学说,它提出所有的宗教都是迷信,但却承认信仰自由。为了使正统教会归附,苏联人在和平运动中还利用了东正教的主教。该学说拒斥民族主义,并期待着一个世界性的无阶级社会的到来。但是当涉及到抵制希特勒的侵略时,正如亚历山大·涅维斯基或苏沃洛夫所回忆的那样,人们又对大俄罗斯民族的美德大加颂扬。三十年前,沙皇军队的征服被认为是帝国主义的行径,而今天,苏联红军的征服却被认为是“进步”之举,因为后者带来的文明具有优越性,并带

① 在我们看来,帝国主义指的是力图统治其邻国,并用武力在这些邻国传播其制度的国家。而在共产党人看来,只有资本主义国家才可能是帝国主义国家,通过苏联红军实现的苏联式的社会主义的扩张,并非帝国主义的形式。

来了莫斯科所允诺的“革命的未来”。那么,大俄罗斯民族的独特使命究竟是心理技术学家作为权宜之计来使用的一种意识形态呢?还是该学说的一个组成部分?

由于无法对正统观念进行界定,信徒们强制自己在说话方式上,或许还在拥有较大自由的思考方式上,遵守严格的纪律。C.米沃什[①]曾对人民民主国家中已归顺当局或仍在犹豫的知识分子的动机及其辩解之辞进行了分析。波兰或东德的知识分子具有在苏维埃体制下生活的真实体验。他们只有在顺从、进行毫无希望的抵抗或流亡中作出选择。而西方知识分子则是自由的。

服从的动机与信仰的程度会因人而异。在信徒当中,真正的共同体是教会的共同体,而不是思想或感情的共同体。而真正的共产主义者则承认,俄国的布尔什维克党以及服从于该党的其他党代表了无产阶级的事业,而无产阶级就是社会主义。

这种信仰行为并不排除五花八门的各种解释。一种思想认为,党是加速工业化不可缺少的机构,并会随着人民生活水平的提高而萎缩。另一种思想则认为,社会主义注定要在全世界传播,西方世界必定会被社会主义征服或劝服,这并不是因为西方世界在道德或精神上是低劣的,而是因为它历史地受到了谴责。有的人把社会主义的积累当做具有根本意义的事物,并把意识形态的狂热作为理性主宰的事业的可悲可叹的伴随物。而另一些人则把“话语权力”(logocratie)作为新时代的预言者。因为已经丧失对上帝的信仰的各个机械化的社会,将会在一种世俗神学的约束下再度结合在一起。

无论是受到一种极大的期待所激励的乐观主义者,还是顺从不人道的命运的悲观主义者,作为信徒,他们都处在一种超出个人范围,并由党来负责的冒险之中。他们并非不知道集中营的存在以及对文化的

① 参见《被束缚的思想》(*la penseé captive*),巴黎1953年版。

约束,但却拒绝背叛对伟大事业所做的誓言。如果让历史中的人以一种历史学家所具有的时间上的距离来审视其时代,我们的子子孙孙或许会怀着感激之情去接受它。那么,为何不从今天起就效仿我们后人的明智之举呢?在那些天真地从党那里接受日常真理的活动分子与那些能“客观”认识剥去意义之外衣的世界的人之间,始终存在着中间人。

这种正统性虽然难以把握,但它仍然既专横又傲慢。它借助党是苏维埃国家和一个巨大的帝国的主宰者的事实,大大增加了马克思主义观念的威望。那些只乞灵于观念而对事实不予尊重的人,时而以观念的名义斥责事实,时而又用观念去为事实辩护。斯大林分子始终不知道他自己究竟信仰什么,但他却顽固地相信,布尔什维克党或苏联最高苏维埃的主席团已被赋予了一种历史使命。这种信仰在1903年时可能显得荒唐可笑,在1917年时可能会让人感到奇怪,而在1939年时则又令人怀疑。但从1939年开始,它已被战争之神所认可。除了共产党,又有哪个党有资格去代表世界无产阶级的事业呢?

革命的理想主义

当理想主义者已经推翻了既存秩序,并反过来成为特权分子的时候,胜利往往考验着革命者的良心。社会在经过狂热行动与暴力的阶段后,又回到正常的生活轨道。即使布尔什维克党所建立的制度没有被斯大林独占,即使它没有一味注重建立重工业体系,这一制度也会使其信徒有些失望。

不管是在苏联的国内,还是国外,人们在以下两种态度之间犹豫不决。其一是坚持认为,不管怎么说,这一新的政体仍忠诚于其最初的理想,并向着自己的目标前进;其二是揭露革命先知在掌权前所宣扬的革命理想与官僚分子所建立的国家之间的差距。在铁幕的那一侧,第一种态度比第二种态度更具有诱惑力:相关的失望之情不是通过拒斥来表示,而是以心理上的保留态度来表示。人们以“必然性”为自己辩护,并且不愿将这种必然性与理想混合在一起。与之相反,在铁幕的这一侧,尤其是在法国,第二种态度在知识分子当中较为常见。

非斯大林式的革命者设想着这样一种革命，这种革命像斯大林主义那样与资本主义彻底决裂,但又要能避免官僚主义的蜕化变质、粗俗的教条主义和滥用警察。如果我们用“托洛茨基主义”一词指称那些继续为1917年的事件欢呼，同时却激烈地批评苏维埃制度的某些方面的马克思主义者,那么,这些非斯大林式的革命者就代表着托洛茨基主义的一个变种。托洛茨基主义者素来赞同用苏维埃体制取代资本主义国家。他们敌视资产阶级的世界,但资产阶级世界却让他们可以自由自在地生活和发表言论。他们始终保持着对曾无情地把他们排除在外的另一个世界的眷恋，这个迷人而遥远的世界承载着他们的梦想和无产阶级的命运。

自斯大林的统治巩固以来，非斯大林式的革命者从未起过任何重要的政治作用。在巴黎的知识分子圈内,他们占据着首屈一指的位置。与此同时，让—保罗·萨特先生和莫里斯·梅洛—庞蒂先生等存在主义者则赋予革命的理想主义一种哲学上的尊荣。而托洛茨基的悲剧性存在与斯大林的现实主义似乎已经一同判定这种革命理想主义是错误的了。

无论是基督徒还是理性主义者，正寻找革命的反叛者们重新转向了马克思青年时期的作品。他们的行为就如同当年因觉得教会已无法满足他们的精神渴求,而重新阅读福音书的新教徒们。《经济学—哲学手稿》、《黑格尔法哲学批判导言》、《德意志意识形态》等著作中所包含的内容,让存在主义者得到了独特的启示,使他们能在与苏维埃体制保持距离的同时,又丝毫不放弃对资本主义的批判。

梅洛—庞蒂的《人道主义与恐怖》可谓是最系统地表现了这种思想方式。《精神》或《现代》杂志的撰稿者们在多种场合所复述的论点大多包含着梅洛—庞蒂先生演绎的推论。萨特关于无产阶级的思考也仅仅是这种推论的一个环节而已。

要而言之，萨特的论证可概述如下：马克思主义哲学是正确的，是双重意义上的终极真理。它指明了社会“人性化”的必要条件，勾画了一条通向“根本解决人类共存的问题”的道路，即无产阶级革命的道路。无产阶级是惟一的“真正的主体间性”(intersubjectivité authentique)，是惟一的“普遍性阶级”，它必须形成一个政党，推翻资本主义，并通过解放自己去解放全人类。

我们不可能重新考虑这种哲学，也无法去超越它，但却有充分的理由去思忖，在党的领导下，无产阶级是否正在完成这种哲学赋予它的使命。人们完全有理由去怀疑，在斯大林的统治下，苏联是否还忠诚于无产阶级的人道主义。但是，没有任何一个阶级，没有任何一个政党，也没有任何一个个人能够取代无产阶级，而无产阶级的失败也将是人类本身的失败。人们会适当地给予苏维埃阵营一个宽限的日期，而对资产阶级的和资本主义的民主国家则不然，因为后者只让少数人拥有自由，更有甚者，它们还以伪善的意识形态去掩饰事实上的邪恶：殖民主义、失业以及收入菲薄。

“若进一步思考，马克思主义并非是一种在明天可能被其他东西任意取代的思想假设。它犹如简单的条件陈述句，没有它就不可能有在人的相互关系意义上的人性，也不可能在历史中有合理性。在某种意义上，它不是一种普通的历史哲学，而是一种特定的历史哲学。拒斥这一特定的历史哲学，就意味着永远放弃历史理性。而如果这样做的话，所剩下的将只有梦想和冒险。”[1]这段极为教条与天真的文字显露出了不少东西。它表达了世界上许多知识分子的信念：马克思主义与历史哲学是混同在一起的，而且它最终是真实的。

---

① 《人道主义与恐怖》，第165页。

那么，依照这位作者的观点，这种最终的真理是由什么组成的呢？它既不包括生产关系的首要性，又不包括历史发展的图式。它所包含的基本观点有二：其一是，为了批判政治经济制度，人们必须参考实际存在的状况；其二是，互相承认是合乎人性的共同体的特征。

只要我们清除掉第一种观念的含糊之处，并表明第二种观念的确切的本质，这两种观念就均可以接受。确实，对可能是源于马克思的意识形态所进行的批判，是一种政治意识的成果。人们可能耻于用完美的竞争模式去为资本主义辩护，也耻于用自治政府的虚构去为议会制度辩护。随之而来的是，人在社会角色之外就什么也不是，人与人之间的关系涵盖了所有人的存在。在确实是有效的批判的掩盖下，梅洛-庞蒂先生悄悄地否定了超验性和精神生活。

在孤立于一种哲学之后，“承认”(la reconnaissance) 的概念既不比“自由”的概念更确切，也不比后者更具体。这种“承认”的要求是什么呢？而且，又有何种异质性能与这种“承认”调和在一起呢？上述问题在《人道主义与恐怖》中均未能找到答案。

“承认”这一观念与词语既源于青年马克思的著作，但更源于黑格尔哲学。在黑格尔哲学中，“承认”是从主宰与奴役、战争与劳动的辩证关系出发来界定的。不容否认，梅洛—庞蒂先生吸取了这种辩证法，而且也依靠技术进步和普遍“国家”来终止它。与马克思不同，他并不拥有一种总体的历史概念。马克思主义的批判随着一种预先被认为是真实的历史和人的观念而发展。在黑格尔的哲学中，与现实相符的不是观念，而是已经能够获得自身的人。人们对目标的思考要少于对途径和手段的思考。马克思一生致力的并不是对哲学主题进行推论，而是分析经济与社会，以便透过纷乱的事件辨别出理性的道路。现象学的学说描述每个人的经验，但却忽视社会的发展是否会伴随着人类的进步。这种学说应当赋予“承认”的概念一种内容。否则，它既不能用来判断现实，也无法决定未来。

所有复杂的社会都难免出现权力与财富的分配不公，以及个人与群体为占有不多的财产而对立。用梅洛—庞蒂的话来说，就是“一些人掌握权力，另一些人逆来顺受”。如果有人希望彻底消除不平等和对立，如果一些人的权威不再建立在另一些人逆来顺受的基础之上，那么，革命后的国家就要求所有人的社会条件都改变面貌。为此，青年马克思思考了如何去消除主体与客体、存在与本质、自然和人之间的对立的可能性。但是，人们在作同样的思考时，会偏离理性的思想，并只满足于把“至福千年的梦想”或对“世界末日”的期待转变成哲学词汇。

与之相反，如果人们仍注重现世的意义，就应当明确指出使这种“相互承认”得以实现的国家与经济组织。马克思著书立说的时代距我们已有一个世纪之久，当时，现代无产阶级刚刚诞生，纺织工厂堪称现代工业的象征，股份制公司还几乎不为人所知。置身于这一处境，马克思可以把所有的邪恶归咎于财产私有制与市场机制，并可以在不考虑实际经验的情况下，赋予财产公有制和计划化以无与伦比的美德。用马克思关于“最终解决人类共存问题”的愿望去界定苏联，与用向异教徒传播福音的愿望去界定殖民化如出一辙。

一场革命如何在顷刻之间就改变无产阶级的处境呢？它又如何带来“互相承认”的时代呢？只要人们从哲学层面转到社会学层面，就得从以下两种答案中作出抉择。其一是根据一种观念来界定各种制度：如果工人为某位雇主干活就意味着被“异化”，那么，一旦所有的工人因为财产集体所有和计划化，直接地为集体，也就是为普遍性服务时，异化现象就会消失；其二是通俗地去考虑不同政体中人类的命运，他们的生活水平、权利、义务和他们得服从的纪律，以及他们获得升迁的前景。这种“两者择一”的问题使得要么选择理想的解放，要么选择真实的解放，或者说要么选择圈外人难以理解的意义上的解放，要么选择通俗意义上的解放。从难以捉摸的意义上来看，在苏联已不再有阶级，因为所有的人，包括马林科夫都是领工资的人。由此，“剥削”也就不复存在。从通俗的意义来看,政体只有程度上的差别,而无性质上的差别,各种政体均包含着某种不平等、某种类型的权力,人们绝不可能最终使共同生活人性化。

梅洛—庞蒂先生在这两种答案中选择了哪种呢?他选择的是晦涩难懂类型的答案。不过,他所采用的准则不是一个,而是三个:集体经济、群众的自发性和国际主义。不幸的是,三种准则中有两种准则过于含糊,以致无法形成立论的基础。群众固然绝不会全然被动,但他们的行动也绝不会完全是自发的。为希特勒和墨索里尼欢呼的群众之所以这样做,并非仅仅是因为受到强迫,也是因为接受了其宣传。由于苏联红军的出现而造成的共产党对东欧的统治,究竟是表现出了对国际主义的忠诚呢,还是表现出了对国际主义的讽刺?

梅洛—庞蒂这位哲学家在未经批判的情况下,就接受了知识分子的偏见,并假设道,生产工具的私有制不可能与人类的互相承认调和。如同许多进步的思想家一样,他天真地赞同昔日的“大胆”,并忽视下述现象:即当涉及到巨大的工业企业时,两种所有制模式的对立已经不再有任何意识形态上的意义。美国的“股份有限公司”在避开马克思以私有制的名义所谴责的事物方面,几乎可与苏联的工厂等量齐观。

这三种准则仍然显示了革命的理想主义与斯大林主义的现实之间的差距。不平等现象的凝结、恐怖统治的延长以及对民族主义的颂扬,凡此种种均与革命所促进的价值观念背道而驰。通过一种新的决定,梅洛—庞蒂竟然从这些怀疑和不安中得出了一种自相矛盾的结论。既然苏联的失败就是马克思主义的失败,因而也是历史本身的失败,那么,又怎么能够去谴责苏联呢?毋庸置疑,这种思想方式,是典型的知识分子的思想方式。人们从人与人的互相承认出发,提出要进行革命,并且赋予无产阶级,而且也只有无产阶级具有革命的能力,同时明确承认共产党是无产阶级的惟一代表。最后,当人们失望地看到斯大林分子们的“业绩”时,他们不会对先前的推理方法进行任何质疑,既不反思“承认”,也不反思“无产阶级的使命”,既不反思布尔什维克的行动策略,也不反思全盘计划化所包含的权力。如果一场以马克思主义的名义进行的革命蜕化成专制独裁,其错误既不在马克思,也不在马克思主义的解释者。列宁没有错,梅洛—庞蒂先生也同样没错,有错的只是“历史”本身,或者说,根本没有像“历史”这样的事物,而世界只是一个荒谬的嘈杂之地。

为什么既是马克思主义的又是“历史”的最终考验会出现于20世纪中叶,并且与苏联的经验混同在一起呢?如果无产阶级没有升格为“普遍的阶级”,也无法承载人类的命运,那么,为什么不改变对未来的失望态度,同时承认哲学家把这种独特的使命赋予工厂的工人是错误的呢?既然人类不能够取消现实与理想之间的差别,而且不能够对此听之任之,那么,为什么社会的“人性化”就不是人类共同的、始终没有完成的事业呢?为什么掌握权力的政党保持对国家机器的垄断就是这种无止境的任务的必要的开端呢?

只凭其意识形态,而不是根据它们给人类造成的境遇来评判社会,这样做是错误的。对此,马克思曾经予以严厉的批评。“马克思主义教导我们要以孕育观念的社会功能来对照检验观念,以别人的世界观来对照检验我们的世界观。这是马克思主义的一个决定性的优点,同时也是西方思想进步的原因所在。”这段话说得再好不过了。但是,革命者们为什么还要让别人来做这种对照检查工作呢?

审讯与招供

在1936至1938年导致列宁的同伴们被判刑,以及铁托与苏联决裂后在卫星国家中重演的大审讯,在许多西方观察家眼中,堪称是斯大林主义世界的象征。与宗教裁判所的审讯相同,这些大审讯也通过揭露异端来表现正统性。在这种强调行动的历史的宗教中,正统关注的是对过去以及未来事件的解释，而异端则与偏离党的路线、违背纪律或行为不端混同了起来。由于这种宗教不承认内心的生活、灵魂的纯洁或善良的意图，因此，所有事实上的偏离都被视为异端，都被当作是分裂行为。

不管我们如何谈论这些审讯，它们并不神秘。许多证据告诉我们，所谓的供词是如何取得的。物理学家维兹贝格、波兰的抵抗分子斯蒂波尔斯基、美国的工程师沃格勒等等，已经详细地叙述了他们的亲身经历。他们描述了在1936至1937年的大清洗期间，以及在战争即将结束时的莫斯科和匈牙利人民民主国家建立后的布达佩斯，人们是用何种方式引导共产党员或非共产党员去“承认”他们并没有犯过的罪行。这些罪行有的纯粹是捏造出来的，有的确实是被“定罪”的行为，但就事实本身，或就当事者本身来说，则是无辜的。

取得供词的做法无需以被告的“犯罪”作为基础，也不必以审判者和被告之间的法理关系作为前提条件。应用于非布尔什维克分子、革命的社会主义者或外国工程师身上的方法，首先是使对手蒙受耻辱。它从一开始就用适当的庸俗的理由来进行解释。人们想使群众相信，所谓的敌对派别是由无法无天之徒组成的，这些人在满足其报仇愿望或野心之前绝不会退却。人们还想使群众相信，资本主义列强阴谋反对劳动者的祖国，而社会主义建设中出现的困难是由敌人及其破坏行为造成的。苏联政府绝非惟一的寻找替罪者，任何受到威胁或对战败感到震惊的民族都会痛骂叛国。招供使得这一古老的做法更为完善。应当是千夫所指的牺牲者竟然自己宣称，他所受的刑罚是公正的。

季诺维也夫、加米涅夫和布哈林的案子也属于这种情况。一旦昔日的英雄“承认”他们阴谋反对党，“承认”计划过或者已进行了破坏活动和恐怖主义的谋杀，“承认”与第三帝国的警察部门有来往，那么，革命的事业和党的事业就会与斯大林集团合为一体。所有的审讯均以满足官方宣传的需要为目标。使人招供的手段在不同的案子中虽有相似之处，但也依据被告的个性而有所变化。有的更多地采用心理战术，有的更多地采用肉体摧残。人们还充分运用科学方法来确定威逼利诱的程度。最为讲究的酷刑可归结为这样一些基本的原则，即拿破仑曾说过的:方法要简单,人人都可来行刑。

西方人士为何要费心来思考这一主题呢？在暂且把苏维埃体制内的清洗的作用放在一边之后,有两种主题值得思考。其一是检察官是否如同宗教裁判所的法官那样,即使在使用暴力时,也真的以为能从供词中获得证据？如果被援引的事实实际上是不确切的,这一“证据”是否没有显示出一种“超现实”(une surréalité)？其二是,被告难道没有犯罪感吗？这种犯罪感不是宗教意义上的,也就是说布哈林策划了对列宁的刺杀、季诺维也夫与盖世太保的代表碰过头时的犯罪感,而是难以捉摸的意义上的犯罪感。在后一种情况中,不管是在法官还是在犯人看来,被认为是“确凿”的反党行为,等同于叛国行为。

我们没有必要去剖析老布尔什维克们的心理状态，也没有必要去弄清相关的一些原因和动机,如受到束缚的原因,具有隐隐约约的犯罪感的原因以及产生想最后一次为党服务(像日本的神风队队员那样)的愿望的原因。对我们来说,重要的是从这些非同寻常的事例中发现难以把握的正统性与革命理想主义的含糊之处，发现他们与圣职人士和信徒的相同之处及其为什么会犯类似的错误的原因。

凡对被告的证词或当局的控告行为深信不疑的人就是正统的斯大林分子吗？这种正统分子果真存在吗？在等级制度的上端,我们肯定找不到这种正统分子。斯大林本人、他的同伴以及法官们并非不知道,被告的供词是在身不由己的情况下作出的,而相关的事实也是捏造的。经历过清洗,以及编造过对自己以及对友人不利的材料的党的积极分子,很难对这些材料的真实性存有幻想,因为这些材料虽然能相互证明,却缺少物质上的证据。被引证的事实不仅没有让人信服,反而更令人产生怀疑。例如,说从事恐怖主义活动的外国人已经形成了中心,但还没有实施暗杀行动;又如,说破坏分子正领导着整个工业部门,并像游击战士那样在行动。人们难道应当相信,普通的俄国人,即那些不是布尔什维克但服从现存政权的俄国人,真全然相信并接受这些侦探小说似的玩意吗?因为克里姆林宫内的医生不公正地受到了怀疑,难道人们就都会以为他们是穿着白大褂的刺客吗?类似的轻信的现象固然会有,如在某些法国人那里就有所表现,但它是否非常普遍则值得怀疑。人们不难理解所谓的审讯究竟是怎么一回事了。假如俄国人真的相信"被告们"的"招供",那么,这就意味着他们实际上已经准备对不管什么事物都予以相信。若果真如此的话,人们也就不必费神去说服他们。

不管怎样,正统分子并不是指那些完全相信"供词"的人。因为如果以此来界定的话,斯大林本人就不是一个正统分子,而那些了解真相的人也将被排除出正统分子的行列。除非陷入一种纯粹的犬儒主义,否则党内的小圈子应当求助于与以下著作中的解释相类似的解释。这种解释由维克托·塞尔热在《图拉耶夫事件》中首先提出,继而由A.克斯特勒先生在《零度与无限》中予以发展和普及。梅洛—庞蒂先生在《人道主义与恐怖》中以现象学—存在主义的语言,在激烈地批评克斯特勒的同时,照搬了这种解释[①]。

这种解释的原理极为简单:法官在把反对者定为叛徒时并没有错;而反对者在遭到失败之后,可能会倾向于承认他的对手,或者说战胜他的人是正确的。通向第一个命题的推论是所有革命者的推论,即认为在

① 梅洛—庞蒂先生指责克斯特勒是一个不好的马克思主义者,认为他只是以机械主义的观点来思考马克思主义,而没有把真实的主体间性作为惟一的、绝对的现实,没有把人与人之间的关系恢复到这种真实的共存关系之中。对此,克斯特勒可能将回答道,共产党人(卢卡奇除外,因为他始终处于边缘地位)从未用同样难以捉摸的观点去思考过他们的马克思主义。此外,梅洛—庞蒂先生最终犯了一个与机械主义者相似的错误。机械主义者把一种最终的社会主义想像为不可避免的事物。而梅洛—庞蒂则把"互相承认"当成最终惟一可能合理解释历史的术语,并认为只有无产阶级革命才能达到互相承认的境界。就有关审讯而言,存在主义的辩证法与机械主义之间的对立,是没有意义的。

非常时期,这样做是难以避免的。任何人一旦脱离了党,脱离了体现党的事业的人,就会被当做敌对阵营的人,就会被看做是为反革命效劳。布哈林既然反对农业集体化,他就“必然”会为拒绝加入集体农庄的农民开脱,他就“必然”会帮助那些破坏政府纲领的实施的人,并与外部的敌人勾结,力图削弱“革命”的祖国。在反对派的逻辑的引导下,他还会捍卫或复辟农村中的资本主义。他的行动就“好像”他已加入了反革命阵营。而且,既然人们是根据其行动,而不是根据其意图来判定参与政治的人,那他在“客观上”已背叛了党,同时也背叛了社会主义。这种所谓的“连锁确认”的方法,曾为布尔什维克在革命者中广泛使用,因为布尔什维克在党的崇拜方面表现得最为突出。赋予终极目标的绝对价值、无阶级的社会,均与党联系在一起。即使在口头或行动上,而不是意图上脱离党,都是犯了弥天大错。

对于这种推论,在党内派别斗争中屈服的列宁的同伴不可能真心地赞同。他可能会继续认为,集体化可以通过其他途径来实现。但是,既不会再有纲领,也不会再有对远景的设想。在党与现实领导之间完全进行区分是不可能的。除非完全修改其思想体系,即从社会主义出发,经由无产阶级和党到斯大林的连锁确认,否则,他就必须接受“历史”的裁决,而这种裁决的结果显然有利于他内心会继续感到厌恶的那个人。也许他可以通过“投降”而不再觉得自己放弃自尊或因软弱而退却。内心生活、神圣的公正并不存在。只有革命才有历史。而且,只有由党武装起来的无产阶级的革命才是革命。更有甚者,只有斯大林领导的党才是党。由于抛弃了其反对派,革命者在内心深处还能够忠于他的过去吗?

这种人们轻易就可提出许多变种的难以捉摸的解释,完全为“圣职人员”和信徒所共有。那么,“圣职人员”和信徒的区别何在呢?依我看,两者有三大区别。

第一,正统的布尔什维克党员往往清楚事实是捏造出来的,但他们绝对没有权利公开承认这一点。他会屈从,而且也必须屈从于党在言论方面的纪律。而理想主义者保留着为与“言语的礼仪”有关的诉讼定性的权利,并多少明确地表示,“事实”仅仅存在于起诉书与坦白之中。这种差别具有一种普遍的意义。正统的共产党员内心深处对集中营的情况一清二楚,但在言辞中,他只能说它是“再教育营”。进而言之,有的人只了解用教条的词汇所表达的事实,而另一些人则了解原来的事实。

第二,正统的党员与理想主义者一样了解事件的具体情节,但他会勉强地赞同托洛茨基被得胜的对手从俄国革命的编年史中一笔抹杀。他不会对党教给他的历史解释中的“伟大路线”表示怀疑。在党的积极分子看来,“这些伟大路线”虽然或多或少已被修正与发展,但是,它们却始终包含着以下相同的基本成分:无产阶级的作用、体现无产阶级的政党、阶级斗争、资本主义的矛盾、帝国主义的阶段以及不可避免地通向无阶级的社会(其中每种成分均有多种不同的版本)。俄国布尔什维克党及其兄弟党的历史是名副其实的神圣的历史。共产党最终重构了过去的插曲,以便使其意义在党外人士那里显得更清晰,或者说是因为它后来才把握住真正的意义。从根本上说,党所叙述的历史才是真实的,它具有高于实际事实的真实性。

理想主义者希望这一历史是真实的,但他并未对此深信不疑。他给了苏联一个宽限的日期,因为苏联仰仗的是惟一能赋予“历史”一种意义的学说。由于他允许考虑原来的事实,他会观察到与期待不符的事物。如果党撒谎,如果他没能从党所说的真理中得出确实性,他就不会把人类的未来寄托在党的身上。也许历史的真实性并不存在。

换言之,正统分子的怀疑仅与细节有关,理想主义者的怀疑则与本质性的东西有关。

第三,正统的党员倾向于尽可能地扩大其信仰的对象,倾向于让附带事件和偶然之事与其奇遇中的伟大路线发生关系。他希望,个人的首创精神、团体的行动以及战斗中的波折能与阶级和经济力量的辩证法联系在一起。所有的事件均应当在以党为中心的神圣的历史中占有一席之地。党的敌人,不管他们来自外部还是内部,都要用与惟一的、全面的斗争逻辑相符的论据去加以对付。因此,偶然性已经消失。例如,斯兰斯基既然出身于资产阶级家庭,那他就必然是叛徒。

理想主义者不甚明确地承认历史的“伟大路线”与事件的偶然性之间存在着差距。但归根结底,应当相信历史的结局将是美好的,否则,人们将听任“荒诞的嘈杂”的摆布。在等待这一幸福结局的时候,人类可能会有受局势诱惑的危险。但是,什么是每个时刻的正确路线呢?没有人能够肯定地说出它来。而且,今天根据美好的信仰作出的决定,或许在未来会转变成罪行。然而,意图并不那么重要。明天,面对着历史的谴责,我将孤立无助。

正统党员的教条主义,不管它是真诚的,还是口头上的,不仅威胁着非党员,而且也威胁着党内的异端分子和变节者。如果说圣职人员拥有普遍的真理,那么,他为什么不强制异教徒去公开向新的信仰忏悔呢?这种“忏悔”采用了自传的形式,这一“自传”是由非信仰者根据人们强加于他的信仰者的范畴与词汇来编写的(由于该学说不承认精神生活,故此,忏悔主要针对的是行为)。美国工程师沃格勒曾叙述道,他被关押在布达佩斯监狱里的经历就如同耶稣会士在别国身陷囹圄时一样。他们都必须根据把他们投入监狱的人的思想范畴去反省自己的存在,而这就足以证明他们有罪。为使扣在他们身上的罪名不会招致丝毫的怀疑,他们会被加上一些纯粹是捏造出来的事实。如美国工程师在离开美国前与专门从事间谍活动的上校军官碰过头;传教士曾参与了帝国主义阴谋;慈善院里的修女则被指控“曾经弄死了无产阶级的小孩”。

理想主义者不会把这一套系统的逻辑推到如此荒谬可怕的地步。然而,由梅洛—庞蒂先生所揭示的理想主义者的主题似乎比正统党员揭示的主题更令人难以接受。虽然大部分批评者对这位哲学家的论点不够理解,但他们对此表示的愤慨(完全是思想意义上的),在我看来是正当的。

论一种所谓的革命正义

人们始终感到惊讶的是，一个思想家竟然会对一个不可能容忍他的世界如此宽容，而对尊敬他的世界却如此无情。非狂热分子对狂热的颂扬，以及一种局限于解释别人的介入、自身却并不介入的介入哲学，给人留下了奇怪的不和谐的印象。只有自由的社会才能容忍像梅洛-庞蒂先生这样继维克托·塞尔热和克斯特勒之后所作的对审讯的分析。梅洛-庞蒂先生对自由主义态度冷淡，如果这种态度不是源自基督的崇高准则，那它则等同于某种程度的背弃。人们不会信任那些装作不相信自己所认同的价值观念的人。为什么这位哲学家在推理时，好像把自由看得一钱不值？殊不知，如果没有这种自由，他不是被迫沉默，就是被迫绝对服从。

梅洛—庞蒂所称的马克思主义的“历史”解释暗示着有希望根本解决社会问题，这一整套历史解释建立在某种无产阶级的理论的基础之上。然而，本身已经非常抽象的这种无产阶级的理论，曾被用来促进在无产阶级仅占全国人口的一小部分的前资本主义国家中的革命。为什么由知识分子领导，并主要由农民群众进行的中国革命能够承诺实现已在当今无产阶级中部分实现的“人类的共存”呢？

比较这两种政治体制，似乎是出于一种并非有意的欺诈。我们已经看到[①]，在原则上，苏维埃体制凭借它倾向于一种“根本性的解决方案”的借口，从人们的宽容中受益良多。这种态度在“两种衡量标准”(deux poids deux mesures)的公式中得到生动体现。如果有人确信，两大阵营之一有朝一日会实现真理，这种公式是难以让人接受的。同时，当人们不能断然肯定苏维埃国家对革命天职的忠诚时，这种公式亦会变得难以

① 参见《人道主义与恐怖》，第四章，第122—123页。

忍受。人们有理由去提请大家注意暴力的事实。因为暴力像开辟所有已知社会的历史那样,也开辟了西方的历史。但是,若对当前使用的诸多强制手段或每种类型的政治体制本质上含有的东西进行比较对照,则更为合适。苏联公民与西方公民拥有的是什么样的自由呢?铁幕两边的被告们得到的又是何种保障呢?

如果可以用苏维埃体制的其他优点,如经济发展迅速,来为取消自由辩护,那么还有必要去述说或展示这种辩护之辞吗?事实上,这位哲学家只满足于容易懂的论据。例如说,所有社会都包含着非正义和暴力,即便苏维埃社会在现阶段可能包含一种额外的措施,但其目标的崇高就足以禁止人们去谴责它。毋庸置疑,人们可能,而且也应当宽恕革命过程中的一些罪行,但如果这些罪行是在稳定的政治体制中犯下的,就不会得到宽恕。但是,革命在这方面能够得到宽恕的时间该有多长呢?如果说在夺取政权三十年之后,仍然还在采用罗伯斯庇尔式的允许逮捕可疑分子的法律,那么,这种法律又要到何时才能被废弃呢?面对革命成功后持续了数十年之久的恐怖统治,人们不禁要问,要到一种什么样的程度,恐怖统治才不与革命本身有联系,而只是与所由产生的社会秩序有联系?

可能会使反对派成为叛徒的"连锁确认"的方式,导致了恐怖统治的经久不衰。梅洛—庞蒂先生用了好几页的篇幅去解释维克托·塞尔热和克斯特勒已经解释过的,并且丝毫也不神秘的东西:反对派人士在某些场合像党的敌人那样行事,因此,在党的领导人眼里,他们就是革命事业的叛徒。但是,这种把反对派人士等同于叛徒的做法,在一定范围内阻止了一切反对的意见。乔治·克列孟梭在野时曾力图削弱他所批评的政府,但他一旦上台,便领导战争直至取得胜利。布尔什维克分子始终有两种方法,一种是为了坚持"大一统集权统治原则",另一种是为了鼓励能保持党的活力的思想与派别之间的交锋(列宁在自己有可能成为少数派时往往采用这种方法)。那么,人们究竟应当在什么时候使用前者,在什么时候使用后者呢?在1917年时,无论是在列宁回国前即已采取温和态度的斯大林,还是没有参加十月政变的季诺维也夫和加米涅夫,不管是在十月革命时还是在十月革命后,均未被指控为叛徒。人们没有强迫他们承认自己已被克伦斯基或同盟国收买。“连锁确认”体系只有在以下情况下才会达到“合乎逻辑”与荒诞的程度,即只有在国家内部的派别冲突消失,或至少派别冲突被淹没在官僚制度的泥潭当中,以及一个小团体或独夫能够主宰党、警察和国家,并至高无上地拥有数百万人的生杀大权时才会达到这种程度。

不管这位哲学家思考时采用的是什么方式,令人愤慨的并不是他用现象学—存在主义的语言表述了革命的或恐怖主义集团的旧公式:非友即敌,所有的反对者都是叛徒,小小的偏离就会通向敌对阵营之中,而是他认为被当掌权者独揽的思想体系完成了对失败者的制服和对胜利者的颂扬的时候,这种恐怖统治的延长是正常的。既然解释“历史”的人同时也是党的总书记和警察头目,战斗与冒险中的高尚行为就会被一概抹煞。掌权者希望自己同时也是真理的使者。为了取代革命恐怖,君主兼教皇主义(le césaro-papisme)遂得到恢复。在这种没有灵魂的宗教中,反对派人士实际上成了比罪犯还坏的异端分子[①]。

人们承认,在革命时期被告不可能获得在正常时期会得到的保障。人们也理解罗伯斯庇尔在自己被送上断头台之前处死丹东。在这两起案例中,非常法庭把某一派别的意志变成了判决。在动乱蔓延全国的时候,为了维持法统的外衣与延续性,让在法庭之外作出的决定披上法律的外衣似乎也无可非议。法国解放之际的法庭就不得不忘记1940、1941年时的维希政府是法定的,或许是合法的政府。最高法庭为了自以为有权审判贝当元帅,不得不追溯取消维希政治体制的合法性,并把贝当元

① 在集中营中,触犯“普通法”的犯人获得的待遇要好于政治犯。政治犯罪实际上是最严重的罪行。

帅的行动纳入获得胜利的戴高乐主义的司法—历史体系 (le système juridico-historique)中重新思考与定性。

毋庸置疑,法律认可某种财产与权力的再分配。然而,由此并不就可推断说,自由的公正(la justice libérale)与资本主义密切相关,以及资本主义的极不公正的行为损害了自由的公正的价值观念。这位哲学家所称的"自由的公正"乃是人们经历数百年的时间制定出来的"公正"。它对不法行为有严格的界定,赋予犯罪嫌疑者自我辩护的权利,以及现有法律不溯继往的原则。由于有了自由的形式,公正的本质已然消失,所谓"革命的公正"乃是公正的漫画式的形象。或许应当承认,在某些情况下,非常法庭的出现是不可避免的。但是,人们决不可能认为,非常时期采取的方法似乎已构成了另一种公正。因为,实际上它只是对公正的简单否定。

如果既定的国家利用了"革命的公正",那么,该国的公民就不会再有个人安全,"招供"的辩证法必然会通向大清洗,并使得数以百万计的嫌疑犯不得不"招认"想像出来的罪行。革命与恐怖并非与人道主义的意愿不可调和。"不断革命"以及升格为管理体制的恐怖主义就是如此。与不是为无产阶级服务,而是为党的人,也就是一些特权者服务而使用的暴力的有组织、持续不断和极权性的特点相比,共产主义暴力的目标就不重要了。

正统党员与理想主义者们所采取的这种思考方式,必然会通向认可"历史"的裁决。人们可以想像,如果托洛茨基取代了斯大林的位置,那么,双方的角色就会互易其位。然而,为什么这位哲学家也会认同这种自命不凡呢?在接受了相同的对历史的总体看法之后,他还会认为在避免流放与饥荒的条件下农业集体化是可能的吗?那些在1929年指出党的领导层准备实施的方法会带来什么后果的人,并未被集体化运动的最后成功所驳倒,除非有人最后宣布说,只要能够"成功",人类付出的代价并不重要[1]。

对于人的行为，在任何时间里都可能有多种解读。之所以如此，与人们在解读时参照的行动者的意图、过去的环境以及行动的后果不同有关。正如人们在政治上享有权利一样，如果人们对行动者的意图缺乏兴趣，也还是可以重新发现许多对于人的行为的不同解读。其中，有的人从决策时的思想入手重新开始解读，有的人则与之相反，从遥远的后果出发来解释决定。所谓伟人，乃是那些经受住他所不知道的未来的裁决的人。但是，如果一位历史学家无限制地回溯时光的流逝，那他就违背了其职业道德。俾斯麦的功绩没有因第三帝国的悲剧而受到谴责。

如果一个活人的法庭借助"更不必说"(a fortiori)来对付其他的活人，那么，"更不必说"这种评价方式就会变得可耻。根据"成则王，败则寇"的原则作出的解释，必然会不公正之极。当年的错误在事后追溯时会变为"叛国"。[2]最为错误的是这样一种观点，即认为对一项行动的道德或司法定性并不是根据事件的最后历程来修改的。在1940年硬要停战的那些人的功过与他们的动机无法分开。如果人们不想考虑其意图，他们就必须得考虑停战与不停战各自的利弊，这就好像与他们在1940年时的表现一样。有人认为停战会给法国留下更好的机会，同时也不会

① 梅洛—庞蒂先生原则上不希望认为"历史"有理。希特勒是一个可怜虫。纳粹主义的民族共同体与人道主义是相悖的，而无产阶级共同体则符合人道主义。他的论点并没多少说服力……确实，无产阶级有可能失败，但"历史"并不因此就是最高法庭。与正统分子不同，理想主义者并未事先就屈服于未来的裁决。他保留着谴责的权利，保留着与以人类希望的化身自居的阶级对立的阶级。如果他对这种"希望"失望的话，他还保留着未来本身。不管怎么说，理想主义者难以摆脱对"历史"的膜拜，因为他赋予历史图式以与"承认"的观念相同的尊荣，因为他将人类的事业与党的事业混为一谈，因为他以假定的方式接受了胜利者的判决。

② 同盟国取得胜利的事实使与德国的"合作"显得像是一种主动行为，并且将它变成了背叛的意愿，虽然"合作"是或者被认为是背叛的意愿。(《人道主义与恐怖》，第43页)

损害盟国的利益。这样的观点可能是错误的,但他的错误不会被取得胜利的盟军转变成为“叛国”。那些为了减少国家所遭受的苦难以及为了准备重新战斗而主张停战的人并不是叛徒,也不会成为叛徒。不过,那些为了使法国改变阵营,即与法西斯国家站在一起而主张停战的人,则是叛徒无疑。

如果德国取得了胜利,戴高乐主义者会成为叛徒,而合作分子则会具有行使法律的权利吗?事实确实可能如此。合作分子与戴高乐派所要的是两个不同的、无法调和的法国。他们之间的问题必须得通过主要由别人进行的战争来了结。事件就是裁判。[1]但这一裁判与其说是法律,毋宁说是事实。当一种你死我活的斗争在进行的时候,人们将不再谈论法庭,而是谈论军队的命运。

交战者们往往有用他们自己的认识体系去解释别人的行为的倾向。如果合作分子像戴高乐派分子一样思考,那他显然会变得下流无耻。承认已作出的决定的不确定性,承认对未知的未来有多种展望,并不意味着取消不能平息的冲突,也不是意味着逃避介入,而是意味着在不怀仇恨、不否认敌手的荣誉的情况下去接受它们。

正统分子与理想主义者一开始就把行动者的行动与行动者的意图和处境分离开来,而把这个行为纳入他们对于事件的解释观点里。由于他们假设自己的目标具有绝对价值,因此他们就毫不留情地谴责他人或失败者。假如人们在作出决定时先参照其他因素,假如他们能够设身处地地考虑一下局势,那么,人们在解释时表现出来的专断就会少一些。假如人们承认对目标知之不多,承认互相矛盾的原因的部分合理性,那么,人们就将减弱以真理的名义来决断的教条主义的严格性。

那些声称能够提出一种最终裁决的人是江湖骗子。人们在选择时两者必居其一:要么历史是最高的审判官,它的终审判决要到最后一刻

① 这并不意味着在更高的层面上,人们无法评价事业的价值。

才作出；要么是由良心（或上帝）来审判历史，而未来并不比当下更具权威性。

*　*　*　*　*

三十年前，在苏联占统治地位的学派，以马克思主义的名义，全力投入对上层建筑、生产力的发展和阶级斗争的研究。该学派不关心历史上的英雄与战役，而是以深层、非人格和无法逃避的力量来解释历史。自此之后，民族、战争与将领就会被重新解释。在某种意义上，这是一种独到的反应。要想完整地恢复过去，就不应该忽视机械决定论、个人的能动性、一系列的战斗以及军队的冲突。但是，在以共产主义观点提供的历史图像中，"事件的恢复"通向了一个奇异的世界，在这一世界中，一切事物都是以一种不可改变的、不真实的逻辑来解释的。

在一种由生产力和生产关系决定论、阶级斗争、民族和帝国主义的野心占支配地位的历史中，事件的细节也应当有其地位。人们赋予每个人一个与其社会处境相符的角色，把每一个历史插曲变成教条学说可以预见的一种冲突或必然性的表现。没有一件事情是偶然的，任何事物都有它的意义。资本家们最终服从于他们的本质，也就是说，华尔街和花旗银行的资本家必然会阴谋反对和平，反对社会主义的国家。供词中的世界，以及共产主义的历史图解中的世界，是阶级斗争和情报部门的世界。

资本主义和社会主义不再显得抽象空洞。它们已在党派、个人和官僚身上得到体现。对人的评价取决于此人的行动。而他们行动的意义则取决于掌握真理者所给定的意义。苏格拉底曾说，人会无意中犯错，但有人可能会截然相反地说，人不会无意中犯错。这并非因为非党员的动机是邪恶的，而是因为他们毫无价值。只有认识到未来的社会主义者，了解资本家所作所为的意义，并指出资本家"客观上"就想做他实际上已做的坏事。没有东西阻止得了最终把能显示其行为的真实本质的行动——如恐怖活动或破坏活动——归于犯罪。

人们以黑格尔的辩证法为起点，并以侦探小说为终点。这样的结合并没有使知识分子，甚至是最杰出的知识分子不悦。让他们恼怒的是偶然性和难以理解。共产主义的解释永远不会遭受挫折。虽然有逻辑学家提醒道，逃避反驳的理论不能算是真理，但这种提醒却丝毫没有奏效。

第五章

历史的意义

有两种错误，它们表面看起来相互矛盾，但实际上却彼此关联，两者同是“历史”的偶像崇拜的根源。圣职人员与信徒听任自己坠入“绝对主义”的陷阱，以便继之能沉醉于一种没有限制的相对主义。

他们通过思想把自己委身于一个最终的或有绝对价值的历史环节。关于这一历史环节，圣职人员称之为无阶级的社会，而信徒则称之为“人对人的承认”。无论是圣职人员还是信徒均不怀疑，与在此之前的一切相比，这一即将到来的历史环节具有绝对的价值与完全彻底的独特性。这一“特权地位”(état privilégié)使人类历史的整体有了意义。

由于确信自己能事先了解尚未完成的历史冒险的秘密，他们就以一个能控制冲突、决定褒贬的仲裁者的傲慢态度来审视过去与现在错综复杂的种种事件。确定是真实的“历史存在”(l'existence historique)把个人、团体与国家卷入到为捍卫不可调和的利益或观念而展开的争斗之中。不管是同代人，还是历史学家，他们都不能无保留地肯定或否定这样或那样的人与事。这并不是因为我们无视善与恶，而是因为我们无视所谓的“未来”以及整个所谓会驱走不公正的“历史性的事业”。

卫道士们改变了他们用自己生命去冒险的“历史性事业”的面貌，

他们还有权无视我们的处境的含混不清。为这种改变面貌辩护的教会或信仰的空论家们同时也为盲信与清洗的狂热进行辩护。卫道士总是根据他自己的“历史”观念来解释别人的行为。同时,他再也发现不了与自己相称的对手:只有落后分子或厚颜无耻的人才会起来反对他所体现的“未来”。由于他宣告了具有一种历史观点的普遍真理,他遂被赋予了可任意解释过去的权利。

绝对主义与相对主义的孪生错误,同样可以被关于人类历史事实的认识的逻辑所驳倒。历史学家、社会学家和法学家能够分别指出行动、制度和法律的意义,但他们却无法发现“整体”的“意义”。历史并不荒诞可笑,但是没有一个活着的人能够掌握它的终极意义。

意义的多样性

人的行动始终是可以理解的。当它们不被人所理解时,人们就不会把行动者当成人来看待,就会称他们已经被“异化”,把他们当成是异类。但是,这种“可理解性”并非是单一型的,它也无法保证由一些就本身而言都是可以理解的部分构成的整体在观察者看来是合情理的。

凯撒为什么要渡过卢比孔河?拿破仑为什么要在奥斯特里茨大战中撤走其右路的军队?希特勒为什么要在1941年向苏联发起进攻?投机者们为什么要在1936年的选举结束之后抛售法郎?苏联政府为什么要在1930年颁布农业集体化的法令?在上述所有事例中,相关答案均与决策时的目标有关系。凯撒渡过卢比孔河的原因是为了在罗马夺取政权;拿破仑撤走其右路部队是为了吸引奥俄联军左路部队;希特勒向苏联发起进攻是为了摧毁苏维埃制度;投机者抛售法郎是为了从法郎的贬值中获利;苏联政府颁布农业集体化法令是为了消灭富农,并增加可用于市场流通的农产品。凯撒在决策时渴望的是独裁或王位;拿破仑或希特勒渴望的是胜利;投机者渴望的是增加利润;苏联政府渴望的是为城市储备足够多的食品。但是，最后一个例子已经显示出了手段—目标关系中的缺陷。在严格的意义上，人们可以说“惟一的目标：胜利”或“惟一的目标：利润”。但计划经济的制定者们却得在不同的目标中作出抉择：更高的农产品的产量或许在短期内可以由拥有地产的农民们取得，但这些拥有地产的农民也可能组成一个仇视苏维埃制度的阶级，而且还会消费掉大部分的农产品。

甚至当“目标”已被确定时，历史的解释也绝不会仅限于只考虑“手段”。如果人们搞不清楚战争指挥者根据其拥有的知识、敌人可能作出的反应以及对双方在战场上的胜负机会的算计所作出的每一项决定，如果人们不了解其军队的组织以及采用的战略战术，那么又怎么能够理解一位战争指挥者的行为呢？假如所涉及的问题从战争艺术转向政治，其复杂程度将还会增加。与军事方面的决策一样，政治中的决策，只能被已经了解了局势的人所理解。例如，凯撒、拿破仑和希特勒的军事冒险，只有置于一个能涵盖一个时代、一个民族乃至一种文明的“整体”中，才会显示出它的意义。

对相关历史的调查研究可以从三个方向进行，或者说包含着三种维度：

第一，对“手段”和“目标”的确定得求助于对行动者以及社会结构的认识。完成一个目标从来就只是通向终极目标过程中的一个步骤。即便在政治领域中权力是惟一的目标，也仍然需要确定野心家所渴望的权力是属于哪一种类型的权力。在议会制的政体中攫取政权的权术与在专制政体中行之有效的攫取政权的权术并没有多少共同之处。凯撒、拿破仑和希特勒的政治野心各有其特色。这些特色只有分别根据罗马共和国、法国大革命和魏玛共和国的危机才能得到解释。

第二，对价值观念的确定对于理解人类的行为是不可缺少的，因为人类的行为从来不是纯粹只求实利的。投机分子理智的算计，作为一种有特点的活动，在不同的文明中多多少少普遍存在，但它们始终被一种

“美好的生存”的概念所限制。不管是战士还是工人，政治人(homo politicus)还是经济人(homo oeconomicus)，同样得服从于宗教、道德或习俗的信仰，他们的行动显示了一种偏爱的梯度（une échelle de préférences）。社会制度往往是人对宇宙、国家或上帝的态度的反映。没有一个社会可以把价值观念简化为一个像财富或权力这样的公分母。人或职业的声誉也从来不是仅仅以金钱来衡量的。

第三，人们认为确定拿破仑在奥斯特里茨的动机并没有什么用，但却将同一个拿破仑在莫斯科或滑铁卢的失败归因于疲惫或患病。每当人们观察某个人的失败、某位历史人物的一系列行动以及某个团体的行为时，往往会从其源于所受的教育或生存环境的“冲动”出发去追溯他们的态度或行动。

在上述三种研究取向中，历史学家关注的是第一种，社会学家关注的是第二种，文化人类学家关注的是第三种。但是，每一种学科的专家都得借鉴其他学科的专家的成果。历史学家应当从他自身中解脱出来，并努力在他的相异性(altérité)中发现其他的东西。但是，这种发现要以历史学家和历史客体之间的某种一致为前提。如果历史上的人生活的世界与我生活的世界丝毫没有共同之处，如果这两个世界在某种抽象的程度上没有表现为是同一主题的不同变种，那么，前一个世界在我看来就会变得完全陌生，毫无意义。依我之见，要想使整个历史被人所理解，活着的人就必须去发现自己与死者的亲缘关系。在这一分析中，对意义的研究相当于确认作为人类共同体抽象性的构成因素：冲动、范畴、典型处境、象征或价值观念，这种确定为观察者去理解各种“行动”，以及为历史学家去理解逝去的文明提供了必要条件。

承认“理解”(la compréhension)具有多重维度，并不表明人就无法“认识”，它表明的是现实的丰富多彩。在某种意义上，每一个历史片段都是取之不尽、用之不竭的。“每个人本身就具有人类处境的整个形态。”也许，任何一个社会，只要我们能够完全地理解它，那它就能显示所有社会的本质。只要对一场军事战役进行透彻的分析，就足以确定军事战略的准则；只要对一个国家进行研究，就足以得出所有宪法中的不变的内容。人们从来没有详尽地研究过最亲近、最熟悉的“存在”（l'être）秘密。

人的每一种维度的内部又具有另一种多样性。对各种事件进行定位，是理解事件必不可少的步骤。但这种“定位”不管是在对事件进行基本了解，还是全面了解时均没有遇到明确的限制。由此可见，意义是含糊不清，难以把握的。它得根据人们对整体的认识来确定。

希特勒在1940年年底作出的进攻苏联的决定，既可用这样一种战略设想来解释，即在英国在西线战场登陆前打败苏联红军，也可用这样一种政治意图来解释，即摧毁苏维埃制度，使斯拉夫民族沦为劣等民族等等。但后一种意图，反过来又要求人们去了解希特勒的思想形成，去了解希特勒曾经肤浅地研究过的记载斯拉夫民族与日耳曼民族历经数世纪的冲突的文学作品。以一个行动为起点，人们得追溯整个欧洲历史的进程，否则人们就只有停止相关的研究与思考。1939年法德两国在西线展开的战争会把我们带到“凡尔登的瓜分”，还会把我们从加洛林帝国带到各高卢—罗马王国，再从各高卢—罗马王国带到罗马帝国，等等。

人们同样不可能透过历史文献或通过个人的直接体验去掌握“历史的原子”（atome historique）。从事一场战役的数千乃至数百万的兵士，他们中的每个人都以自己的方式生活着。一项条约的文本在物质上确实只是“一件物品”，但其在意义上却是多元的。它的意义在拟定条约的人那里与在贯彻这一条约的人，或许还有怀着矛盾的不可告人的想法在条约上签字的反对者那里有所不同。要把不同的意义整合在一起，需要有一个像“战役”这样的单元。但这一单元只存在于对此进行重新思考的人的头脑中，比如存在于某位历史学家或某位历史人物的头脑中。

在这两种意义中的无止境的退化，并不意味着内容（la matière）从一开始就是无定形的。事件中表现出来的人类的特性（它排除了与自身隔绝的各种历史的原子,而且从未强迫要终止调查),也通过在现实中被勾勒出轮廓的各种整体显示出来。历史学家并非在堆积历史事件的尘埃。组成部分与整体是两个互补的概念。但是,如果把组成部分想像成内容,把整体想像成形式,或更有甚者,把组成部分想像成是别人给定的,而整体是自己构建起来的,那就错误至极。奥斯特里茨大战较之掷弹手的行动或骑兵在战场中间的任务是一个整体,但它较之1805年的战役却只是一个事件。同样,1805年的战役较之拿破仑战争,则又只是一个事件。

在奥斯特里茨大战、1805年战役和拿破仑战争之间并不存在根本的区别。人们可能会说,奥斯特里茨大战一下子就可以被人所掌握,或者说,它可以被单独一个人所理解掌握,而1805年战役和拿破仑战争则不然,事情难道不是如此吗?但是,在这种情况下,马恩河大战所属的范畴与其说与奥斯特里茨大战相同,毋宁说与1805年战役相同。事实上,所有的事件都完全与一个整体一样,涉及到一种时间上的延续和空间上的扩展。由于有本质上的对立,因此任何事件都被人视为是瞬间发生或者是个别的。然而,事情并非如此。

历史的重构所表现出来的这种同质性并不排斥各种差异性,这些差异在人们观察被重构的对象的界限时显得尤其突出。随着"整体"的不断扩大,其轮廓就显得愈来愈模糊,而且其内在的统一性也愈来愈不明显。奥斯特里茨大战的时空单元以及人们以奥斯特里茨大战的名义涵盖的所有行动之间的连贯性,对于当时的人来说是明显的,而且,它们对于历史学家来说也仍然是明显的。在一个更高的层次上,这一历史单元没有被亲身经历其事的人所了解掌握,各组成部分之间的联系也是间接的,模糊不清的。随着人的亲身经历和历史学家的重构之间的差距在扩大,历史判断中的随意性的危险亦随之增加。

军队内部中的人的行为是通过组织、纪律体系,或者说,最终是由军队的首领的计划决定的。战场上的人的行为则是不同计划之间冲突的结果。这些不同的计划有决定着整个军事行动的军队首领的计划，以及每个人都想置别人于死地的战斗者的计划。第一种类型的行为可以通过参照规范或法律去掌握它们的意义，而这些规范或法律本身也是由信仰或实用主义的需要所决定的。第二种类型的行为并不仅仅包括以刀剑或炮火彼此交战。与格斗和体育比赛一样，第二种类型的行为也属于互相碰撞的行为，但从某种角度来看，它们也是被“决定”的。战争很少会摆脱协议的影响，安排往往会被对手们的竞争所取代。政体会确定一些方式方法，统治者与立法者就根据这些方式方法来挑选。它引起个人和团体为权位与职位展开斗争，但也以强制性的法则来努力防止暴力的出现。

基本的差异更多地在于“理想中的整体”与“现实中的整体”之间的不同，而不在于行为的范畴不同。“理想中的整体”指的是由一种宪法或一种学说形成的整体，而“现实中的整体”则指的是由根据这一宪法进行统治以及依据这种学说生活的人所创造的整体。历史学家或社会学家时而把目光对准存在于宪法或学说的理想体系中的文本的特殊意义，时而又把目光对准存在于人的意识中的意义。法学家或哲学家倾向于在其特殊意义中去理解他们的工作，而历史学家则倾向于在其精神的或社会的表现中去理解他们的工作。

这两种解释既不是彼此矛盾，也不是相互排斥的。哲学演绎或司法论证中的环节之间的联系，说到底，与心理学家或社会学家所建立的联系是异质的。前者仅仅对于赞同在形而上学或法理学的世界中寻根究底的人才具有意义。

在奉行某一种信仰的某个时代或社会中，特殊的意义会被人们所感受到。没有一位哲学家是纯粹精神的，他也不可能脱离其时代和祖国。批判性的反省，如果它无法指出特殊意义和实际意义之间不可克服的异质性，它就不可能事先限制历史学或社会学解释的权利。实际上，对一件作品的“根源”进行的研究，既不可能得出其纯粹的意义，也不可能得出其纯艺术的优良品质。社会状态能够解释作品的多种特点,但它绝不可能解释杰作的奥秘所在。

意义的多样性一方面源于整体的不确定性,另一方面则源于历史解释的不断更新引起的特殊意义和实际意义之间的区别。承认意义的多样性,就可以使人防范与“教条主义”结合在一起的“相对主义”的错误。人们首先忽视特殊的意义,而致力于简化哲学著作的意义,使之成为非哲学家即一般人意识中的意义;接着,人们根据其称为占支配地位的事实,如阶级斗争,来解释实际意义;最后,人们赋予已简化为单一维度的人类世界以一种由历史学家宣布的特殊意义。大量的整体,不管它是真实的还是理想之中的,它的存在阻止了狂热,因为后者不承认个人在一个复杂的社会中所扮演的角色的多样性,不承认人活动于其中的各种体制之间的纵横交错。历史的重构必定具有不完善的特点,因为它既永远无法理出所有关系的头绪,又不可能穷尽所有的意义。

解释的这种不断更新导致了一种相对性:解释者的好奇心影响了他对“整体”和特殊意义的确定。这种相对性与人们在涉及事件或作品时表现出来的相对性并不具有共同特点。被人与行动者联系在一起的事件始终会像过去时一样存在,即便社会学知识的进步、范畴的丰富与经验的扩大使得人们对事件产生出一种全新的理解,也同样如此。特殊意义的相对性取决于作品之间的关系的本质,或者说,取决于适合于每个精神世界的“历史性”(l'historicité)。只有既超越这种多样性,但又不致消除这种多样性,意义的统一性才会最终显示出来。

历史的单元

梅洛—庞蒂在《人道主义与恐怖》中曾说:“历史哲学假设道,人类历史并不是一些并置,但相互独立的事实,如个人的决定与冒险、观念、利益、制度等的简单相加,而是一种以同时和连续的方式向能赋予‘整体'(l'ensemble)以意义的特权状态运行的'总体性'(la totalité)。"[①]诚然,历史决不是"一些并置但相互独立的事实的简单相加",但是,难道它就是"处于同时性当中的总体性"吗?一个社会的各个组成部分是彼此关联、相互影响的,它们并没有构成一种总体性。

经济事实、政治事实和宗教事实之间的分离是由学者的概念或劳动分工的必要性导致的。使没有偏见的观察家产生强烈印象的首项已知条件,就是它们之间的互相依赖。历史学家研究的起点既不是事实的排列,也不是所谓的"总体性",而是一些整体与关系的错综复杂的汇合。生产工具、劳动组织、财产与交换的法理形态以及经济制度属于经济史的研究范围,它们一方面与慢慢地从哲学和宗教中脱离出来的科学有联系,另一方面又跟保护法律的国家有联系。从事商业贸易、耕种土地与操纵机器的人,就其本质而言,仍然是些有信仰、能思考和会做祷告的人。各个部门之间的相互依赖(这方面的研究需要各学科的相互合作)使人们得以在科学劳动的层面上,模模糊糊地看到一种统一性。人们怀疑,甚至对于那些简单的社会,人们是否能让一种能够派生所有的生活方式与思想方式的"独特的原则"得以显露(当涉及到一种人类的存在时,同样的疑问也会出现)。复杂的社会既是结构紧密的,同时又是复合的。在复杂的社会中,既没有任何部分孤立存在,也没有任何整体能构成一种具有明确的单义性意义的全体性。

那么,人们如何才能够超越互相依存的统一性呢?这里,首先有这样一种假设,根据这一假设,人类现实中的一个领域(un secteur)或一种人类活动"决定着"人类现实中的另一个领域或其他的人类活动。例如,生产关系构成了政治制度和意识形态所要依赖的基础。

在认识论的层面上,如果一种理论含有这样的意思,即认为经济决定着政治或观念,同时却不会反过来受到后两者的影响,那么,这种理

① 第165—166页。

论将是不可想像的。我们还可以这样说,这种理论是矛盾的,而且无论怎样均无法与直接的观察相一致。经济事实不管是在物质上还是在概念上都不可能被如此孤立起来看。它们包括生产资料(其中又包含科学与技术)、生产关系(也就是劳动的组织)、财产制度方面的立法、阶级的区别(这同时也由人口的规模、等级制度以及声望的形态所决定)等等。经济事实内部各种因素的相互作用使我们无法设想，经济事实能够在决定其他事物的同时本身丝毫不受其他事物的影响。各种社会领域或人类活动之间的互相依赖是一个不争的事实。

由此，人们就不能够赋予经济基础和上层建筑之间的区别一种哲学上的意义。那么,两者之间的明确界限又在哪里呢?在对社会的研究中,把劳动的组织,而不是宗教信仰作为出发点,可能更为方便一些。那么,又该如何"先天地"或"后天地"肯定,人根据其劳动的方式来思考世界,而劳动方式却未曾受到人对世界的想法的影响呢?

个人或者团体为了继续生存,就应当与大自然进行斗争,并从大自然中获取其生活资源。鉴于这一原因,经济功能就具有了某种优先权。但是，由于最简单的社会也历来是根据不可克服的对效率的信仰来组织的,因此,这种优先权既不等同于一种片面的因果性,也不等同于一种"原动力"(primum movens)。

那么,这种优先权在经验层面上的意义是什么呢?已进入某种技术经济时代的社会的共同特征是什么呢?蒸汽机、电力和原子能发明前后分别存在的社会之间的区别又是什么呢?这些问题属于社会学的领域,而不是属于哲学的领域。

根据可自由使用的生产资料来确定社会类型,也许并非不可能。研究原始史时期或史前史的专家们本能地赞同这方面的观点，因为他们就是根据被使用的工具和主要的活动来划分时期和群体的。当涉及到复杂的社会时,人们会从一种特定的技术状态中引出不可避免的结果,并由此定出一个各种政治的、意识形态的变种都身处其中的"框架"。

此外，人们尚未证明，经济事实在各个历史时期均占支配地位。马克斯·舍勒曾经提出，血缘至上、武力至上和经济至上标志着人类历史的三大时期。在民族国家与帝国出现之前，血缘纽带巩固了一些狭小的共同体。如果人们假设生产资料近乎恒定不变，那么，事件首先是由政治来支配的。武力既能建立起国家，又能摧毁国家，它书写着光荣与鲜血交织而成的编年史，在这一编年史当中，军事首领占据着首屈一指的位置。在现代，经济考虑变得举足轻重，这是因为处在不断变化之中的技术已成为衡量个人和团体财富的主要标准。

这样的命题所构成的并不是哲学上的真理，而只是假设性的概括。它们与下述观念并不矛盾，即认为集体资源的总量使社会组织可能出现的变化的界限固定了下来。

跟历史中的多种因素的效力有关的理论，只会得出一些相当模糊的公式。而且，这些公式既很少能够得到证明，又从不可能对深究各种关系的复杂性有所助益。

人们不能够把变革的根源或社会结构的成因归因于某一种类型的现象。没有人能够肯定，电气或电子机器的发明、原子能的使用就不会对文学或绘画的精妙的形式产生影响。但是，人们也同样不能够就此肯定，文学、绘画或政治制度的事实上的“本质”是由技术、关于所有制的法规或阶级关系“决定”的。人们之所以没有事先规定行动产生的原因，并不是这些“原因”是排他的或不可抗拒的，而是因为它是完全混杂在一起的。一个社会既可以在其文学中得到表现，同样也可以在其生产能力中得到表现。社会的缩影可以反映整个社会。但是，只要人们还不是以一个“独一无二的问题”去界定整个一切，只要社会还不是根据一项无所不包的方案来计划的，那么，要想理解掌握整个社会，就必须参照多种不同的观点。

况且，与社会学家或哲学家不同，历史学家更多地是在历史个体、民族和文化的独特性中，而不是在一种享有优先权的“原因”中寻求统一性。那么,历史个体是什么呢?人们能够透过历史个体的时代与独特性去掌握统一性吗?

在20世纪之初,没有人会否认欧洲民族的现实。但是,这一现实是模糊不清的。在英国、法国或西班牙的语言和文化的同质性远未达到完全彻底的程度。好几个用语言、生活方式或文化来界定的民族,在20世纪中叶,并未拥有一个属于它们自己的国家。在拥有自主权的民族国家中,公民的生活与统治者的决策是受外部事件影响的。借用阿诺德·汤因比的话来说,民族无法构成一个可以理解的研究领域。法国的变化与英国或德国的变化无法分开,它的变化并不是一个独一无二的灵魂的表现,至少,这个独一无二的灵魂的表现是在对话与交换中不断地显示出来的。用抽象的概念来说,关于历史的统一性,人们会提出三个与它们的"独立性"、"严密性"和"独特性"程度相关的问题。后两个问题尤其涉及到民族类型的统一性,而第一个问题在人们涉及汤因比的可以理解的领域时具有决定性的意义。

对于这三个问题,奥斯瓦尔德·斯宾格勒的回答是肯定的。每种文化与有机体一样,有其内在的发展规律,并无法避免地朝着其目标前进,直至自我灭绝。文化无法从外部接受任何会改变其本质的东西。文化的本质显示了文化的灵魂,后者与所有其他的事物没有任何相似之处。在其从生到死的过程中,文化的灵魂衍生出了多种具体的文化象征。斯宾格勒的这一断言与事实相差甚远。除非只不过是进行一个模糊的对比,否则,把文化与有机体混为一谈,就会显示出一种糟糕的玄学。强调每一种文化中像数学一样的科学的原创性,根本否认知识的积累或增长,就会重蹈无视明显事实的覆辙。否定各种文化彼此之间产生的影响也是非常轻率的行为,因为各种文化之间彼此"借用"生产工具、思想观念和制度也是不争的事实。严格地说,斯宾格勒《西方的没落》的中心论点已否定了自身。它使得它所宣称要实现的愿望变得不可能实现。

阿诺德·汤因比使对这三个问题的答案具有细微的差别。在《历史研究》的卷首,与民族不同,文明被确定为可以自行说明问题的研究范围。随着该书的不断发展,文明之间的接触以某种方式显露了出来。最后,至少就发展的自主性而言,各民族与文明之间的差别与其说是性质上的,毋宁说是程度上的。各种文明的内在的连贯性(la cohérence interne)与其说得到了论证,毋宁说只是得到“肯定”而已。汤因比还多次强调,文明中的各种不同成分彼此之间是互相关联的,人们不可能在不影响其他成分的情况下去改变某种成分。但是,这里所表示出来的更多是互相依存,而不是和谐一致。在每一个时期,文明都保留着借自过去、与时代精神并不一致的成分。一种文明会接受另一种文明所创造的制度或成果。那么,古代的文明与西方基督教的文明,或者还有东方基督教的文明之间的界限该定在哪里呢?基督教与技术时代之间的联系又是什么呢?

由于汤因比没有清楚地显示每种文明的独特性,因此他很难揭示出各种文明的内在连贯性。那么,文明的独特性又应当根据什么来界定呢?汤因比在其著作中认为,应当根据宗教来界定。在某种特定的情况下,人们并没有觉察到这种有特殊意义的宗教。例如,有哪种非同寻常的宗教是日本所独有,使得日本有别于中国呢?当人们在两种欧洲文明,即西欧的基督教文明和东欧的基督教文明中觉察到这种有特殊意义的宗教时,汤因比却从没有能够从信仰中提取“独特的精神”,并无法从历史个体的存在或命运中推断出独特的特点。人们无法知道,宗教的这种明显的优先地位究竟是因果顺序使然,还是各种不同的人类活动之间的解释所建立的价值秩序使然。在《历史研究》的最后一卷中,汤因比暗示,在历史的视野中,各种文明会与一种世界性的教会(une Eglise universelle)融为一体。由此,他这位斯宾格勒的门徒转变成了波舒埃(Bossuet)的继承人。

只要人们排除斯宾格勒的两种形而上学的公设——有机论的文化的形而上学,对精神和真理的普遍性的独断主义的否定——通往人类统一道路上的障碍就会不复存在,文明的发展的自主性、内在的连贯性以及独创性就会继续存在,并在事实当中凸显其轮廓。不过,即便如此,它也不会达到只显示一种单义的意义的程度。文明在本质上与其他历史个体并没有什么不同,只不过它与那些范围较小一些的“历史整体”相比,更多一些自主性,而更少一些连贯性;更多一种并列性,而更少一种“总体性”。

这种否定的结论酷似一种将可能被直接肯定的命题。后者把历史视作“个体的存在”(l'existence individuelle),认为这种个体的存在既没有可以用全凭经验的方式观察到的单元,也没有真实的或意义上的“单元”。个人的行动寓于无数的整体之中。我们的思想远非仅局限于自身,它包含了数个世纪以来的遗产。在存在的从头到尾的过程中,人们会重新找到一种独特的、不可替代的特征。不过,这种特征往往是只可意会,不可言传。通过把事件与人物联系在一起,传记揭示出了一种个性的相对的稳定,或用更中性的概念来说,它揭示了一种人的反应模式,并为一种“单元”创造了美的印象。这一点与心理学家或心理分析专家所做的工作相似。埃克斯地区的一位小资产阶级同时也是名叫塞尚的画家,这是一件可以感受得到的事实。在此,人与艺术家的统一并非是虚幻的,但它几乎是难以捉摸的。

一种集体历史的各种因素,其相互关联的方式与个人命运中的各种插曲的相互关联的方式是相同的,只是后者涉及的范围要小一些而已。人们往往从某一社会的基础出发来理解社会。例如,根据劳动的组织来理解信仰的结构。这样一种理解方式可能不会遇到难以克服的困难,但它同样也发现不了从一个环节到另一个环节之间的必要的连续性。

换言之,一旦脱离了对价值观念或对人类活动的等级的确定,意义的“单元”就不可想像。马克思主义者把“经济因素”想像成能带来这种统一性的因素,此举混淆了“因果的优先性”与“利益的优先性”。每当人们向他们展现“因果的优先性”的界限时,他们就会暗暗地求助于“利益的优先性”。斯宾格勒曾设想过这种意义的单元,但他只有借助一种生物学的形而上学,才使这种意义的单元显得像是真的一样。最后,汤因比试图通过“经验主义”的方式,重新获得与斯宾格勒学说相当的东西。然而,事实上,各种文明的自主性、连贯性与独特性却在这种研究的过程中逐渐地分离。如果他所探寻的历史最终保留了一种确定的结构,那是因为这位历史学家已经逐渐地变为哲学家,并用帝国与教会、尘世之城与上帝之城的辩证法去指导和组织历史的叙述。

在上帝看来,每种存在实际上都呈现出一种意义的单元,这是因为任何事物(或者说是我们所注意的任何事物)均与创造物与造物主之间的对话以及蕴含着灵魂的救赎的戏剧有着联系。存在主义的心理分析在每种意识自身所作的抉择中假设出了一种类似的单元。这种单元并不是某一种行为的单元——意识本身始终能自由地重新开始——而是整个存在所梦想的意义的单元。这一单元还被观察家们所一再思考,后者在思考时参考了一个惟一的问题,这一问题在无神论的哲学中相当于救赎的问题。由此,人类伴随着时光流逝而进行的冒险就只有在下述范围内具有一种“意义”,即所有的人都在集体地寻求实现自身的救赎。

上述学说的更替所反映出来的逻辑表明:历史哲学乃是神学的世俗化。

论历史的目的

社会科学完成了哲学的最基本的步骤。它们用现实中的某一方面来代替未经考虑的事实,代替用于直接观察或出现在文献之中的无法统计的行为。这里的“现实中的某一方面”是由某一问题来限定的,而这一问题本身又是某种活动的组成部分。此处的活动既可以是经济活动,又可以是政治活动。前者指的是人类与大自然进行斗争,力图使人类集体拥有生存的手段,克服最基本贫困的行为;后者指的是以形成一个能有效地组织起共同的人类生活,确定了合作与命令的规则的社会为目的的行为。

上述关于经济活动、政治活动的区分是不符合实际的。任何旨在创造或增加群体的资源的活动均包含着政治,因为它需要有个人与个人之间的合作。同样,政治秩序也包含着经济方面的问题,因为它要在社会成员之间分配财产,并要与一种共同的劳动方式相协调。

由历史哲学所提出并颇为流行的一些提法,如人类对大自然的控制以及人与人之间的和好,都得回到一些原始的经济和政治问题上来。用政治和经济术语来界定的"赋予整体以意义的特权状态"将会与从根本上解放社会的问题,或与历史的目的混同起来。

如果说从科学中演绎出来的技术是理性的,那么,人类社会从来就不是理性的。"文化"赋予社会行为和制度,比如家庭、工作、权力或威望的分配的无数种形态,这些形态与形而上的信仰或传统所赞同的习俗密切相关。不同的现象种类之间的区别(比如在原始社会当中)是由观察者的哲学所导致的,但是这种区别又是可能被赋予的,因为家庭始终得服从复杂而严格的规则,日常习俗始终有规则可循,而等级制度往往是由一种世界观所确认的。

在习俗的层面上,多样性像可以感知的事实一样必不可少。人们不明白该如何去界定"特权的状态"。家庭的多种形式并未禁止自然法的观念,而只是把自然法的观念置于一种抽象的层面上,以使用全凭经验的方式观察得来的多样性显得正常。历史的终极目的不会是一种可具体界定的家庭状态,而是一种并不与规则排斥,且与人类的基本人性不可分离的多样性。

对植物、动物和诸神的信仰,完全与对家庭和国家结构的信仰一样,会对生产力和生产关系产生影响。标志着经济冒险的终结的"特权状态"必定会被剥夺所有"文化的"特征,并被剥夺所有与某一特定社会相关联的东西。同样,一种确实是具有普遍性的信仰会用一种历史的语言来表示自己,并且跟许多偶然因素混合在一起。

这种“特权的状态”究竟是由什么组成的呢?它又如何能够与那些评判制度,但又不代表正确定的制度性秩序的抽象价值观念区别开来呢?

有一种新的事实曾经激励人们理性地去接受并复述神学的历史目的的概念,这一新的事实就是技术的进步。没有一位哲学家像托洛茨基那样去召唤下一个环节的到来,在这一新的环节中,富足的程度足以使分配的问题自行得到解决,良好的教育以及对明天的确信足以限制每个人的提取量。但是,这些哲学家都会想像到,科学与生产手段的发展将改变生存的基本条件之一,集体的财富会使人不用去剥削他人。而绝大多数人的贫困也将不是少数人穷奢极欲的条件。具有更好的内涵的人性不会阻止人性在所有人当中的扩展。

富足既不是不可想像,也不是荒谬可笑的。经济的进步,诚如我们从最近两到三个世纪中观察到的那样,大致可以用生产力的增加来衡量。在一小时的工作时间里,工人生产出了更多的财富。这种进步在第二产业即工业部门中最为迅速,在第三产业(运输、商业和服务业)中则较为缓慢。在第一产业中,发展速度似乎在达到某一点后就开始放慢。至少我们得承认,收益递减法则仍在农业中起着作用。因此,要想达到富裕的程度就得对人口的规模有所限制。我们得承认,除了稳定的人口,以及能满足所有人的需要的农业,富足还要求有相当数量的制造产品的供应。不少人会试图答道,这种愿望本质上是无穷无尽的。但是,假设他们是错误的,假设人们对次要物品的需求是可以被满足的,那么,在这种情况下,本质上是无限的“愿望”的概念应当被保留给第三层次的需要,亦即与第三产业有关。在这一最后的产业中,既然它们包含着娱乐的愿望,那么,这些愿望又怎么能够被满足呢?

即便能想出多种多样的假设,如人口的稳定,次要需求得到满足,对工作的诅咒仍然不会消除。因此,应当共同承担必不可少的工作,均等地分配收入。但是,均等地分配收入在面对奢侈品时,依旧是不平等的。

让我们回到现实中来吧。从历史上看,任何社会都没有满足过人们的第一需要和大部分的第二需要。这一目标没有超越美国的历史视野。确实,美国拥有的人均可耕地的面积要大于其他国家,而人口密度不高又有利于它接近相对富足。尽管如此,美国的经验仍然只是对经济前景的预测提供了一种可能性而已。

在当今世界,不光是有革命性的或充满核威胁的发明创造,技术进步有可能确保所有人都具有体面的生活条件,因此,它也包含着提高人的文化素养的可能性。由化学家“制造”的合成食品,由物理学家“制造”的替代性原料,以及用电子机器取代普通的机器,对于这种“富足”,人们将付出不小的代价。在工厂里实现的胜利,亦适合于减少工业社会的束缚和服务。正如人们在20世纪中观察到的那样,从比例上看,先进国家中的经济进步产生得更多的是雇员而不是工人。一个雇员的社会并不必然要与自身“协调一致”。

某些社会学家①提出并宣扬“静态社会”的观念,认为这种形态的社会多少符合当今的经验所能想像的经济进步的终极目标。这种观念没有改变社会所面对的“经济问题”的本质。例如,为了投资必须要窃取工人的部分劳动成果;又如,有必要分摊利益与待遇并非全然相等的工作;再如,有必要维持一种严格的纪律并获得对技术官僚等级制度的尊重。若把这种乌托邦思想放得更远来看,人们可能会设想,从事体力劳动将不再仅仅是少数人的无奈之举,相反,每个人都可能在工厂里度过其一天或一生中的若干时间。由此,我们在不用超越人类可能性的界限的情况下,就超越了历史境域的界限。甚至在这种极端的假设中,当今

① 让·弗拉斯蒂埃。

经济生活中所必需的某些要求也将被减弱(在静态社会中,不再有加速生产力发展的问题,人们只要维持已有水平即可),但任何要求都不会被消除。

与在绝对富足的政体中发生的情况不同,“经济问题”不可能得到根本解决。收入将要以货币,而不是以在工作地点抽取的财产来分配。支付薪酬虽与需求挂钩,但某种奖金仍然还是必须的。技术知识的训练虽然向所有的人都敞开,但由于个人的天赋以及他们在社会中得到的工作不同,个人与个人之间的不平等仍将继续存在。

静态社会也无法从根本上解决“政治问题”,后者的症结在于调和人人平等与人的社会角色的不平等。由此,其基本任务与当今的任务亦相差不多。例如,去说服人们承认他人的优越之处,但不至于使人们有屈辱之感;为了分配国民收入,缓和个人与群体之间的对立状态,力求避免出现尖锐的斗争。在这里,经验告诉我们,半富有者(demi-riches)的要求往往最为激烈。人们不仅为了奢侈生活、强权而斗争,而且还为观念而斗争(他们在为观念而斗争的方面所表现出来的激情绝不逊色于在追逐金钱时所表现出来的激情)。人们可以调和各种利益,但无法调和各种哲学。

如果假定每个人都能确保其生存,那么,集体生活中就似乎不再会有剥削之类的事情,其始终受到的来自外部敌人的威胁也将不复存在。国家之间生活水平的不平等这一在20世纪具有决定意义的现象将随之消除。但是,国界标是否因此就可拔除掉了呢?各国人民是否就会感到彼此皆为兄弟了呢?在此,有必要提出第二种假设,即由于国家的消亡或世界帝国的到来,人类将不再分裂成主权国家,而是以和平相处的方式融为一体。这种假设并非由第一种假设,即相对的或绝对的富足推演而来。部落、民族或帝国之间的争端皆以多种方式与阶级之间的争端联系在一起。种族仇恨延续了阶级差别,各个社会即便在对战利品无动于衷时,还会不停地互相冲突。因为,对权力的渴望与对财富的渴望一样原始。

人们把政治问题的“根本解决方案”设想成经济问题的根本解决方案。他们甚至可能找到与“稳定社会”和“绝对富足”之间的区别相等的东西。在政治的稳定状态中,在社会的内部,所有的人都在里面各司其职。统治者不必诉诸武力来统治,而被统治者在服从统治权力时也不会有屈辱之感。在各个集体之间,和平会取消彼此之间的界限,维护个人的权利。国家的普遍化、公民的同质化与“绝对富足”是相对称的。这些概念虽然并不互相矛盾,但它们却超出了历史的界限。它们假设共同生活的已知条件有了根本变化。

技术进步有赖于科学的发展,也就是说,有赖于应用于发现自然界的理性。除非我们预设某一恒定的人口水平(这也意味着人的理性主宰着人的本能),否则,科技进步便不可能带来相对的富足。同样,除非我们假定人们能够互相承认其共同的本质以及社会的多样性,换言之,在每个人身上,理性能够抑制反叛与暴力的倾向,否则,科技进步便无法保证个人、阶级或民族之间的和平。在这个地球上,只要极少数穷奢极欲之徒仍在羞辱贫困的大多数人,人类就不可能彼此融洽。但是,资源的增加和不平等的减少并没有改变人与社会的本质, 前者仍是有等级的,后者仍是不稳定的。对自然界的胜利只是使理性有可能支配激情,但并没有确定理性对激情的支配。

根据上述界定,历史的目的的概念既不会与抽象的理想(如自由、平等),也不会与具体的秩序混同。习俗,就其最宽泛的含义来看,既未提出问题,又未提出解决方案。任何政体都会始终具有历史偶然性的特征。在形式的、被孤立的价值观念的抽象性与每一种集体生活的特殊性之间,历史的目的的概念会有助于建立起一种条件,而有了这一条件,人们就能够同时满足我们对于一个社会的众多要求。历史的目的是一种理性的观念,它并不是在个人身上,而是在穿越时光的群体的努力上显示自己的特色。只要自称是理性的,“历史的目的”就是人性的“投射”。

历史与狂热

循着历史解释的各个阶段,我们谈到了"历史(或史前史)的目的"的概念。关于这一概念的一些表述,与"能赋予整体以意义的特权状态"之类的表述可以等量齐观,而且多少有点被形式化。在前一章中,我们已经勾勒了信徒和圣职人员的哲学的概况,上述分析使我们得以深化我们的评论。

人们"设想"了集体生活问题的根本解决方案,却不管这一方案是否能够实现。然而,人永远有一种被诱发的倾向,这种倾向使得他以一种抽象的提法,比如平等或博爱,或者以一种既特别又平常的"现实"作为解决矛盾冲突的途径。

如同我们已经看到的那样,梅洛—庞蒂先生依次犯了这两种错误。"承认"的观念,除非要求在那些互相承认的人之间有社会的同质性,否则,由于沉缅于自身,它就像"自由"和"博爱"的观念一样空洞。在这种情况中,士兵与军官之间、工人与经理之间的相互承认是不可能的,这样的社会也将是不人道的。

为了赋予"承认"的概念某种内容,梅洛—庞蒂分别援引了两类标准。这两类标准有的过于具体(如公共财产),而有的又过于不确定(如群众的自发性,国际主义)。

在斯大林的哲学中,"特权状态"或"最后的结局"没有分解成一种理想,而是退化为一种平庸的事件。在正统分子看来,一旦共产党取得政权,"决裂"就已大功告成,人们就已走上了通向无阶级社会的道路。事实上,任何问题都没有得到解决。在革命之后,同样有必要进行积累,收入依然不平等,仍需要鼓动大家努力工作,劳动纪律继续存在。但是,在正统分子看来,工业文明所有的束缚性的事物都已经改变了意义,因为无产阶级占据了统治地位,因为人们正在建设社会主义。

圣职人员和信徒把一种理想或者一个插曲与一项既迫在眉睫又颇

为神圣的目标混淆在一起。由此，他们以漠不关心或蔑视的态度抵制“智慧的规则”(les règles de sagesse),这些“智慧的规则”是政治家为了有利于集体,为了抑制利己主义和个人的激情而刻意制订出来的。对权力的限制、各种力量之间的制衡、司法的保障,这些政治文明的成果虽然谈不上始终十全十美,却是历经许多时代缓慢地取得的。而今,这些人却以梦游症式的从容将它们统统推翻。为了所谓的为革命服务,他们接受了专制的国家,并对党的多样性和工人组织的独立性漠然置之。他们对律师欺凌其委托人、对被告“承认”想像出来的罪行并不感到气愤。因为,只有“革命的正义”才能从根本上解决共存的问题,而“自由派的正义”只会被用于不公正的法律,事实难道不是如此吗?

那些在历史中行动而且并不知道历史结局的人，有时面对一项合乎其愿望的事业时会犹豫再三,担心为此付出的代价过于高昂。而圣职人员和信徒却无视这种顾忌。崇高的目标可以为恐怖的手段开脱。这些革命者在审视现实时,往往摆出一副道德主义者的架势,但他们在行动上却是犬儒主义的。他们曾斥责许多事情,比如警察的粗暴、不人道的生产节奏、资产阶级法庭的苛刻，以及对于那些犯罪事实尚未确定的“罪犯”的起诉。在他们眼中,没有一件事情是合乎人性的。因此,任何事物都无法满足他们对正义的渴望。但是,一旦他们决定加入一个跟他们一样毫不留情地反对现存混乱状态的党的时候，他们就会以革命的名义去宽恕一切他们先前曾不知疲惫地进行谴责的事情。革命的神话在道德上的不妥协和恐怖主义之间架起了一座桥梁。

没有东西比这种严格与宽容的双重游戏更平常的了。在当代,历史偶像崇拜即便不是这种双重游戏的思想根源,那也是其表现形式。在为实现历史意义的借口下,人们低估了对思想和行动的束缚。

我们往往赋予一项行动多种意义,这并不表明我们的无知,而是我们知识的局限和现实的复杂性使然。正是通过探究一个本质上含糊不清的世界,人们才有机会得到真理。人的认识不可能尽善尽美,这并非因为我们缺少无所不知的本领，而是因为认识对象蕴涵的意义丰富至极。

我们在判定一种社会秩序时,必须以价值的多元性为基础。这种价值的多元性并不要求人们作出根本选择。人们放弃具有充分的多样性的习俗,同时为了理想去要求一种普遍的有效性,而经济制度或政治制度就处在这两者之间。它们既不像习俗那样变化无常,也不像人权的原则那样得服从某种变化。它们不允许人们去赞同无政府的怀疑主义,这种怀疑主义认为,所有社会都同样值得憎恨。它们也谴责想去掌握人类社会的惟一奥秘的意图。

“经济问题”和“政治问题”的解决方案可以被人理解,因为人们能够确定两者的恒定不变的已知条件。但是,这种恒定性不允许人们作出这样的想像,以为人们能够在瞬间从“必然的领域”跳跃到“自由的领域”。

根据启示宗教的说法，历史的目的可能来自于灵魂的归依或上帝的意旨。相对的或绝对的富足、集体与集体之间的和平相处、被统治者自愿服从统治者,均难以逃脱某种限制。当人们在度量“本然”(ce qui est)和“应然”(ce qui devrait être)之间的距离时,会把自己看到的现实与最终目标进行对比。由于有了这样一种对比,人们才有机会合理地进行选择,但在这里有一个条件,即我们从不会把我们的历史选择的对象与根本解决的观念混为一谈。

这种观念能够抗拒犬儒主义或自然主义的意识形态，这些意识形态把人视为动物,并教导人们把人作为动物来对待。同时,这种观念使我们有能力谴责那些本质上否定人性的制度。尽管如此,它依然无法明示,某个时期、某种社会秩序具体应该是什么样的,也无法明示,在某一特定时刻,我们的义务该是什么。

政治抉择的基本的历史性既不是建立在对自然权利的拒斥上,也不是建立在事实与价值观念的对立、伟大文明之间的互不相容以及无法与拒绝讨论者对话的基础之上。我们承认在历史进程中有更高级的权利原则，排斥那些渴望强权并毫不在乎自己的骗人把戏有没有被揭穿的对话者，忽视无法沟通的各种文化的特异性。政治选择仍然与特定的环境不可分离，这种特定的环境有时是合乎情理的，但从来没有被论证过，并且从来不具有跟科学真理或道德命令相同的性质。

“证明”（preuve）的不可能性与令人不快的社会存在的法则以及价值观念的多样性有着密切联系。为了增加生产，应当鼓动大家努力工作，为了迫使喜欢吵架的人和平相处，应当建立权威的机构，这些不可抗拒的必然性标志着我们所经历的历史与我们所设想的历史的目标之间有着差距。上述的工作或服从，若不是出于强制，则与人类的命运并不对立。然而，在任何社会，在任何时期，暴力始终具有它的作用。在这一意义上，政治始终是坏处最少的暴力。只要人依旧像现在这样，政治将继续如此。

过分乐观往往是一种思想错误产生的结果。宁愿选择计划经济，而不是市场经济，这样做无可厚非。然而，那些期待计划经济带来富足的人，在关于官员的效率以及可自由使用的资源的问题上犯了错误。宁可采取一党专政的权威，而蔑视决策缓慢的议会制度，这样做并不荒谬可笑。然而，那些指望通过无产阶级专政去实现自由的人在人们对此会如何反应的问题上犯了错误，并且低估了权力集中在少数人手里后会产生的不可避免的后果。人们可能把作家转变成灵魂的工程师，并使艺术家为官方宣传效劳。那些对已成为辩证唯物主义的俘虏的哲学家和为社会主义现实主义效劳的小说家缺少天才这一事实感到惊讶的人，误解了创造的本质。伟大作品的特殊意义从来就不是由“国家的主宰者”操纵而成的。各种历史的偶像崇拜之所以会使破坏现象进一步加剧，并不是因为它们得到了好的或坏的情感的推动，而是因为它们有错误的观念。

处于变动之中的人类现实具有一种结构。任何行动皆寓于各种整体之中,个人则与政体密切相关,而观念则会组成学说。任何人都不能把从自己对事件的解读中任意推演出来的意义强加到别人的行为或思想之上。定论从来就不存在。任何人都不应对自己的对手妄加评判,好像自己的事业与终极真理是一回事。

对历史有真正的认识会使我们时时记得宽容,而错误的历史哲学则只会传播狂热。

*　　*　　*　　*　　*

归根结底,我们所费神探讨的问题可归结为:历史究竟有没有意义?对于这一问题持肯定态度的人有两类。第一类人的回答是直截了当的:只要人们在历史中发现一种共同的思考和反应模式,历史就像人的行为和工作一样,是可以理解的。

第二类人则认为,历史显然是有意义的。人们通过把事件置于整体之中来进行理解。而在理解一件作品时,则会为距离或远或近的观察者要么抽取出创作者的灵感,要么抽取出创作的意义。一如人的好奇心的取向或现实的维度是多种多样的,意义也是多方面的。说到底,真正的问题针对的是独特性。每个历史时刻都有多种意义,那么,难道整个历史只可能有一种意义吗?

人们应当加以克服的多样性是由三部分组成的,即文明的多样性、政体的多样性和人的活动(艺术、科学、宗教)的多样性。

要想克服文明的多样性的条件是,有朝一日所有的人都属于一个单一的巨大社会;克服政体的多样性的条件是,有朝一日人们能够根据人性的"规划"来组织集体生活的秩序;克服活动的多样性的条件则是,有朝一日一种放之四海而皆准的哲学能够确定人类命运的方向。

人类最终能够建立一个与人类的持久要求相一致的世界性的国家吗?这一问题的答案取决于未来的事件。因此,我们在回答时尚无法独断地予以肯定或否定。如果人类有一种天职,如果各个社会不是依次更迭,而是由于互不通融从而显示为研究中出现的递嬗阶段,那么,政治变化有一种意义就足够了。

这一世界性的国家能够解决历史之谜吗?在那些认为人类除了合理地开发地球外别无其他目标的人看来,回答是肯定的。而在那些拒绝把社会存在与灵魂的救赎混为一谈的人看来,回答是否定的。不管对于这一问题的答案如何,答案的来源不是对过去的认识,而是哲学的沉思。

说到底,历史具有我们的哲学赋予它的意义。如果人是纪念性建筑物的建设者,并且为创作难以预料的、崇高的形式和图景搞得精疲力竭,那么,历史就是"想像的博物馆"。如果只有对大自然进行无休止的开发才能使人脱离动物的层面,那么,历史具有"进步"的意义。由哲学家赋予历史冒险的意义确定了基本变化的结构,但它并不能确定未来。

知道人类究竟在寻求什么的是哲学家,而不是历史学家。告诉我们人类已经发现了什么,以及明天可能还将会发现什么的是历史学家,而不是哲学家。

第六章

必然性的幻觉

梅洛—庞蒂在《人道主义与恐怖》中指出："惟有一种人类共存的逻辑存在，历史才有意义。这种逻辑并未使任何人类的冒险变得不可能，但它至少像经过自然选择一样，淘汰了那些无法符合人类的永恒需求的事物。"①

行文至此，我们已经把决定论或预测的问题（人们会把这些问题与终极意义的问题混为一谈）搁置一边。假如有人界定出一种符合人类的永恒需求的"存在"，那么，他们是否就有权利宣称这种存在必然会实现了呢？

人们完全可以承认，未来是可以预测并且是事先被确定的，然而它又与"人类的永恒需求"相背离。人们也可以设想，我们能够知道人与人之间的关系将会变得如何，然而并不因此就可以肯定或否定道，事件本应会消除那些"会造成牵制的冒险"。

同时接受"意义"一词的两种含义，极易造成混乱。因为有人试图一方面确立走社会进化的方向，另一方面又想建立起能实现我们的理想

① 第166页。

的“特定状态”,已经世俗化了的关于历史的神学假设在这种进化与我们的理想之间有协调之处。尽管这种假设极不理智,但这些神学应当把它们的成就归因于这种假设。

有人曾提出,存在着一种为实现自己的目标而利用人类激情的“理性的诡计”(Ruse de la Raison),那么,人们通过观察会重新发现这种“理性的诡计”吗?利益或经济力量决定论真的会不可抗拒地通向合理的结局吗?

偶然的决定论

让我们再次引用前面的章节所举的例子。凯撒渡过了卢比孔河,奥地利的大臣们向贝尔格莱德方面下了最后通牒,希特勒下令发起巴巴罗莎行动,上述行动只要与行动者的计划以及行动者置身的处境联系起来,都是可以理解的。出现在记载当中的流行的解释,揭示了这些行动的动机、动力以及相关决策所由产生与实施的环境。有时候,在能通过负责人的意图或相关局势阐释事件的情况下,历史学家倾向于谈论事件的原因。最好还是以易于理解的言语进行谈论。

在此,我们必须提出另外一个问题,即当时凯撒、奥地利的大臣们以及希特勒是否有可能作出不同的决定?此举并不意味着对决定论的原则提出质疑。有人主张,“此一时刻”的世界形势无法使“彼一时刻”的世界形势与原先有所不同。这种主张自然不属于纯粹的历史问题的范围之内。此外,人们还将提出这样一些问题,即凯撒、奥地利大臣和希特勒的决策可以通过相关局势突出其意义来吗?如果当时是其他人处在其位置上,并采取了不同的决策,那么,历史事件的进程是否就会全然不同了呢?人们是否能够证明,由奥地利的大臣或希特勒作出的决定所产生的后果在时间方面受到了限制,以至于到最后,不管当时作出何种决定都是一回事了呢?如果1914年的世界大战晚五到十年爆发,其结局会与现在这种结局相同吗？列宁和托洛茨基领导的俄国还会取得胜利吗？

我们对上述这些问题的回答采取了否定的形式（比如，人们不可能证明……）。但也有人以肯定的辞语来表述与之相同的观念。一桩事件，只要它是某个人的行为的结果，那么，它在显现局势的同时，也会显现出这个人。关于行为者的心理学反映出了行为者所接受的教育以及社会环境对他的影响，但是，在某一特定时刻作出的决策却并非这种教育或社会环境影响下的必然结果。即便这位行为者身居高位，其行为足以影响整个社会，他也同样不会严格地受其环境限制，一系列不确定的事件往往根源于个人的主动性。

政治史、战争史和国家的历史，既不是不可理解的，也不是全由偶然因素所造成的。要理解一场战役，与要理解军事制度或生产方式一样困难。历史学家从来不会把民族的兴衰归因于惟一的命运。但是，军事失败并不总是证明帝国的腐化堕落，例如，来自外部的入侵曾摧毁了一些繁荣的文明。在原因和结果之间并不存在比例性（proportionnalité）。各种事件所能显示的仅仅是一种偶然的决定论，这种偶然的决定论的出现更多是与人类世界的结构有关，而不是与我们知识的不够完善有关。

每当人们把一种行为与一种环境联系在一起时，人们必须保留不确定的余地。如果人们考虑一种长时段和一种总体文明，不确定的余地就会与人类的选择、意志、创造力混同。环境会带来挑战的刺激，而社会则显示它是否具有这种挑战的力量。不管是关于个人还是集体的“生命冲动”的形而上学，仅仅满足于把我们观察到的东西转变成一种概念或一种图像。人们通过人类群体的独特的美德去解释一个社会的命运。如果我们试图去衡量这种命运的确定性，就得自问道，曾经成功地回应过一场挑战的能力，是否还能够应付新的同样的挑战？从环境与意志之间的交会中产生的文明就像是抽到的幸运签。因为环境把机会留给人类，而人类又能抓住这种机会的情况并不多见。

如果人们处在一种稍低的层面，历史解释的或然论的方面就会变得更加明显。路易十六面对金融危机和三级会议的态度，希特勒在1940年面对继续进行战争的英国以及神秘可怕的苏联的态度，并非事先就由局势所确定。换上一位国王，他可能会采取抵抗，并动用军队去对付巴黎的骚乱；而换上另一位战争狂人，他可能会在东部再维持几年互不交战的状态，并全力以赴去迫使西方国家签订和约。不管是路易十六的行为还是希特勒的行为，都不是不可理解。两者皆可顺着适宜于旧君主的后代子孙或篡夺了最高权力的蛊惑人心的政客的思想方式来理解。但是，没有人能够否认，一位由于遗传上的偶然性而具有另一种性格的国王可能会在面对路易十六所面对的处境时采取与路易十六不同的政策。仅此一点就足以说明，路易十六的行为是有一定的偶然性。同理，如果我们承认希特勒最终决定的战略来自于他本人的算计，而这种算计会因为换一位独裁者，或者是同一独裁者，但其获得的情报或受到的影响不同而得出不同的结果，那么，它同样足以表明，第二次世界大战的进程亦具有难以预测的方面。

那些觉得自己必须作出历史决定的人或许表达了社会或时代的要求，但是，不管是他的政治机遇还是学习机遇，均不是严格地由社会结构来决定的。君主制的垮台、革命的爆发为具有才能但出身低微的官员打开了无限广阔的发展前景。波拿巴的经历就是他所处的时代的典型例子。然而，当时的任何人都不可能预测到，君临天下者非拿破仑·波拿巴莫属。拿破仑上台，乃由无数有利于他的原因使然，而这无数原因的出现，在某种程度上有如幸运大转盘的彩球滚动到了这个而不是那个数字上。拿破仑登上宝座，就像他在有关的大赌博中中了头彩。拿破仑，这位法国的新的主宰者，其推行的政策表达的是其绝无仅有的人格，而不是所有王位觊觎者的共同倾向。这一现象表明，曾助长了拿破仑个人野心的各式各样的局势显然会演变出多种无法确定的结果。

行动者们往往乞求星宿的保佑，好像他们意识到自己是被一种神意、一种邪恶的精灵或某种不知名的神秘的力量玩弄的对象。他们感到,理性的行动只不过是去算计机遇。

军事首领、政治家、投机家和企业家对局势往往很少有足以使其将手段和目标严格地结合在一起的全盘了解。故此,他们在行动时就像是在下注,而且只能是像下注。当人们在制订作战计划时,不可能完全预测到对手的反应。而议会活动的成功所需要的因素非常之多,以至人们无法完全统计。证券商很少考虑政府的干涉以及会改变大盘走势的政治事件。企业家在制订投资计划时信任的是经济扩张的阶段。人类行动的各种结构的特征,如意志的碰撞、局势的无比复杂、反常的现象以及导致偏差的因素等等,均已在社会学家的理论中得到重视。既然如此,历史学家难道能够忽视这些特征吗?当历史学家的研究涉及到抉择的时刻时,为了展现抉择的各种可能性,他们会重述行动者们的决议,"恢复"行动者们经历的事件。这种研究取向无法展现出"必然性",它所展示的只是历史真实的"涌现"(jaillissement du réd)。

或然性并非因此就全然客观。诚然,各种决定与它们所要摆脱的处境密不可分,而且,伟人们会"显露出"他们所处的社会环境,但是,个中关系却绝不是一目了然、清晰可辨的。人的心智既无法洞察局势,也无法列举出所有的原因。然而,对或然性的回溯式的估量与行动者的前瞻性的估量是相符合的。历史的世界本身勾勒了以下系列之间的区别,即大量的已知条件(如人口的规模、生产手段、阶段的对立等等)与个人的主动性之间的区别,"必然性"的展现与各种焦点,如可能会改变命运的重大事件,标志着一个时代的起迄的重要日子以及改变了某种文明的命运的偶然事件之间的区别。历史的结构与偶然性的结构极为相似。对此,人们可采用相同的思想方式。

这些形式上的考虑无意夸大伟人的作用或偶然事件的责任。独断地否定这些作用或责任是不可想像的。面对每一种情况,人们必须要自问,在政治博彩中脱颖而出的人究竟在何种程度上对其所处的时代产生了影响,是否一次失败就促成或引起了国家的解体,是否一桩事件就会反映或歪曲各种力量之间的关系或思想的演变。对于这一问题的回答既不是非黑即白,也不是非必然即偶然。英雄们的业绩是由历史预备的,即便别的人赋予这些英雄不同的性格亦是如此。

历史学家通常要么贬低要么夸大不可预测的局势或偶发事件的重要性。他们的这种习性不可能得到一种哲学的支持。它显示了一种偏见或一种好奇心的取向。人们既无法从哲学角度来解决属于经验范围的问题,也不可能具有放之四海而皆准的答案。那么,为什么留给个人和偶然事件的创造力或影响力的余地在各个时代和各个领域会同等地宽广或狭窄呢?

当人们将事件与一小部分人,甚至某一个人的意图或情感联系在一起时,这些事件仍旧可以理解。有人把一场军事上的胜利归因于军备上的优势或将帅的雄才大略,这样的解释或多或少是可以成立的。或许,如同某些军事作家所宣称的那样,胜利的取得,百分之九十靠的是参战者的武器装备和组织调动,其余的百分之十靠的是部队的士气和所制订的战略是否得当。这里所涉及的是事实的问题,而不是学理的问题。

人们担心在个人的主动性或一系列的偶然事件之类的局限性的时时的干扰下,对整体的理解会受到影响。这种担忧并没有多少根据。那些在细节上可能会有些出入的事实并不会妨碍我们去理解“整体”。例如,不管有没有格鲁希(Grouchy)元帅这样一个人,或者说不管格鲁希元帅有没有切实完成拿破仑交给他的任务,人们仍然可以理解拿破仑是否会取得的胜利;又如,人们也理解,如果1914年的世界大战不曾爆发,或者说如果布尔什维克党已经被消灭,那么,在日益朝着自由化方向发展,并受到富农阶级支持的沙皇制度下进行的,同时得到外国资本帮助的俄国工业化究竟会出现什么样的局面。不管人们在回溯往事时赋予这些严格意义上的假设以何种或然性,不管人们为了使实际上并未发生的事件成为可能而如何在思想上修正“已知条件”,实际的历史仍然是可以理解的。列宁的胜利或许是沙皇政府垮台后发生的内战以及临时政府继续进行世界大战所产生的不可避免的结果。但是,就某一局势而言不可避免的布尔什维克党人的胜利，或许并没有带来俄国人民所期待的，或者说是布尔什维克党人曾许诺的要以较低的成本去建立的现代经济。

历史学家的工作之一在于叙述人的冒险经历，如拿破仑在1798年至1815年间的经历和希特勒在1933至1945年的经历。这种叙述使“整体”得以被人理解。历史学家并没有提出一种每时每刻皆在起着支配作用的无所不包的决定论。他力图寻求的是最终发生过的事情的深层次的原因。拿破仑的帝国大业之所以失败,是因为帝国在法国的基础过于狭窄,以及交通与行政手段无法与帝国大业相适应。此外还由于法国军队通过其宣传的观念与强行建立的秩序之间的反差唤醒了各相关国家人民的爱国主义热情。希特勒的帝国之所以垮台,乃是因为他导致了苏联与盎格鲁—撒克逊国家的联盟。上述解释是行之有效的,因为它们显示了最终可能使这两大帝国遭到失败的原因。但是,这些原因既不能事先确定相关冒险经历的细节，同时也无法事先确定这些冒险持续的时间。而且,他们也没有排除偶然因素。例如,腓特烈二世曾因奥俄同盟解体而得救,英奥俄联盟如果解体的话,拿破仑在1813年就可能会获得解救。同样,如果苏联与盎格鲁—撒克逊国家决裂,希特勒的德国亦可能不会遭到失败（但由于各种各样的原因所致，这些可能性在1813年和1944年均未能成为现实)。另外,秘密武器的发展和原子弹的使用也可能会颠倒命运(虽然由于其他一些原因,这种可能性没有成为现实)。

透过多种繁杂的事件和人物把众多事件连贯起来，并不意味着排除个人或机遇的作用,历史的重点若要能够被人所理解,就得以历史真实为基础。这种观点在原则上对多种可能性是忽略的,同时它也无须去考虑必然性。如果有人提出因果性的问题,那么,对于这一问题的答案将始终是:在某种特定的局势中最终必然会产生某种特定的结果,即便其间有其他可能性存在也是如此。(在赌球的时候,如果某个数字被人认为比其他数字要大,这个数字就会更多地出现。)

决定论的解释和重视历史进程的偶发事件的观点，更多的不是互相矛盾,而是互为补充。人们只有通过连同考虑其他现象,才能显示一种历史现象中的局部真实。历史学家在回顾过去的时候为什么要否定我们置身其中的变化多端的事件的真实性呢？生活在历史中的人们不会问自己是否受到了其遗传或教育的制约，而是问自己是否能够青史留名。为什么他要在事情过后想像出一种活人不能了解的“必然性”呢？

理论性的预测

历史事件，只有在它能够通过因果关系来解释的时候才是可以预测的。未来与过去是同质的:科学的命题不会因为它们是应用于未来还是应用于过去而改变其特征。那么,为什么有许多历史学家倾向于视过去为“命中注定”,而未来却是不确定的呢?

在大多数情况下，人们无法预测某个个人在众多可能作出的决定中会选择哪种决定。但是,只要把实际作出的决定与有关局势、行动者的计划以及政治或战略上的需要联系起来,那么,人们就可以使这一决定被人所理解。回溯式的解释通常以确认或假设的方式来表述。前者如“事情的发生是这样的……”，后者如“像这样的动机是这种行动的根源”。然而,除非它已充分地抽象化并因此能够应用于其他地方,这种回溯的解释不可能使人知道明天将会发生什么。如果行动果真是个人或群体的一种持久的安排所导致的结果,如果它确实是由局势所强加的,那么,预测立即就会成为可能,因为这里的解释隐隐约约地包含了一种因果关系。

当这种关系出现的时候,过去与未来的同质性就会再次被引入,虽然这种同质性经常被其运用的语言所掩盖。由于人们已经知道了结局，因此，他们会毫不犹豫地将一桩事件作为某项原因的结果，并且把“原因”与“结果”源于研究者的选择与划分这一点抛置脑后。人们忽略了可能会起作用的偏离性的因素，同时把事件看成一连串事件的必然结果。这样的必然性的意义若要正确有效，就必须符合这一条件，即“所有事物均可等量齐观”。从1942或1943年开始，人们就预测希特勒会失败，而这一点与人们后来所看到的完全相同。在此，人们可看到一种决定论：战争形势各种基本的已知条件使战争的结局可以被人预测，根据这些已知条件，这种结局十有八九是必然的。如果要使战争出现其他结局的话，那就应当有偶然性的事件出现，如新式武器的应用，反法西斯大联盟的瓦解。在展望未来时，人们并不敢排除类似的逆转。

从来没有人能够预测出一场特殊战争的日期及其形态。也许，在1905或1910年时，一些有识之士已经察觉到可能导致一场欧洲战争的危机正在加剧。尽管如此，他们仍然无法确切地指出战争将在什么时候以及在何种情况下爆发。在1914年时，关于形势的基本的已知条件并不包括战争会爆发的动向。因此，人们不会没有兴趣去研究那些在1914年8月使一件大事得以发生的人们。此事的发生，除了是由欧洲当时的处境所决定外，也是由过去几年来欧洲历史发展的历程所决定的。而且，我们甚至可以这样说，即便这场战争在1914年8月时能够避免，它在往后的几年当中也同样会发生。

除了这种意义含混的“可预测性”或意义较明确的“不可预测性”，人们还能够确立起使主权国家之间的武装冲突以一种变化不定的频率变得不可避免的原因来吗？目前，人们不可能独断地肯定或否定一种理论上的可能性。战争似乎与各种社会现象有着过多的联系，以至于人们无法列举出所有导致战争爆发的社会现象。战争是一种全球性的事实，它反映了国际关系的本质。为了消除战争的威胁，或许应当去改变国际关系的本质。

与人口有关的事实,如出生率、死亡率、年龄的分布等等,易于被人预测,因为其中起决定作用的变项不多,且不会很快就改变价值,此外还几乎不被外部影响所影响。根据目前已有的人数去统计十或二十年后的人数,并不需要冒多大的风险。“所有事物皆可等量齐观”的公式相当于排除了军事灾难、瘟疫、饥荒的可能性,也就是说,排除了平均寿命会突然改变的可能性。然而,对二十或五十年后的人口进行预测则更多地具有偶然性。因为,人口的演进并非始终朝着相同的方向继续。如同我们在法国所看到的那样,紧接着出生率的突然增加而来的很可能是出生率的降低。

在经济领域里,人们在预测方面作出的努力最大。尽管如此,人们仍未找到完全令人满意的预测方法,也未取得毋庸置疑的预测结果。在全国范围内进行短期预测必须要有如下前提条件,即必须对主要的变数和体系内部的变化有所了解。这种预测很少会有严重的错误,因为除了特殊情况,经济趋势并不会突然地改变。不过,这种预测也并非完全准确。因为若要完全准确的话,人们就得具体地了解产品流通过程中的各种变数并确定能够影响全球性经济运行的变数。不管怎样,预测仍然是不确定的。因为通过假设,预测忽略了来自外部的干扰。而人类的行为,尤其是企业家的行为,往往会顺从于与是否有信心有关的难以预测的集体运动。

从逻辑的角度来看,对行情的预测也属于相同的范畴。1953年,专家们对美国经济衰退会带来什么样的结果众说纷纭,甚至在这次经济衰退是因何种局势所引起的问题上莫衷一是。人们对行情理论的性质和意义展开了讨论。在这一过程中,处于充分就业状态下的经济也容易受到经济危机冲击的观点虽然得到了承认,但它却无法证明,造成相反趋势的变数始终相同,数学模式亦可以被应用。众人皆知,无论是经济扩张还是经济衰退,都会像滚雪球那样越滚越大。他们同时也了解,消费者、企业家以及主管经济事务的部长们的心理会使最初是有限的衰退进一步加剧。经济体系所有变数之间的相关联系允许我们去制订一种理论,但这种理论揭示得更多的不是规律性,而是事件之间的可能的连贯性,因为正是这种连贯性决定了确实发生的事件。

无论是被证实还是被否定,这些中短期的预测不会引起原则性的问题。政治家的怀疑与专家们的过度自信一样令人懊恼。通过经验,人们将认识到对经济前景的预测在准确性与可靠性方面的界限,这些界限是根据经济运行的状态的变化而变化的。

这些初步的评论把我们引向了我们现在极为关切的问题,即经济体制的演变,以及从一种经济体制转向另一种经济体制是否可以预测?人们是否能够证明,资本主义会自行毁灭?社会主义必然会取代资本主义(尽管我们不知道何时取代以及如何取代)?

无法预测美国六个月的行情,并不意味着长时段的历史变化就无法预测。根据其所处的不同层面,事件似乎或者由可以计算的原因所决定,或者被难以统计的影响所改变。也许,在估量二十年后的美国国民收入与估量二十个月的美国生产指数这两者之间,前者受到的偶然因素的影响要比后者弱得多。(在预测二十年后的事情时,得有这样的假设,即在这二十年里不会有任何未可预料的动荡因素干扰其间——在革命或战争期间,动荡般的纷扰是一项极重要的限制条件。)尽管如此,我们仍然应当知道,一种体制的内在变化或灭亡是否属于可预测的事实,也就是说,应当知道,它们是否是由一些我们可掌握其因果关系的原因来决定的。

我们承认,由谋求利润以及由数以百万计的消费者的需求所支配的体制是不稳定的,但是,这种体制不仅仍继续存在,而且实行这种体制的国家为数不少。为了证明这种体制会“自行消灭”,人们首先必须确定这种体制将会在哪些情况下瘫痪,继而得展示这些情况的出现是这种体制的运行必然会产生的结果。所谓的“利润率递减”的法则就是为了说明这类经济体制的蜕变而提出的法则,但是,这一法则时下除了满足一些人的好奇心之外,并没有起什么作用。事实上,这一法则假设,利润只来自剩余价值,也就是只来自与劳动者的成本相对应的价值比率。应当承认,劳动价值法则、马克思主义的工资和剩余价值概念均赞同这样一种观点,即利润率会随着可变资本的减少而减少。平均利润率的形成将不会使人认为,由机器取代工人会减少获取利润的可能性。为了使理论能与实际经验协调一致,人们提出了许多必要的假设,而这些假设的提出又促使人们抛弃理论本身。

利润率递减法则并不足以断言资本主义必然会自行灭亡。事实上,一些影响会减缓利润率的降低(例如,降低作为工人及其家庭的生活必需品的商品的价值)。在《资本论》所营造的理论架构中,剩余价值的总量随着工人数量的增加而增加。但是,我们既不知道利润率以何种速度减少,也不知道一种体制要想得到维持,其必不可少的最低利润率该是多少。

没有一种关于资本主义必然灭亡的理论就关于资本主义未来发展机会的问题有任何的证明。理论通常会被归结为一种简单化的模式,人们毫不费力就建构起了一些所谓永久和谐的模式(自由派人士在无穷无尽地建立这类模式)。悲观主义者们则困难地建立了一些能证明其悲观态度的模式:如果资本主义本质上是由一种矛盾的模式来界定的,那么,它根本就不可能存在。悲观主义者并不是理论家,而是历史学家。他们眼前所看到的只是不可避免的衰落。

由此,谈论资本主义的成熟阶段的经济学家们判断道,美国经济的发展已经创造了这样一种形势,在这种形势中,充分就业即便不可能完全实现,多少也接近于实现。马克思曾经假设,追逐利润这一资本主义制度的灵魂与原则会趋向于使利润之源枯竭。现在,某些经济学家由于观察到边境在消失,人口增长速度在放慢,以及随着技术设备的发展有利可图的投资项目的数量在减少, 担心资本的边际效用与经济利润之间的关系势必使失业率持久存在。

二十年前,“资本主义成熟阶段”学说这一资本主义自行灭亡理论的现代版甚为流行。这种现象在当今已不复存在,因为美国经济的扩展使人们倾向于乐观主义。市场经济体制在某个时刻因为有利可图的投资项目的数目减少而被迫“刹车”,这种现象并非难以想像。技术进步所创造的投资机会将比工业化早期阶段时典型的投资机会,如修筑公路、铁路和建造汽车工厂等更少,而且可获得的利润也更低。甚至在这种假设中,并未以预言家自居的经济学家们在下结论时,既没有以启示录的方式宣称资本主义的崩溃,也没有以同样的方式宣称计划经济必然会普遍推广,而只是指出公共权力有必要对经济活动进行干预(如降低利率,由国家进行投资)[①]。

实际经验会不会告诉我们,随着资本主义“上了年纪”,市场机制会被计划化所驱逐呢?从国民的人均收入、每个工人占有资本或劳动力在三大产业之间的分布状况来看,苏联的经济比美国的经济要年轻半个世纪左右。苏联的经济实行的是由中央政府控制的计划化,而美国的经济却并非如此。在20世纪中叶,不同经济体制在世界各国中的分布是一种历史事实,并不是经济时代的一种职能[②]。

在本质上仍然是资本主义的各种经济的内部,功能上的社会主义(socialisme du fonctionnement)会随着资本主义经济的成熟而发展吗?人们在考虑这一主题时并不缺少证据,比如,国家有责任维护繁荣与充分就业,用强制性的储蓄(通过预算上的赢余和自供资金等方式)取代个人的、自愿的储蓄,价格越来越多地由政府来确定、控制等等。在20世

① 我个人认为,与之相反的假设可能性要更大一些。假如第三产业中没有发展,我觉得,在不同阶段,或多或少会出现的困难是生产资料,尤其是劳动力的转移方面存在的困难。人们尚未找到决定性的理由来说明制度在某一时刻的运行,为何会变得不可能或本质上全然不同。在第二产业中,投资机会从某种发展开始即已不会消失。

② 甚至与马克思所主张的相反,中央政府实施的计划化是原始工业化所必须的,而不是真正的普遍方式。

纪,在所有资本主义国家中得到发展的国家干预已成为不争的事实,但是,国家的作用并非与各国所处的经济时代在程度上完全一致。国有化并不是技术经济发展的必然结果,它与政治的中间状态以及民主制度的影响息息相关。经济的社会化已经是一种历史。这种历史在不同的国家表现各异,并受到一些具有普遍性的事实的制约。在这些事实中,普选制度与生产率的提高、大企业内部的固定资本的积聚具有同等的重要性。

人们同样没有能够看到,技术经济的发展与所有制的模式之间存在着必然的联系。而且,也没有任何东西能够证明,技术规模所要求的巨型企业必须是国有企业——除非人们同意把通用汽车公司视为国有企业(也许后者最符合作为社会学家而不是先知的马克思的深刻思想的解释,因为首家股份有限公司的出现曾促使《资本论》的作者对新式资本主义发表评论)。以工业大亨为主角的资本主义在19世纪前半叶的典型形态是纺织工业,在19世纪后半叶的典型形态是冶金工业。时至今日,这些资本主义的工业形态并没有被消灭,只不过是被其他形态的工业所超越罢了。而这些其他形态的工业似乎均具有社会、集体的特征。导致法国电力公司或煤气公司社会化的决定因素是政治性的,而不是技术性的因素。

换言之,虽然有人在严格的意义上对“资本主义会自行消亡”的预言作出了解释,但这些预言并未得到事实的印证。同时,虽然也有人在宽泛的意义上对此作出解释,但这些解释只包含着不断的“社会化”的含义,如不断加强国家的干预,以及在不必实行国有化的条件下使企业“非私有化”。在这些情况中,上述预言可谓是真实的,但它们无法印证当前的矛盾冲突。

人们可能错误地无保留地接受第二种解释,认为经济会循着一个惟一的、相同的方向不断地演进。“集中”并不是技术要求和竞争形态无情地加剧所产生的普通现象。在某些领域中,生产单位的扩大可归因于对提高生产率的考虑。而在另一些领域中,则又出现与之完全相反的运动。电力带有弥散的可能性,可谓是人所共知的命题。至于大公司在金融方面的集中,似乎与其说是出于追求利润的考虑,毋宁说是由于权力意志的驱使。它们在西方国家是源于自由竞争,而在其他地方则是推行计划经济者的决定所致。这类集中并不会导致一种制度死亡。

或许有人会说我们忽略了这项主题的中心论点,“资本主义的内在矛盾”。人们提得最多的矛盾是生产力和生产关系的对立。那么,生产力指的是什么呢?难道指的是一个集体所拥有的所有资源、科学认识、工业设备、组织能力以及劳动力的总量吗?如果属于这种情况,生产力的发展可能指称众多现象:原材料的数量和工人数目的增加、由于知识的发展和将科学应用于工业导致生产率提高、由于新矿产的开发或劳动率的提高导致工人人均收入或全国总人口的人均收入的增加。生产关系似乎同时包含所有制的法律地位、生产者之间的关系、收入的分配以及由此引起的阶级对立等等。那么,这两个词义模糊的术语之间的矛盾究竟意味着什么呢?

第一种解释提出,从技术发展达到某种程度开始,关于所有制的社会立法会阻碍进步。在此,人们可用以下事实来否定这种观点:资本主义的立法足以促进工业或金融的高度集中的弹性。立法有时候可能会有利于传统企业,同时使具有更有效力的形式的企业利益受损。但是,这种立法并不是刻板僵硬的,它丝毫不会使资本主义走向灭亡。

那么,人们难道应当更多地以生产关系来指称立法形态,而不是以生产关系指称由无产阶级分子与其劳动工具之间的分离所引起的收入分配吗?如同人们通常所说的那样:生产的组织是集体性的,而收入分配是个体性的。此外,这种矛盾仅仅存在于字句当中。

如果把它转化成日常用语,这种矛盾相当于资产阶级经济学家并非不知道的“消费不足”理论的一种形态。为了追逐利润,企业家将会减少工人的工资;而由于缺乏销路,企业家将会以牺牲消费品生产和降低群众生活水平为代价来积聚生产资料[①]。从历史上看,在某些国家中存在的收入分配的不平等现象有时会导致过度的节俭，甚至产生极度贫困的人。由此,这种现象会间接地阻碍生产力的扩展。在当代,所谓的资本主义制度知道如何去通过税收来调节收入的自发性的分配。从长远来看,真实工资的发展是劳动生产率的发展一致的。人们看不到任何理由能够说明工业制度与收入分配之间的紧张状态在加剧。

我们并不想建议人们对资本主义抱乐观的态度，以为资本主义会和平地向着有利于所有人的最高层次的繁荣演进。一种实行私有制和市场经济的制度,就本质而言是不稳定的。它包含着经济衰退的危险。而且，它面对各种危机的反应也会导致往往是不可逆转的结构上的变化。技术进步会不可抗拒地改变企业的规模和组织,并会由于反响而改变某些运行模式。成熟的资本主义产生的不是大批除了锁链之外再没有什么可失去的悲惨的人,而是成群的小中产阶级、工人或雇员,他们时常会起来反抗竞争的代价。我们并非否认,今后的变化应当朝着一种资本主义成分更少的经济发展。我们只是肯定,这种变化不会服从于一种没有弹性的决定论，后者说它本身是由某些基本的变数之间的矛盾来支配的。甚至就其重要路线来看,这种变化是一种复杂的历史,而不是简单的必然性。人们非但不能以资本主义的矛盾为理由去宣布一个依靠社会主义的名声而兴起的政党必将取得的胜利，甚至无法预见社会主义(就该词的含糊的含义而言)的到来。

未来制度的可预见的特点与我们所称的资本主义制度并不像与我们所称的社会主义制度那样不调和。

① 这种描述用在苏联社会主义身上要比用在西方资本主义身上更为合适。

历史的预测

如果我们将“矛盾”这个过于严峻的词用较中立的术语“冲突”来理解的话,资本主义国家之间的“矛盾”、资本主义国家与殖民地国家之间的“矛盾”确实是不容置疑的。那么,我们就能断言资本主义国家之间的战争是不可避免的吗?

在某种意义上,下述提法是不言自明的:任何世纪都未能免于战祸。如果人们去除“资本主义的”这一形容词,仅仅强调“国家之间的战争是不可避免的”,那么,人们可能犯的错误就会较小。不久的将来并不见得比过去更为太平。如果我们强调国家的资本主义的特征,认为惟有资本主义才会带来流血冲突,那么,我们就会犯错误。

并不是说大公司或国家在寻求销售市场、追逐利润和有利可图的投资项目方面的所作所为不会引起它们之间的冲突。贸易自由包含着竞争,而竞争是各种冲突中的一种类型。不过,冲突在更多的情况下是通过妥协,而不是武力来解决的。一旦国家得负责私营公司的利益并在殖民地或势力范围内拥有垄断地位,这些冲突就会危害和平。任何国家如果用武力去驱逐正在进行合法竞争的其他国家,其行为实际上就是侵略。这类侵略的极端形态正在日趋消失,不过,在非洲,宗主国仍通过行政手段获得不正当的利益。资本主义经济的存亡从来不依赖于这类边缘性的摩擦,而根据明智的考虑,团结(这些经济在很大程度上可谓是互为主顾)总是可以战胜敌对。此外,任何体制,包括实行集体所有制和计划经济的体制,有可能造成会激起具有主权的政治单位之间的冲突的情况出现。例如,苏联对贸易交换条件的操纵,在南斯拉夫人看来就是“社会主义剥削”。不管是在资本主义世界还是社会主义世界,最强者都将会保留多种能确保自己利益的控制价格的手段,以及保留一些“禁猎区”。任何经济制度都无法保证和平,同时也没有任何经济制度必然会造成战争。

资本主义国家与亚非国家之间的矛盾属于历史的范围。欧洲国家在亚洲地区建立的帝国已经崩溃，在非洲地区建立的帝国则正在动摇。欧洲统治的时代已经结束。然而，随之而起的必然是资本主义的灭亡吗？

在具有斯大林式倾向的马克思主义者所津津乐道的对历史的解读中，资本主义已不再被界定为一种以生产工具的私有化和市场机制为特征的制度，而是被当作一些其经济现状具有这种制度特征的国家的具体的聚合体，这一聚合体包括西欧、美国和加拿大以及英属白人统治地区。依照这种观点来看，南美以及新近宣布独立的亚洲国家，要么就得听从封建残余力量的支配，要么就是帝国主义的牺牲品（即便它们在表面上拥有主权），要么已经是资本主义化了。第一次世界大战之后，俄国成为社会主义的国家。而在第二次世界大战之后，东欧国家与中国也加入了社会主义阵营。这一阵营现有八亿人口之多。在亚洲，在近东地区，反对帝国主义的武装斗争逐渐地取得胜利，而当地资产阶级也加入了这一斗争。在被剥夺了其在殖民地的“超额利润”之后，如果共存持续到足够长的时间，资本主义注定会缓慢地灭亡；而如果第三次世界大战爆发，那么，资本主义就注定会立刻灭亡。

对于当前局势的主要特征，在斯大林分子与其对手之间并不存在什么争论，只不过两者使用的并非相同的词汇，而且在审视未来时并未采用相同的角度。

如果人们拒绝落入词语的圈套，那么一开始就应当区别出两种不同衰落之间的差异。前者是其绝对或相对力量在减少的历史整体（un ensemble historique）的衰落，后者是在这一历史整体内部多少实现得不怎么完善的制度的衰落。工人阶级的生活水平过去从未像时下正在“没落”的大英帝国的工人的生活水平那样高过。尽管发生了两次世界大战，西欧仍比过去更加接近其经济方面的目标。[①]

为了从欧洲统治的终结中得出作为经济制度的资本主义正在面临危机的结论，人们就不得不把资本主义与帝国主义混为一谈，并宣称，建立在私有制和市场机制基础上的制度如果不再拥有可以进行剥削的领土就"无法"运行。然而，没有人能够证明，随着殖民地的丧失，资产阶级的欧洲将可能失去生存的手段。来自印度尼西亚的收益曾经在荷兰的国民总收入中占据相当大的比重（超过百分之十五），但在印度尼西亚获得独立后，荷兰仍继续保持着繁荣。同样，尽管英国在印度的殖民帝国已经不复存在，但英国工人阶级却拥有高于战前的生活水平。

在此，笔者无意以短短的这几句话来解决这些纷繁复杂的问题。在19世纪，对亚洲进行的剥削曾有助于欧洲的工业化（这种助益达到何种程度仍值得讨论）。建立在私人贸易基础上的国际体系的运行，会随着不受世界经济影响的空间的扩大，遇到众多越来越大的困难。东西方贸易的恢复没有消除双方间隔阂的影响：一个西方国家越是依赖于铁幕另一边的销售市场，这个国家就越容易受到在莫斯科或其他人民民主国家的首都作出的含有政治意图的决定的伤害。为了能够可靠地宣布资本主义社会的毁灭或它们正在向社会主义转变，人们必须证明，目前的局势只会导致两种结局，其一是社会主义阵营的胜利；其二是资本主义阵营正在向社会主义转变。

食品或原料的匮乏是资本主义社会的致命伤。在20世纪和以后的世纪中，欧洲或许要为购自独立国家而不再是殖民地的原材料付出更高的代价（尽管贸易价格方面的不利变化与亚非国家的民族解放关系不是很大）。不管是欧洲还是美国，都不会因为苏联政府拒绝向它们提供原材料而濒于灭亡的边缘。在共产主义继续扩张、世界经济区域日益

① 人们可能会反对"欧洲资本主义正在发生深刻转变"的观点，但这一事实是无可争辩的。不过，这种转变能力恰恰是活力的征兆。

缩小以及新的世界大战的威胁进一步加剧的情况下，人们可以设想，西方国家政府可能会被迫限制私人企业，尤其是那些与国际经济关系密切的私人企业的自主性。然而，即便如此，这种演变也不是不可抗拒的：1954年，也许是暂时的，西方国家内部在国与国之间关系上的演变曾朝着放松管制的方向发展。

在斯大林分子看来，他们所称的资本主义历史整体以生产工具的私有制和市场机制为特征。但在西方人看来，西方文明的特色是多党制、代议制群体之间的对话和思想上的交锋，而并不是具有多种形态的所有制的法律地位，也不是市场机制，更不是时而有用、时而有害的普通技术。环境的因素会迫使国家限制这种技术的作用或扩大行政部门的作用，对此，一些经济学家持否定态度。这些经济学家要么认为经济应当符合完全竞争的模式，并把完全竞争视为西方的最高价值所在，要么在税收制度的调控者和产品的分配者身上看到了盖世太保的阴影。

历史环境使得人们所讲的资本主义社会陷入险境：人们只要看一下地图就能感受到这一点。苏联军队驻扎在魏玛，而共产主义在亚洲的进一步扩张也极有可能。对西方、富人以及不久以前的专制君主的反抗，使得一些人倾向于共产主义。但这种亲共倾向与其说是出于对一种尚不了解的制度的同情，毋宁说是出于对旧的秩序的敌视。没有人能够说出这种由狂热所导致，并受到庞大军队支持的信仰的传播会在何处停止。像这样提出来的预测具有某些真实性，但并不具有科学价值。它所涉及的判断类似于人们昔日对第三帝国和它的对手孰胜孰败所作的判断。人们在1954年作出的预测要比1942年，甚至是1940年时作出的预测更加不确定。除非第三次世界大战(取这一名词约定俗成的意义)爆发，两个阵营的对立很可能要持续数年乃至数十年。

人们也无法说两大阵营之间的全面战争会像资本主义国家之间的全面战争一样不可避免。我们在认识上的局限或许是由历史实体的结构所导致的。

有人宣称第三次世界大战将在未来的十年或二十年内爆发。那么，这种主张在逻辑上具有什么意义呢？确实有大量可以确定的事实存在，如苏联和美国在利益上的冲突、不同国家与地区统治阶级的特点、不同经济制度的对立等等。不论掌权者是谁，不可预测的偶然事件，以及各种好的或坏的机遇，都肯定会诱发战争。我们没有任何东西可以证明这就是当今局势的结构。可能的是，各种机会近乎相等。

如果有人设定第三次世界大战必然爆发，或者冷战会持续下去，那么，我们也无法预测谁输谁赢。用美国工业的潜在优势证明西方胜利的必然性，堪称幼稚。用苏联经济的扩展速度更快来证明共产主义的胜利的必然性，也同样天真。这种为争夺世界霸权而引起的冲突可能将通过暴力来解决，而且众多难以预测的具体因素（如谁将首先发起进攻？谁将拥有性能最佳的导弹或飞机）会影响相关进程。因此，除了江湖骗子，没有人敢自称能解开未来之谜。另一方面，美苏双方的冲突也可能只会在很久以后被解决，或许绝不会通过决定性的方式来解决。经过多次边缘性的战争以及由于双方的内部变化，一种新的均衡会逐渐显示出来。在这种情况下，我们会预料到这样一种结局：双方对自身弱点的认识要好于对对方弱点的认识。西方的弱点之一就是相信社会主义必将到来的预言，并且让它的敌人确信自己与世界的命运休戚相关。

面对过去，所谓的“历史命运”只是我们的行动的从未得到过的结晶。展望未来，“历史命运”从来不是固定的。我们的自由并非是绝对的，它受到过去的传统、人的情欲以及集体束缚的制约。我们在自由方面受到的限制并未迫使我们事先屈服于一种令人憎恨的秩序。这种限制并不是总体必然性的组成部分。超越未来，对于处在时间中的人来说，能激励他支配自己的命运，并保证他在任何情况下不会丧失希望。

论辩证法

“辩证法”这一术语词义含糊,而且具有神秘的寓意。在被应用于发展变化的实体时,该词容许有两种解释。人们要么以历史辩证法指称通过“原因”与“结果”的互相作用使一种制度有别于前一种制度的历史连贯性;要么用该词指称一个又一个本身具有意义的“全体性”,而从一种全体性转向另一种全体性与一种可以理解的必然性是相一致的。

第一种解释可以通过参考马克思主义的思想主题来阐明。生产力的发展伴随着经济力量的集中, 同时导致了日趋贫困的无产阶级队伍的扩大。这些日趋贫困的无产阶级会组成政党,并不可抗拒地投身于革命。依照上述说法,历史运动是各种原因相互作用的结果,这些原因之间的相互关系使得人们不可避免地从一种实行私有制的制度转向社会主义制度。

关于因果的辩证法所提出的只是我们在前几章中已经探讨过的问题。建立在私有制和市场机制基础上的经济可能会造成自身无法运行的结果,这一点并非是不可想像的。事实上,这种理论的所有还在流行的版本都经不起批评。资本主义在其发展过程中是会自行调节的,它并不会自行毁灭。较之技术与工业,政治民主与意识形态更能逐渐限制竞争的作用,并扩大国家行政干预的作用。没有东西能够证明,这种演进会无限地朝着同一个方向继续发展, 以及某个政党或国家必定是这种历史趋势的惟一受益者。

相反,辩证法的第二种解释提出了完全不同的问题。这些问题可以归结为一个问题,即两个历史环节之间的联系的性质是什么?是否凭着一种具有意义的联系, 或者最多是凭着一种偶然决定论的含糊不清的联系,两个时期、两类方式或两种文明就可以相互连接在一起? 有人可能会试图回答道,这一问题与其说属于哲学或批评的范畴,毋宁说属于经验的范畴。人们不可能预先确定各种连贯性的性质。我们所要做的只是对过去进行观察，因为，相关问题会自行找到答案。事实上，经验的研究是以一种理论为前提的：连贯性的性质是现实的内在特性的结果。

人类的任何行动均是在各种"可能性"中做出的选择，这种选择是受刺激后引起的反应，但它们并不一定受制于局势。这些行动的结果虽不是必然的，但也是可以理解的。因此，如果人们致力于重构像这样的"事件"，那么，历史就会沿着时间的排列而变得形形色色。像这样的历史既不是"进步"，也不是"衰落"，更不是相同历史整体的不断重复。至少，只有经验才可能证明在哪种程度上，或在哪个领域中，事件是以直线型或循环型的方式来组织安排的。

在这一层面上，与解释具有同样的或然性特性的预测是可能的、正当的。如果有人已多次观察一种政体的衰败并分析了这种衰败的原因，如果人们在同种类型的另一个政体中重新发现了相同的病症，那么，人们就会在不管其明确日期的情况下，大着胆子去预测道，同样的进程会导致相似的结果。更有甚者，人们会在思想上把这种局部性的因果系列推而广之，因为他们会认为，这种系列所由产生的"原因"还在继续发挥作用。这些预测，不管它们涉及的是直线型还是循环型的运动，都受到不确定性的程度的影响。一种趋势亦可能会反其道而行之：我们在20世纪亲眼看到的经济的国有化趋势也许到21世纪就不会再持续下去。生产的发展也许在一场军事灾难之后或伴随着官僚制度的无限扩张会止步不前。英国民主制的绝无仅有的特点充分表明，政体的衰败并不是事先可确定的。

与人的行动的连续性不同，人的工作成果的连续性包含着一种可能是从理论中得出的意义：不同成果彼此之间的关系，实际上取决于它们得以表现自身活动的近期目标。

科学的征服组成了一种现实的整体，在这一整体中，过去的科学征服在被修正或确定后均能找到自己的位置。科学真理，在大致相差无几的程度上，可以如同它首次被提出时那样，在当今显示出"现实性"来。

那么,该用什么词来适当地指称这种作为科学的科学史呢?难道是“积累”?“进步”?抑或是“制订”?不管怎么说,对这一问题的答案取决于科学世界的特殊意义,而不是取决于科学得以发展的环境。

只有对过去进行探索,才能使我们确定数学或物理学实际上是如何在某个时期,通过某个人逐渐得出一种首次被提出来的理论,得出了一种证明,以及一种可用数学方式来表达的法则。作为各种行动的连续的科学史,较之其他行动的历史,并不享有任何特权。但是,昨天发现的真理和当今的体系之间的关系是通过哲学分析,而不是历史调查来揭示的。

把学者和制度、思想观念和经济结构联系在一起,可能有助于意识与社会物质方面的已经凝结的行动的相互解释。说到科学,其研究的方向、对研究结果的哲学解释以及研究中犯的错误等等,是可以通过影响或环境来加以说明、使人理解的。但是这类解释从来也不可能完全说明作为成果的成果(l'oeuvre en tant qu'oeuvre)的意义。从环境角度来解释的是人们正在寻求或尚未找到合适答案的事物。我们可以说武器方面的优势决定着一支军队的胜利,但我们却无法以同样的方式说,环境决定着对真理的发现。环境和这种发现之间的联系与1941年的军事形势和希特勒作出发起“巴巴罗莎行动”的决定之间的联系并不相同。得出一个问题的正确答案,或者是一种法律的提出,既不是一种原因的“结果”,也不是对局势的反应,而是来自一种判断力。这种判断力既表现在历史人物身上,也同样表现在历史学家身上。对于这种判断力,“事件”既会有利于或不利于它,也会引导或歪曲它,但却不会强制它①。

在每一个特殊的领域里,行动与成果之间的区别有着其他的意义。

① 判断力也会影响政治家或战略家的行为。但是,这种影响会被觉得像是在多种可能性之间进行选择。相反,学者们渴望揭示一种可以让人理解的必然性,这种必然性不是其头脑,甚至不是人的头脑的任意创造物。

在艺术中,"真理"相当于"品质"。人们可以从产生艺术作品的环境中去了解艺术作品的独特性,但是无法以同样的方式去解释杰出的艺术作品。艺术杰作的现实性也许与"真"(le vrai)的现实性是对立的。后者之所以具有一种永恒的意义,是因为它以某种方式具有一种明确获得的独特的意义。而前者之所以具有永恒的意义,则是因为它具有一种取之不尽的意义,以及它向每个人显示了它自身的另一个方面。

艺术杰作不会像科学命题那样融合为一个整体。也许,每一件艺术杰作,在其最为真实的意义当中表现了某个个体,如艺术家、艺术流派或艺术团体。尽管它们有自己的独特性,艺术作品同样是相互关联的:技术人员重新发现了用来解决所有建筑师面临的问题的答案。即便每一代人用各自的方式解释帕特农神殿的精神信息,帕特农神殿的建筑形式、比例与结构仍提供了始终有用的范例。目的与手段的同一在绘画或建筑的各个环节之间创造了一种深层次的亲缘关系,这种关系强化了特殊世界的统一,也证实了每一件创造物的独特意义以及不同创造物之间的模糊联系。

在从事专门研究的历史学家看来,各种"战果"或作品,在它们独特的意义当中,显得就像是一个"共同体"(communauté),这一共同体的法则更多的不是模仿或斗争,而是对话。每一位创造者都延续了其前辈的作品,即便他反对其前辈的创作亦同样如此。学者、艺术家或哲学家的共同体从来不会与能反映出他们的灵感与冲突、理想或真实存在的社会相脱离。但是,即使当思想家或建筑师自以为在全心全意为社会服务的时候,他们的"共同体"也同样不会与社会混为一谈。艺术家的家教或政治信仰经常会激起他们的创作力量。当作品达到某种品质时,这种信仰就被铭刻在一个特殊的世界当中,而在这个特殊的世界里,甚至那些并未意识到其特殊性的人也在扮演着角色。中古时期那些雄伟的大教堂的雕塑家也属于艺术家的共同体,但他们丝毫不必为之去思考艺术的概念。

不管是涉及到科学还是艺术，作品或成果的历史与事件的历史有着深刻的差别:历史意义本身来自于特殊世界的特性。

一方面，科学史中的两个环节之间的关系可以放在事件的层面上来理解。根据这种理解,一项科学的发现既可能是偶然的,又可能是必然的;既可以归功于某位孤独的天才,又可以归功于集体的努力。另一方面,这种关系也可以在具有意义的内容的层面上被了解。根据这种了解,科学的发现在人们对此进行回顾时会具有理性的外表。没有人能够证明，牛顿不可避免地会在那个时候并以那样的方式提出或创造了万有引力定律。当事情过去,历史学家倾向于勾勒出从已知事实到支配这些事实的法则之间的一种理性的发展。

科学的发展并不属于"偶然决定论"的范畴。它本身就可以被理解，既用不着人们以普遍的关系去推断它，也用不着人们把它融入一个有意义的整体。艺术风格或哲学流派的更替会顺从这样一种理解,这种理解不必诉求数学的证明,但它超越了"决定"的偶然性。那么,人们能够引用可以理解的世界的理性来预测未来吗？而可以理解的世界又是什么呢?

不管是科学的发展还是艺术的发展变化都不是可预测的。假设总体的历史与某种特殊世界的历史相似，那么这种预测的合法性也不会从中产生。在前一章中,我们已经展示了历史总体性的含糊不清。要参照单一的因素,就得以一种不可想像的单方面的决定论作为前提条件。存在的总体性是似真性的,也是随意的。对于总体性的惟一的合理解释既不消除决定论的偶然性特征,又不消除意义的多元性。这种解释只致力于解决被认为与人类命运息息相关的问题。如果这一问题具有多种解决方法,那么,其中的每一种方法均是下一种方法的必要条件。换言之,如果有人最终在发展的终点放置一个根本解决问题的答案,那么,历史将在代代相沿中成为"总体性",而"特权状态"亦将赋予整体一种意义。

上述观点实际上就是黑格尔体系的主导思想。关于范畴的辩证法和关于社会的辩证法之间被认可的平行性给各种政体的连续提供了一种必然性，而这种必然性又与将范畴互相连接起来的必然性是相似的。像这样的哲学的历史是历史的哲学。人所创造的关于世界以及人本身的思想观念代表着人的精神发展的各个环节。这一精神最终将会意识到自然和自身。

历史哲学以某种特殊世界作为模式。故此，不同的历史哲学会因特殊世界的不同而存在差异。与艺术作品相似的是，不同的文明将各自封闭在其独特性之中，它们之前除了一种无止境的对话之外，别无其他的交流。与科学的发展阶段相似的是，这些文明会以一种不可避免的逻辑连贯起来。根据辩证法，它们与各种哲学的连续相似。

事实上，我们已经看到，人们最多只能在形式上确定最终的状态，而且即便如此，人们还应该通过假设赋予人类适当的天职。这种最终状态在人们追溯以往时并没有向我们显示出，在一连串的社会中有一种必然的序列。我们从文献和事实的积累中得出的近似性的序列可通过偶然性的决定论、处境和人物之间难以预测的交会、自然环境、集体的向心力以及某些人的首创精神获得适当的解释。

如果把人类漫长的早期活动归结为在朝着相对富足的方向努力，那么，我们就有可能会使“集体”的冒险经历变得贫乏无味。几个世纪以来，生产资料并未发生多大变化，但难道人们会无视国家的兴衰、由幸运的君王建立的宫殿以及证明征服者对其爱妃的衷情的陵墓吗？如果人们对战争与和平的轮流交替、敌对国家之间的胜负更迭等单调的交替更迭不感兴趣，那么，难道他们就会决意忘记以下的事实，即我们绝不会再次看到已经固定在梦幻中的立法者与创造者了吗？把人类的历史化繁为简，认为以前的一切发展都是为社会主义的实现作准备，这种神圣的历史几乎没有考虑任何能证实数以百万计的人曾在这一地球上生活过的“成果”与“冒险”。

如果有人关注社会制度独一无二的接续交替,他会理解这种交替,但不会认为这种交替是必然的。在不同文明之间,人们会发现存在着一种可以勉强进行粗略类比的关系。文明的各个所谓同质的发展阶段所持续的时间,也是变化多端、彼此不同的[①]。如果我们把在广阔的范围内加在众多民族之上的所有政治单位称之为帝国,那么,这些帝国的建立在时间上早几个世纪或晚几个世纪皆无关宏旨。属于某个相同的历史整体的一些国家,在发展过程中并不会都经历相同的阶段。某些国家会跳跃某个发展阶段。如俄国跳跃了资产阶级民主的阶段,而西欧则跳跃了斯大林主义的阶段。

所谓的社会历史的辩证法,是"现实"变形为"观念"的结果。人们为了凸显每一种制度,就赋予这种制度一种独特的原则,并且把资本主义的原则与封建制度的原则或社会主义的原则对立起来。人们最后就会把这些制度表述成是互相矛盾的,认为从一种制度转到另一种制度,有如从一个命题转到了反命题。人们由此就犯了双重错误。制度尽管有所不同,但并不是矛盾的,而所谓的过渡形式要比纯粹形式出现的次数更多,持续的时间更长。如果假设资本主义的原则与封建制度的原则之间的联系有如虚无与存在、斯宾诺莎主义与笛卡尔主义之间的关系,那么,没有任何东西可以保证偶然性的决定论能够实现这种可以理解的必然性。假设社会主义使封建制度和资本主义重新和好,就像发展变化使存在与虚无重新调和一样,那么,这种"综合"的到来却不是可以像原子弹的爆炸或经济形势那样能预测的。

就事件而论,并不存在符合我们道德要求的自动选择。我们完全有正当理由去寻求一种优于偶然性的决定论、优于众多在当前相互矛盾的"命令"(impératifs)的可理解性。但是,这种寻求并不包含着这样一种信仰的行为,即认为未来会屈服于理性的意旨。如同我们的笔每时每刻

---

① 对此,人们可参看马克思、斯宾格勒或汤因比的著作。

都有可能从手中落到地上，人类很可能在明天因一场宇宙灾难而毁灭。基督徒为自己的救赎期待着上帝的怜悯。那么，那些不信上帝的人又能从谁那里获得集体救赎的保证呢？

* * * *

革命者们倾向于夸大其自由的范围和命运的力量。在他们的想像中，史前史会因他们而终结。通过自己的斗争而改变面貌的无产阶级将会给人类社会带来新的面貌。在超越明智的忠告的信仰激励下，他们期待着从漫无节制的暴力中获取持久的和平。他们宣称自己必然会胜利，因为承载着这么多希望的事业不可能会失败。随着时间的流逝，当轮到他们担负起政治统治的所有责任，当集体生活自古有之的本质通过各种动乱再度彰显时，幻想的破灭会侵蚀他们的信心。当人们对无阶级社会的信仰开始消退时，他们同样会习惯于相信一种必然性。这种对必然性的信仰会使他们嘲讽人类，同时认为人类的一切斗争终将无效。乞灵于命运最初曾经是乐观主义的支撑物，而今它已变成退缩、放弃的借口。

不管是因为希望还是失望而充满狂热，革命者继续无休止地议论着不可避免的未来；对于这一未来，他们虽然无法描述，却仍然想要宣布它的到来。

没有一种法则（不管这种法则是人性的或非人性的）可以把乱七八糟的局面引向一种光辉的或可怕的目标。

论历史的控制

“历史再度处于动荡之中。”汤因比这句不怎么好翻译的话，与我们每个人在一生当中的某个时刻都可能有的一种强烈、奇特的情感甚为吻合。当我在1930年春天访问德国并亲眼目睹纳粹党的首次胜利时，就亲身体验过这种情感。当时，我深刻地体会了汤因比这句话的含义，并觉得，万事万物都应当重新审视，国家的结构和世界上的力量均衡状态就是如此。在我看来，未来的不可预测性与维持现状的不可能性同样明显。

历史意识并非是伴随着当代的灾祸诞生的。对自己的命运深信不疑的资产阶级的欧洲，在19世纪末叶所采用的考证方法与当今受到重创的欧洲一样严格。它或许根本不了解我们已经从土堆中发掘出来的古代城市，并且对过去的神癨以及已被湮没的各种文明缺乏深刻研究，然而，它也和我们一样，能够认识到每个社会的特殊性，认识到必然的命运如何依次摧毁雅典城、罗马与拜占庭。

这种认识往往依然是超脱的。五十年前，西方的历史学家无法肯定民族国家或代议制的政体是否会免于腐败（这种腐败会侵蚀由敢于向历史发展规律挑战的人自豪地建立起来的“大厦”）。他们所相信的，要么是一种首次建立在"科学"基础上的冒险经历的独特性,要么是远离可能的衰落。说没有一个尘世之国可以确保永恒,这并不难,难的是亲身经历这种崩溃。

历史哲学在20世纪的幸运可归因于我们所曾经见证的种种事件。任何人只要经历了"三十年战争"、"伯罗奔尼撒战争",或者是发生于1914年和1939年的两次世界大战,他都会不由自主地寻问它们的前因和后果。他会渴望在这些前因后果中发现一种意义。不过,此处的"意义"并不具有值得肯定的含义,它不是指为了了解事件发生的真相而确立起事实的意义,而是指通过这种意义的赋予,人们能够为一连串的恐怖事件提供辩解的说辞。如果一个旁观者使自己深信,战争只随着资本主义的出现而出现,并且会随着资本主义的消失而消失,那么,战争就不会再让他过于心神不宁。伴随着国与国、阶级与阶级之间的斗争而来的大屠杀,如果它们为通向无阶级社会扫平了道路,那么,这些大屠杀也就不会是徒劳无益的了。历史的偶像崇拜就是出自这种没有言明的对未来的眷恋,这种眷恋将会为那些无法辩护的事物进行辩护。罗马帝国的崩溃促使圣奥古斯丁不再期待从那些世俗之城得到只属于上帝之城的东西。而欧洲的衰落则促使与我们同时代的人重新采用马克思的预言,并认定这一预言借助列宁和斯大林的行动手段一定会在当代成为现实。除非采用汤因比的方式,不然他们会从步斯宾格勒的后尘入手,在经由多种曲折之后,折回到圣奥古斯丁的下述期望上去:这些独特的但又是有着血缘关系的文明的最终意义乃在于它们自身之外。每一种文明都将一种共同的教派(Eglise universelle)留作遗产,这一教派的启示在一个又一个世纪中均引起了反响,而这一教派与其他教派之间的对话则揭示了一种注定要崇拜上帝的人性的终极目的。

历史是由一些在不是自己选择的环境中行动的人,根据他们的欲望或理想以及不完善的认识来创造的。在这一过程中,他们有时全然听凭环境的支配,有时则奋力克服环境的制约;有时在古老习俗的重压下屈服，有时则因思想冲动而奋起反抗。初看起来，它似乎既是一堆纷繁复杂的事件，同时又是一个专横的整体。每个片段均有其意义，而整体却缺少意义。科学与历史哲学，尽管在方式上有所不同，它们同样都力图克服与行动者有关的基本事实的意向性和所有事物表面上的不合逻辑之间、在微观层面上可以理解的混乱无序和命运的盲目秩序之间的矛盾。

马克思主义类型的历史哲学把历史事件的杂然纷呈与一些简单的解释原则联系起来，并设定了一种最终会实现人类命运的不可避免的运动。虽然各个阶级会服从于其利益，个人会服从于其情欲，但是，生产力和生产关系却可以在纷繁复杂的事物中产生出一长列的制度。这些制度的出现是不可避免的，但同时也是有益的，因为它们最终都将通向无阶级社会。

我们所称的“历史的偶像崇拜”这一对历史意识的夸张讽刺的模仿，就是在这时显露出来的。历史意识教我们要尊重数不胜数、且缺乏连贯的事实，同时还要尊重事实所拥有的或我们可能赋予事实的意义的多样性，正是根据这种意义的多样性，人们才得以把各种事实与某一天的行动者、已经凝结的传统以及这些事实将产生的后果联系起来。历史的偶像崇拜却自命有权利逐渐地以一种与所谓决定性的解释体系联系在一起的意义去取代原来的事实。这样做虽然不会导致苏联30年代“大审讯”式的偏执狂的世界出现，但可能会使人们把胜利者升格为战败者的审判官，并以“成者王，败者寇”的原则来衡量一切。就连西方也同样受到了这种疯狂的影响。由于确信共产主义从根本上说是邪恶的，美国的国会议员们根据他们在50年代作出的判断去谴责30年代的共产党人。在苏联的监狱里，囚犯们必须写他们的自传，而申请赴美签证的人得简要地叙述自己的生平。在美国，人们在回答相关问题时只需要涉及事实，而在铁幕的另一边，“资本家们”的自传则应当根据刽子手强加给他们的价值观念去为事实定性。

历史意识显示出了我们在认识上的局限性。不管我们是回顾过去，还是试图神话化未来，我们都不可能达到一种确定性，因为这种确定性与我们在信息上的空缺，以及发展变化的本质是不相容的。我们从因果之间的错综复杂的关系中抽取出来的"整体行动"实际上是存在的，但是，我们不可能说是那些原因事先确定了这些运动。在事情过后，忘却决定论的偶然特点是允许的，但人们在事情发生之前却不能忘记这一点。

历史意识教导我们：要尊重"他者"(l'autre)，即便他是我们的敌人也应当如此。历史意识还教导我们："原因"的品质无法用"灵魂"的品质来衡量，我们也不知道我们的斗争会带来什么样的结果；每种制度都会建成一种价值观念的秩序，所有价值观念的调和仅仅是一种观念，而不是近期的目标。与之相反，历史的偶像崇拜确信其行动是为了一种有价值的未来，故此，它把"他者"视作而且也只愿视作有待消灭的敌人。同时，它还把"他者"作为蔑视的对象，因为它认为，后者要么不能够要求善，要么不能够承认善。

仅仅对过去进行考虑，不可能得出历史的终极意义。不管是宇宙之美还是各种文明的悲剧，均未对我们向苍天提出的问题提供答案。

人们只有理解人类缓慢的征服道路才能够认识人类，而明日将带给我们过去所没有过的教训。为了理解兰斯城雕塑艺术的独特意义，人们或许应当先看过勒埃勒芳塔(l'Elephanta)地窖中的那些塑像。为了使西方人摆脱狂妄自大的幻觉，西方人肯定应当先从东京或孟买的角度来审视西方。如果缺少和其他人的对话，我们就不可能在历史存在中意识到我们本身。当对话进入到最后的问题时，留给我们的是与独白一样的不确定性。整个过去的复活和只考虑自己的意识一样，无法告知我们的命运。被森林吞没的古城遗址、视死如归的勇士那永不会消失的英雄气概、宣布神的惩罚或好消息的先知的声音、暴民的愤怒、圣人的纯洁性、信徒的热忱，这些历史知识都无法让我们在"上帝之国"和"尘世之城”的选择当中获得最后的解决途径。斯宾格勒早就知道人是贪婪凶狠的动物,汤因比则知道人是被造出来崇拜上帝并与上帝结合在一起。

如果人们决定偏向“尘世之城”,那么,由于在此设定了一种神的命运,因此,符合我们愿望的目标与不可避免的目标混淆起来的现象就会突然出现。人们抽象地设想出了一些条件,凭借这些条件,对个人的尊重就不会与整体的繁荣不可调和。不过,人们并不知道未来是否能够满足这种期待。

每一代人均倾向于相信,他们的计划是史无前例的,并且堪称人类的终极计划。这种自负比对任务漠不关心要强,而对日常任务漠不关心的根源则是确信所有的计划都同样徒劳无益。在像我们这样的时代当中,对日常任务漠不关心同样会被指控为狂热心态的潜在因素。

两大帝国之间的斗争的结局是由一种偶然性的决定论来支配的,而关于这种偶然性的决定论的细节,我们却不得而知。即使假设私有制因生产技术陷入困境,假设市场机制有朝一日会因为生产投资的总额或群众的反叛而瘫痪,可以预见的社会主义与苏维埃体制目前或将来的实践也不是一回事。生产力发展所否定的私有制,实际上在美国的底特律和在苏联的哈尔科夫一样遭到否定。历史斗争的关键所在往往是无法预测的。对已凝结为命运的各种决定所进行的回顾式的理解,必然会领会偶然性的决定论,因为现实本身没有服从另一种必然性。同样,面对未来的行动也属于或然性的范围。

各种制度的接续交替有其必须遵守的法则,但在斯大林式的马克思主义中,这些法则甚至不再保持“真实性”(vraisemblance)。事实上,斯大林式的马克思主义承认,所有社会的发展并不一定要经历相同的发展阶段,社会主义的建设亦不与经济发展同步,而是在掌握政权之后才开始的,而掌握政权本身则又得归因于无法统计的偶然事件。由此,自称是以世界历史为基础的斯大林主义最终只不过是以布尔什维克党的历史作为起点罢了。

随着“无阶级社会”的概念日显贫乏，随着辩证法失去了克服连续不断的矛盾的合理性以及一种因果关系的必然性，在共产主义的思想体系中引入了另一种观念，即人的行动能够像战胜宇宙的力量一样战胜各种历史的偶然性。既然人的智力能够驾驭原子能，以及在明天利用太阳能，那么，为什么它就不能够排除曾多次改变事件发展进程的偶然性，排除使社会变形的蠢事呢？两个精神家族的成员，即基督徒和综合技术学校的学生，较容易受到马克思主义的启示的影响。基督徒会从中感受到先知的预言的回声，而综合技术学校的学生会从中感受到对一种普罗米修斯式的伟业的肯定。未来将会实现人类的命运，因为人类本身将铸造这一命运。

“行动”的概念在青年马克思的马克思主义中就已经提出。通过行动，人类在改变自然的过程中创造了自己。通过行动，无产阶级通过打倒资本主义使自己成为不辱使命的人。无产阶级的行动乃寓于关于各种制度的辩证法之中：作为资本主义的产物，工人阶级会起来反抗导致剥削的各种社会条件。但是，只有在未来社会的形式已经在旧社会内部孕育成熟时，人们才可能取得这方面的胜利。根据解释的不同，被强调的重点可能要么放在支配着结构变化的决定论上，要么放在工人阶级的反抗上。

用政党取代阶级，这种行为早在1917年前就已由列宁潜在地实现。这种取代势必会打破有利于行动的均衡状态。从此之后，阶级的发展与政党的力量之间的比例性不复存在，而革命的机会与其说取决于阶级的发展，毋宁说更多地取决于政党的力量。

有人在继续乞灵于历史的规律，并表现出好像布尔什维克党应当把它的远见与成功归功于它的历史哲学。与所有政治家一样，布尔什维克党的领导人也曾多次在至关重要的问题的预测上搞错。例如，他们曾认为在十月革命后德国革命会接踵而来；他们既没有在1926年预见到蒋介石的东山再起，也没有在1941年预见到德国会对苏联发起进攻，更没有在1945年预见到中国共产党即将取得胜利。不过,大概他们的对手比他们还要盲目，半个世纪来的总结中不乏在这方面给人强烈印象的例子。不管他们的长处和所处的环境是什么,他们并不拥有资产阶级并不知道的任何能用来预测和采取行动的科学。具有必然性的演进的法则与其说能够用来指导行动的方向,毋宁说能够用来为他们的行动辩护。

在1918年以后,人们已经不再需要通过阅读《资本论》或《帝国主义是资本主义的最后阶段》来察看西方国家内阶级冲突的内在联系,也不再需要通过阅读它们去察看西方列强和亚非殖民地国家的反欧起义之间的对立状况。这些著作中的学说教导人们,这些冲突最终将导致社会主义。但是，它并没有明确地说将在何时以及用何种方式导致社会主义。它仅仅局限于描述一种局势,而人的行动就是力图把一种任何客观规律均无法强加或排除的结局强加给这一局势。这种理论用"命运"之类的术语表达了"意志"在命运之神的支持下会实现奇迹般的或恶魔般的成果。

布尔什维克党承担起了资本主义的辩证法延迟诱发以及工会的改良主义想要预防的革命。同样,国家决定对农业实行集体化使得数以百万计的富农一贫如洗。作为马克思主义者的教育部长和宣传部长们,不可抗拒地力图通过法令去实现那些依据其历史唯物主义的说法本来应当自动完成的任务。他们还决定"促进"文学和哲学,而按照马克思主义学说的说法,文学与哲学在一个正在充分发展的社会主义社会里,本来应当"自动地"充分发展。从"艺术与思想会随历史环境变化"这一表面上科学的命题出发,人们会转入专制主义的原则:在"国家"赋予社会的表述中,社会应当把正统观念强加给经济学家、小说家,甚至是音乐家。既然艺术已经被资产阶级文明腐蚀,那么,它就应当通过社会主义现实主义来拯救。

事情并未停留于此。人们还告诉我们,人类本身将通过其生存条件的变化来获得新生。采用适用于永恒利己主义的典型的资本主义手段，如计件工资、以利润来刺激经营管理人员等等，不可能使新人自行产生。因此，政府得重新帮助历史的本质，而灵魂的工程师们得加速辩证法的进程。通过教育、宣传、意识形态方面的灌输、反对宗教的运动等一切手段，人们力图根据其培养人的观念以及在地球上的处境来重新塑造个人。由此，巴甫洛夫接替了马克思，条件反射理论接替了历史唯物主义。人们设想，随着彼岸世界与现实世界的差距缩小，宗教情感会自行消亡。事实上，唯物主义社会学并没有阐明在获得解放的无产阶级或心满意足的资产阶级当中信仰的继续存在或复苏，"条件反射学"也没有透彻地解释有关生存的问题。更有甚者，科学的失败为专制行动作了准备。部长们、委员们、理论家们和预审官们在配备了巴甫洛夫的方法之后，力图把人们改造成为官方哲学所认可的人。

发生在苏联的各种审讯表明了伪科学会如何转向专制的行动。如同我们所看到的那样，人们可以根据一种既是绝对主义的同时又是相对主义的概念，去重构被告和审判官的历史世界。这些概念就是在胜利者眼光中的最终目标的绝对价值、解释性概念的真理、对行动的理解、行动者的意图与其环境的脱节。但是，这种强行得出结论的解释纯粹是不可理喻的。虽然如此，受害者们即便不相信也得被迫服从。被告们不情愿地扮演着人们分配给他们的角色。他们遭受着威胁，遭受着讹诈。为了使被告们屈服，人们甚至不让被告吃饭、睡觉，并像巴甫洛夫在实验中让狗淌口水那样，迫使被告们招供。供辞的内容会使哲学家们想到了黑格尔，使心理学家们想到了有条件反射的实验。人们不知道，在这些集审讯者与实验人员于一身的人的头脑之中，一种特殊的愿望和一种特殊的信念已混合到了什么程度。这种特殊的愿望是说服异教徒或异端分子公开承认真理，而特殊的信念则是，犯人最后之所以屈服，乃是因为他们都是或多或少有点学问的"猴子"。

我们与历史的上帝(la Providence historique)，以及将在冒险历程中起支配作用的不可改变的法则还离得很远。但是,人们从那种自以为掌握了未来秘密的骄傲幻想转到那种根据真理来塑造未来，所经由的阶段则是合乎逻辑的。阶级是共同救赎的工具,而某些自命为阶级的真正代表的人则把人类中其余的人当作工具。他们在看待局势时,只是看它们是否有有利于其事业的机会。在从反对派转为执政者之后,他们仍怀着同样的毫不妥协的强烈愿望为社会主义建设服务。消灭富农或将少数人流放,成了一种以实现“历史”中的“理性”为目的的政策的插曲,这些插曲虽然痛苦,但无关宏旨。

那些渴望操纵历史的人中,似乎有些人在梦想消除偶然事件、大人物或机遇对历史的干预,另一些人则梦想根据一项总体计划重建社会,并消除无法辩解的传统的遗产;最后,还有些人梦想结束给人类带来痛苦的各种冲突,并使人类从悲剧性的战争中解脱出来。然而,理性教给我们的却是与之相反的道理:政治将仍然是根据一种不完全的认识,在无法预料的局势中进行无反悔余地之抉择的艺术。精神世界的多样性与各种活动的自律必然会使所有渴求总体计划的愿望遭到束缚。

靠技术而实现的对物理现象的操纵,已经逐渐地消除了“宇宙”的表现。与之截然相反的是,操纵历史的希望似乎出自一种社会秩序或一种变化的秩序的表现，而决定这些秩序的法则是个人的愿望或反抗难以影响的。革命者们自以为他们将控制的并不是某些组成部分,而是全部。

这种普罗米修斯式的野心是极权主义的思想根源之一。和平只有在出现下述情况时才会重返世界:伴随着治理经验的增加、狂热心态的减弱以及意识到会遇到不可克服的抵抗,革命者们承认,人们既无法根据一项计划去重建社会,也无法为整个人类确定一个独一无二的目标,更无法拒绝意识在“世俗之城”被拒绝之后拥有自我完善的权利。

政治还没有发现避免暴力的秘密。但是,当暴力自以为是为一种既是历史的又是绝对的真理服务时,它就变得更不人道。

第三编
知识分子的异化

第七章

知识分子及其祖国

每个社会都曾有自己的“抄写员”(scribes),他们充斥于公共管理和私人生活的方方面面;都曾有自己的作家或艺术家,他们传递或丰富着文化遗产;都曾有自己的各类专家,如依照王公或富人的意图安排文本知识和辩论艺术的法学家,探索自然界奥秘、教授人们去克服疾病或是在战场上取得胜利的学者。这三类人中的任何一类都并非只是属于现代文明。同时,现代文明也表现出一些独有的特征,这些特征会对知识分子的数量和地位产生影响。

不同职业间的劳动力分配是随着经济发展而逐渐变化的：工业劳动力比例上升,农业劳动力比例就下降,同时被称为第三产业的部门总量也迅速膨胀，它包括从办公室抄写员到实验室研究员等各种地位不等的职业。无论是在绝对数量还是相对数量上,工业社会都拥有比以往任何社会多得多的非体力劳动者。为了尽量简化工人的劳作,组织、技术和管理日趋复杂。

现代经济还要求无产者能读会写。随着他们逐渐摆脱贫困,各个集体将越来越多的财力用于年轻人的教育:中等教育持续时间越长,它涉及每一代人的范围也越大。

抄写员、专家和作家这三类非体力劳动者,即使不是依照相同节奏,也是同时发展的。各种官僚机构为那些没有什么资格证书的抄写员提供了出路;在工人中设置管理人员和工业组织要求大量专家和不断提高专业化程度;学校、大学、娱乐或传播媒介(电影、广播)需要作家、艺术家、谈话或写作方面的技术人员和平凡的普及者。有时,这些职业的合一使作家沦落为一个平庸的专家:作家成为一个改编者(rewriter)。职位的增多是一个十分重要的事实,这一点任何人都不能否认,但是人们并不总是能领会它的意义所在。

因为担心失去自己的独立性,专家或作家并不总是组成某些团体。在过去的岁月中,思想家和艺术家在精神上与教士、与那些以保持和阐释教会与城邦的信仰为职业的人相分离。在社会上,思想家和艺术家则依赖那些能确保他们生活的事物,如教会、有权有势者和国家。艺术的含义,而不仅仅是艺术家的处境,是随需求的不同或有教养阶级的特点而变化的。人们以纯艺术——由相信艺术的人并且为相信艺术的人而创造的艺术——来反对好战之徒或商人使用的艺术。

在我们这个时代,学者拥有使他们免受教会压力影响(例外的情况很少,而且总的来看没什么意义)的权威和声望。自由研究的权利是毋庸争辩的,即使是在那些触及教义的领域,如人的起源、基督教的产生等也是如此。随着读者群的扩大和资助者的消失,作家和艺术家自由地获得了那些他们在安全境地下很可能会失去的东西(而且很多人还具备了通过一种与他们的创造活动无关的职业来谋生的能力)。无论是私营雇主还是国家,提供报酬都是要求回报的。但是电影制片公司和大学从来就不在摄影棚或教室以外强行宣传正统思想。

最后,任何政治制度都为那些擅长语言和思想的人提供了机会。登上王位者不再是那些骁勇或走运的将领,而是那些知道如何以一种已成为思想体系的学说来征服大众、选民或议员的演说家。教士和文人从不拒绝为政权提供合法性依据,但在我们这个时代,政权却需要那些擅长演讲艺术的专家。理论家和宣传者由此相互结合:党的总书记在指引革命的同时,还制定学说。

论知识分子

人数更多、更自由、名望更高、更接近权力,这是我们以“智力活动专业人员”(professionnels de l'intelligence)一词来含糊称呼的那个社会类别在本世纪所具有的特点。人们给出的各种定义在某些方面具有启示作用;它们有助于认清这一社会类别的各种不同特征。

含义最广的概念是非体力劳动者。在法国,没有人会把办公室职员称为知识分子,即使他已大学毕业,并且获得了学位。由于被融入集体事业之中,加之所做的事被简化为仅仅是执行任务,因此,有高等教育文凭的人就成了一位以打字机为工具的非技术工人。获取知识分子这一头衔所需要的资格,随着非体力劳动者数目的增加,也就是随着经济发展而不断提高。在不发达国家,不管取得何种文凭都会被看作是知识分子:这样做并非毫无道理。一个曾在法国学习过的阿拉伯国家的青年,在他的国人眼里,确实已具有了文人所特有的种种姿态。这位有文凭的“鲁里坦尼亚王国的人”(ruritanien)[①]与西方作家颇为相像。

含义较为狭窄的第二个概念包含专家和文人。抄写员和专家之间的界限并不确定:人们可以逐渐由一个类别转向另一个类别。某些专家,例如医生,属于独立职业者,是人们所说的自由职业的成员。“独立职业者”和“领取工资者”之间的区分,有时会对思考方式产生影响,但这种区别同样是次要的:社会保险体系中的医生并没有因为领取薪水就不再是知识分子(即使他们过去从未如此)。那么,难道具有决定作用

① 鲁里坦尼亚王国(Ruritania)为安东尼·霍普(Anthony Hope)在1894年出版的小说《曾达的囚徒》(*Prisoner of Zenda*)中虚构的一个富有浪漫色彩的中欧王国。——译注

的对立所涉及的只是非体力劳动的本质吗？工程师或医生与无机体的大自然或生命现象作斗争，作家或艺术家则是与语言作斗争，依据思想来使之成形。在这种情况下，也运用语言或人的法学家或组织者与作家或艺术家属于同一类别，而事实上他们更接近于专家、工程师或医生。

这些含糊不清是由于知识分子概念中众多特点（它们并不总是同时给出的）的结合造成的。为了理清这一概念，最好的办法就是在考察模糊事例之前先考察那些清楚的事例。

小说家、画家、雕塑家和哲学家组成了一个内部小圈子，他们生活的目的和方式都是智力活动。如果以活动价值作为标准，人们就可以自上而下地逐渐区分，从巴尔扎克到欧仁·苏，从普鲁斯特到爱情小说或恐怖小说（roman noir）的作者，以及日报上枯燥乏味的杂讯栏的编辑者。知识和文化共同体中充斥着工作时毫无创新、缺乏自己的思想或新形式的艺术家，拥有教职的教师和实验室中的研究人员。在他们的下面则是那些报纸和广播的撰稿人，他们传播已取得的成果，以保持精英和大众之间的交往与联系。从这个角度来看，这一社会类别的核心是那些创造者，其边缘则是一个难以界定的区域，在那里普及推广者不再传递而是开始背叛：一心只想成功或是金钱，盲目服从于假想的公众欲望，对本应服务的那些价值观念变得漠不关心。

这种分析的不当之处就是忽略了两个方面：其一是社会环境和收入来源，其二是职业活动的理论或实践目标。现在将帕斯卡尔或笛卡尔（一个是出身高等法院家族的大资产阶级，另一个是骑士）称作是知识分子是适宜的。17世纪的人们则不会想到把他们放入这一社会类别，因为他们都只是业余爱好者。如果人们考虑智力成就或是活动的本质，而不是以这一活动来从社会角度确定这些人的话[①]，那么业余爱好者和职

① 在18世纪的法国，知识分子这一类人是很容易确认的。狄德罗、百科全书派和哲学家们都是知识分子。

业活动者一样都是知识分子。在现代社会里，职业活动者的数量不断增加，而业余爱好者的数量则逐渐减少。

另一方面，在我们看来，法学教授比律师更应具备知识分子的品质，政治经济学教授比分析评论行情的记者更应具备知识分子的品质。这么说是因为记者通常都是为资本主义企业服务的雇佣劳动者，而教授是公务员吗？原因并非如此，因为在前一个例子中，律师属于自由职业者，而教授是公务员。在我们看来，教授之所以更像知识分子，是因为他的惟一目标就是保存、传递或扩展知识①。

这些分析并不导致必然选择某一定义，而是指出了各种可能的不同定义。有的人可能会认为工业社会的一个主要特征就是拥有大量的专家，由此他们把“知识分子”(intelligentsia)定义为已在大学、技术专科学校中获得了职业活动所必须的素质的那些个体的总和。也有人可能会把作家、学者和有创造力的艺术家置于首位，教授或批评家位列次席，普及者或记者名列第三，那些实践者，如法学家或工程师，则随着他们日渐沉迷于追求效率和丧失了对文化的关注而不再属于知识分子这一类别了。在苏联，人们倾向于前一种定义：技术型知识分子被看作是代表，而作家也成为了灵魂工程师。在西方，人们往往更倾向于后一种定义，而且还把范围缩小至仅限于那些“主要职业是写作、教育、宣传、戏剧表演或从事艺术、文学活动的人”②。

知识分子一词似乎是在俄国最早使用，适值19世纪：那些已从大学毕业并接受了本质上源于西方的文化的人，组成了一个人数较少且独立于传统分类的团体。他们从贵族家庭出身的军校学生、小资产阶级甚

① 这后两种标准，有着明显的差异，但并不是互相矛盾的。从事智力活动的职业者已越来越致力于为实践、行政管理或工业活动服务。只是在纯学者或文人中还残存着一些业余者。

② 克兰·布林顿(Crane Brinton)，《造访欧洲人》(*Visite aux Européens*)，巴黎，1955年版，第14页。

至富农的子弟中吸纳新人;这些脱离了原有社会的人,通过已获得的知识和对现存秩序的态度感觉到彼此之间是一致的。科学精神和自由观念共同作用,使那些感觉孤立、敌视民族遗产的知识分子逐渐倾向于革命,除了暴力,好像就别无选择似的。

在那些现代文化逐渐自发地从历史土壤中产生的社会里，与过去的断裂并不具有如此的突然性。有大学文凭的人和其他社会阶层并不是如此明显地相区分的;他们并不绝对否定社会生活的古老结构。但是人们仍然指责他们,指责他们煽动革命,而这种责难会被左派知识分子当作荣誉来接受:如果没有那些决心超越现实的革命者,那么曾长期存在的各种恶习将会一直持续下去。

在某种意义上,这种指责并无道理。知识分子并不敌视一切社会。中国士大夫维护和阐明赋予自己显要地位和使等级制神圣化的理论学说,这种学说更多的是道德伦理,而不是宗教学说。国王或王子、加冕的英雄或富裕的商人总是找些诗人(他们并不一定就是坏人)来赞颂自己的辉煌业绩。无论是在古代雅典,还是在巴黎,无论是在公元前5世纪,还是在公元19世纪,作家或哲学家均未自发地倾向于人民政党、自由政党或是进步政党。在雅典城邦内有众多斯巴达的赞美者,在塞纳河左岸的沙龙或咖啡馆里也不乏第三帝国或苏联的赞美者[①]。

一切教义、一切政党,无论是传统主义的、自由主义的、民主的、民族主义的、法西斯主义的,还是共产主义的,都始终有它们自己的颂扬者或思想家。在任何一个阵营里,知识分子都是把意见或利益转化为某种理论的人;依其定义,知识分子并不只满足于生活,他们还想思索自己的存在。

在一些社会学家[②]以一种相当精细的形式编织出的平庸表述中,革

① 很明显,对于知识分子来说,在雅典赞颂斯巴达或是在巴黎赞颂希特勒是表达其反对立场的一种方式。

② 如熊彼特。

命知识分子被赋予职业的头衔,这样做还是有道理的。

知识分子一词从来就不是一成不变的，事实上它很少是完全封闭的。根据知识或是智力确定的整个特权阶级,准许更有才能者的地位上升,尽管这可能是违背它的意愿的。虽然柏拉图属于贵族阶层,但他同样确信奴隶也有能力学习数学真理。亚里士多德并未否认奴隶制的社会必要性,但是他破坏了奴隶制的基础。他否认每个人都占据了与其本性相符的社会地位。在他临死之时,他解放了他的奴隶,这些奴隶可能并非生来就应是奴隶。在这种意义上,从事智力活动职业的人艰难拒绝了法律意义上的民主政治,转而更加强调事实上的贵族政治:只有很少一部分人到达它在其中活动的世界。

知识分子的招募形式根据社会的不同而不同。在中国,科举制度似乎为农家子弟提供了升迁的机会，尽管对于这类事例是否经常发生尚有争论。在印度,思想家所拥有的首要地位与种姓制度和维持个人与生俱来的社会地位并非互不相容。在现代社会中,大学为社会地位的上升提供了便利条件。在南美或近东的某些国家中,军官学校和军队提供了类似的晋升机会。虽然在西方国家，持有大学文凭的人的出身并不相同——牛津和剑桥的学生直到1939年大战爆发时都是来自一个很小的社会范围;法国各类高等专科学校的学生很少来自工人和农民家庭,更多的是来自小资产阶级——从社会角度看，知识分子总是比领导阶级更广泛和更开放,这种民主化趋势不断得到增强,因为工业社会需要越来越多的干部和技术人员。在苏联,知识分子的这种扩大化有利于那些掌权者,他们把这种源于经济发展的成就归功于社会主义。如果已从大学毕业的小资产阶级的子女们,仍然保留着对大动荡的怀念,而不是遵循原有统治阶级建立的政府和价值体系的话，这种扩大化有可能会动摇民主制度。当喜好批评成为知识分子的职业特征时,这种危险就变得更大了。知识分子常常通过把当前的现实与理想进行比较来判断自己国家和社会制度,而不是把这一现实与其他现实相比较,如把今天的法国与他们理想中的法国相比较,而不是与过去的法国相比。没有任何人类事业能丝毫无损地经受住这一试验。

身为作家或艺术家的知识分子是“理念人”(homme des idées),而作为学者或工程师的知识分子是“科学人”(homme de science),他们信仰人和理性。大学传播的文化是乐观主义和理性主义的:被考察的一切社会生活形式都是毫无根据的,是历史积累的产物,而并非远见卓识或深思熟虑计划的体现。其职业活动并不要求对历史进行思索的知识分子,常常对“现有的社会混乱”作出自己的终审判决。

当知识分子并不局限于批判现实时,困难就会出现。从逻辑上说,他们采取的步骤有三。首先,通过技术批判(critique technique),他们设身处地地为那些统治者或管理者着想;通过建言献策,以减轻那些他们揭示出的罪恶;接受行为上的束缚和古已有之的集体结构,有时甚至是现有制度的法律。他们并不援引美好未来的某种理想组织,而是以那些更符合常识和更有希望实现的结果为参考。其次,道德批判(critique morale)以事物本来应该如何来反对事物的现状。人们不仅拒绝接受殖民主义的残酷、资本主义的异化,而且拒绝主人和奴隶之间的对立以及贫困与奢华相并存的丑行。即使不考虑这些拒绝所产生的结果和将它们转化为行动的方式,在面对与自卑不相称的人性之时,人们也觉得不可能不发出宣告或号召。最后,意识形态或历史批判(critique idéologique ou historique)以未来社会的名义指责现有社会,将有违良知的不公正现象归咎于现实社会的原则,如资本主义、带着剥削的必然性的私有制、帝国主义和战争,并描绘出一个全新社会的蓝图,在那里人们完成自己的使命。

每一种这样的批判都有其功能和高尚之处,同时又都受到堕落的威胁。技术论者常常受到保守主义的影响:人是长久不变的,共同生活的令人不快的必要性也并没有改变。道德论者在事实上的放弃和口头上的不妥协之间摇摆:否定一切,也就是最终接受一切。在与当前社会或任何社会密不可分的不公正现象和属于伦理判断范畴的个人敲诈勒索行为之间,人们应当如何区分呢?至于意识形态批判,它常常脚踏两只船。对于世界的一半人来说,它是道德论的,尽管它对革命运动采取了一种非常现实主义的宽容。当法庭设在美国时,对罪行的取证从未使人满意过。当镇压落到反革命头上时,它从未被看作是过分的。行为是与激情的逻辑相符的。多少知识分子,起初是出于道德愤慨而倾向革命政党,最后却认同了恐怖统治和以国家利益为名的理由(raison d'Etat)!

每个国家都会或多或少地具备这种或那种批判。英国人和美国人兼具技术批判和道德批判,法国人则在道德批判和意识形态批判之间摇摆(反叛者和革命者之间的对话就是这种犹豫的典型表现)。至少在知识分子里面,道德批判可能最经常地成为整个批判的深层根源,这使他们同时获得了"错误纠正者"的荣耀与总是说不的精神,此外还有忽视行动之严格约束的职业演讲者这一较少奉承含义的名声。

长期以来,至少在我们西方自由社会当中,进行批判已不再是有勇气的证明。公众更愿意在报纸上找到可以证明他们的不满或要求的论据,而不是找到理由承认:在一些特定环境中,政府的行为不可能会和它原来的所作所为有很大的差别。通过批判,人们可以逃避对某一措施引起的令人讨厌的结果的责任,即使这一措施大体上说是令人满意的;避免历史动机中的不纯洁。无论他的论争多么激烈,反对者都根本不会因为他的所谓异端思想而遭受痛苦。无论是在支持罗森伯格夫妇①的倡议书或反对西德重新武装的倡议书上签字,还是把资产阶级称为强盗集团或是经常采取与法国政府相对立的立场,这些都丝毫无损于他们的职业,即使是国家公务员也是如此。那些拥有特权者又是怎样地欢迎

① 朱利叶斯·罗森伯格(Julius Rosenberg, 1918—1953),美国工程师,与其妻伊斯尔·罗森伯格(Ethel Rosenberg, 1916—1953)都是美籍犹太人,1953年6月19日被美国政府以"核间谍"罪名处死。——译注

抨击他们的作家啊！在辛克莱·刘易斯[①]的成功中，很重要的一个原因就是美国社会已有了各种各样的“巴比特”。资产阶级和他们的子女，以前在文人们的眼中粗俗不堪，而今已被文人们当成了资本家。然而，正是这些资产阶级和他们的子女确保了反叛者和革命者的命运。成功属于这些美化过去或未来的人：人们怀疑，在当代，继续毫无损害地维护以下这样一种适中的观点是否可能——从许多方面来说，现实与其他时代相比，既不更坏，也不更好。

知识分子和政治

当人们考察知识分子的政治态度时，首先一个印象就是它们与非知识分子的政治态度没什么区别。无论是在教授或作家的观念里，还是在商人或工厂主的观念里，同样都混杂了一知半解、传统偏见，以及更重审美而不是理性的思想。某位著名的小说家对他所出身的思维正统的资产阶级总是表示憎恨，而另一位，尽管他的哲学思想与辩证唯物主义并不一致，也在十五年之后为苏维埃政权所吸引。类似的经历几乎所有左派人士都会在某一时刻出现。

当涉及到他们的职业利益时，医生、教师或作家的行业工会提出要求的方式，并不会与工人工会的方式有多大差异。干部维护等级制，企业中的高级管理人员常常反对资本家或金融家。而公务员知识分子（intellectuels-fonctionnaires）则认为其他社会阶层的收入过高。作为国家的雇员和具有固定薪水的人，他们倾向于指责追逐利润。

知识分子的不同态度还可从他们每个人的社会出身中得到解释。在法国，只需比较不同学院的气氛（教师与大学生都包括）就足以证明这一点。高等师范学校属于左派或极左派，而政治学院，除了少数以外，

① 辛克莱·刘易斯（1885—1951），美国小说家，代表作为《巴比特》。——译注

都是保守派或温和派(1954年时的温和派最终成了社会主义者、人民共和党或“孟戴斯革命派”[①])。大学生的招收情况也能说明一些问题。在外省大学中,每个学院都有自己的声望,通常医学院和法学院比文学院或理学院要更倾向于右翼:在这两个例子中,教师的出身背景和所享有的生活水平与他们的政治观点有一定关系。

与此同时,职业特性可能也有影响。1954年时,乌尔姆街的巴黎高师学生在思考政治问题时,使用的是马克思主义哲学或存在主义。尽管他们反对资本主义,渴望“解放”无产阶级,但是他们对于资本主义或工人阶级状况的认识并不准确。学政治的大学生对“异化”认识较少,而对政治制度的功能却颇为了解(从某种程度上说,这既适用于大学生,也适用于教师)。

不可避免地,知识分子们把在自己职业中养成的思维习惯带到了政治领域中。在法国,综合工科学校的毕业生们无论是对自由主义思想,还是计划经济论,都赋予它们一种十分完美的表述,就好像他们尽管为各种模型所困扰,却依旧要求现实能与理性规划达到一种不可能的和谐一致。医学的实践并不倾向于对人性采取乐观主义的观点。尽管医生往往是人道主义者,但他们仍然关心如何维护自由职业的地位[②],并且对那些改革者的野心表示怀疑。

人们可以把这些分析扩展应用到比较不同国家的相同职业或同一国家内的不同专家,并逐渐形成一种知识分子社会学。虽然缺乏这样的研究成果,但是要指出对知识分子的态度具有决定性影响的环境和民族特性还是可能的。

知识分子的状况由一种双重关系决定,即与教会和领导阶级的关

① 人民共和党,当代法国政党之一,法文名为Mouvement Républicain Populaire(M.R.P.)。——译注

② 在美国,那些医生职业团体往往强烈反对社会保险制度。

系。造成盎格鲁—撒克逊国家与拉丁国家之间意识形态氛围上差异的远因，明显在于前者宗教改革获得成功和由此而来的基督教信仰的多样性,而后者却宗教改革失败,天主教会势力依旧强大。

中世纪欧洲更多的是教士,而不是知识分子。大量文人依附于教会机构,而大学就属于教会机构。即使是世俗的大学教授,他们也不与那些世所公认的现有精神权威的仆人相互竞争。现代知识分子的不同种类是逐渐形成的:依赖于君主制的法学家和公职人员,反对教条、捍卫自由研究权利的学者,出身于资产阶级、寻求大人物的庇护和通过文章取悦公众来谋生的诗人或作家。在几个世纪里,各种不同类型的知识分子,如抄写员、专家、文人、教授,逐渐向世俗化发展,直至今天的完全世俗化。一个人既是物理学家或哲学家同时又是教士的事,在现在就显得稀奇了。教士与知识分子之间的冲突,或者说是宗教信仰的精神权威与理性的权威之间的冲突，在宗教改革取得成功的那些国家里产生了某种程度的调和。人文主义思想、社会改革和政治自由并非就与基督教教义相矛盾。例如,英国工党的年度大会均以祈祷开始。而在法国、意大利和西班牙,尽管存在基督教民主运动,但是那些依据启蒙运动思想和社会主义观念的政党,一般而言均具有反对教会的思想。

知识分子与领导阶级的关系是与这两者相辅相成的。知识分子越是显得对那些统治、管理和创造财富的人的关心无动于衷,那么后者就越是会放纵地表达知识分子令他们感到的藐视或厌恶。特权阶层越是显得反对现代观念的要求、显得不能确保集体的力量或经济发展,那么知识分子就越倾向于持不同意见。社会给予那些思想家的声誉也会影响到对那些从事实践活动者的声誉的评判。

由于16、17世纪宗教改革和英国革命的双重胜利,英国知识分子已既不必与教会,也不必与统治阶级进行持续不断的斗争。它还定期培养出一些不信奉英国国教的清教徒,而如果没有这些清教徒,正统教派早就压制住了对社会准则和制度的各种批判。但是,在这些争论中,英国知识分子更注重实践经验，而不是像大陆知识分子阶层，尤其是法国知识分子那样重视形而上学思考。工商业主或政治家们对自己有足够的信心，这使他们在面对作家或教授时，既不觉得自卑，也不怀有敌意。英国的作家或教授，从他们的角度来看，与富人或有权势的人并不是互相分离的，在精英阶层中有他们的一席之地（虽然不是首要地位），因此他们很少考虑彻底颠覆。他们往往属于统治阶级。改革几乎都根据各种要求进行，以使政治经济制度本身不会陷入争论之中。

在整个19世纪中，在法国，国家形式从未被一致接受过，传统与革命之间的对话始终不断地进行着。不管是在君主制与议会制机构达成妥协时，或是在拿破仑剥夺了民主制原则时，或是在共和国过于倾向或是过于敌视社会主义时，法国知识分子都习惯性地持反对立场。

任何一次像1934年的危机或1940年的危机那样的危机，都足以重新唤起那些已日渐衰微的争论。即便是英国，它在30年代也变得动荡不安。由于受到各类事件的影响，加之和其他人一样无法逃避现实的迷惑，英国或美国知识分子在面对经济危机之时，也感受到了持不同意见的诱惑，也对苏维埃政权抱有幻想。尽管如此，左翼思想和法西斯主义在那里仍然只处于边缘地位。而在法国，这些思想却成为各种各样讨论的中心。由此，法国知识分子再一次把自己的国家和它所面临的具体问题抛在脑后，并耽迷于意识形态的妄想之中。

政治思考中使用的词汇来自每个国家特有的传统。西方各国具有相同的理论学说和意识形态：保守主义、自由主义、社会天主教派和社会主义。但是不同政党所具有的思想观念①、政治资本或哲学基础是不

① 此外，思想观念常常从一个政党转到另一个政党。在1815年、1840年和1870年，右翼政党是温和的，并且反对极端顽固分子。而革命的爱国主义则是狂热和好战的。直至19世纪末才变为左翼是温和的，而右翼是民族主义的。左右两派在对外政策上的立场常常相互颠倒。面对希特勒主义，右派倾向于采取绥靖政策和合作立场，而面对斯大林主义时，则是左派倾向于绥靖与合作。

一样的。经济自由主义(自由贸易、政府不干预生产和交换)思想在法国比在英国要更多地和社会保守主义联系在一起,并且其作用更多的是使社会立法陷入瘫痪,而不是消除农业或工业中那些不适应现实的产业。而在英国,人们往往不明白民主制和自由主义、议会制与共和制之间的分离。其产生的结果可能相似的某些观念,在这边被以功利主义哲学词汇加以转化,而在那边被融入抽象理性主义术语和对人权的激进民主主义的解释(interprétation Jacobine)之中,并最终进入黑格尔式或马克思主义的语言。

从另一个角度看,知识分子与民族共同体发生了联系:他们以一种特有的敏感体验到自己祖国的命运。威廉帝国[①]时期的德国知识分子绝大多数都忠于帝国。大学教师,当时在声望等级制中占有比财富等级制中更高的地位,他们都不是革命者。除了少数人以外,他们对政体应该是君主制还是共和制的问题漠不关心,而这一问题曾在他们的法国同行中激起了巨大争论。德国知识分子认识到工业化的迅速发展带来的一系列社会问题在本国表现得比在法国更加尖锐,因此他们在帝国和资本主义框架内寻找改革措施。马克思主义者在大学里为数不多,而且他们大多来自于那些处于边缘的知识分子。和法国的情况恰恰相反,可能由于德国作家和艺术家的社会地位低于教师,因此他们并不像教师那样忠于帝国。法德两国之间一个特别典型的对比就是:德国的绝大多数小学教师都具有民族主义倾向,而法国的绝大多数小学教师却倾向左翼。

后来,在魏玛共和国时期,德国知识分子内开始出现大量持不同意见者,他们对于这个毫无生气、由普通百姓或小资产阶级领导的共和国怀有敌意,对于战后德国国家地位的下降所带来的屈辱更是愤怒。工人和农民感觉国家独立和繁荣受到了损害,而知识分子则认为国家威望

① 指1871年到1918年的德意志帝国。——译注

遭到了破坏。知识分子往往自认为跟国家财富和武装力量没有什么关系(但是如果苏联拥有的军队只有原来的十分之一,那么在法国还会有多少斯大林主义者呢?),并且很少跟国家辉煌有什么关系,因为国家辉煌只是在部分程度上与他们的著作和事业有关。只要他们的国家拥有庞大的军队,他们就忽略了这种关系,但是听任“历史精神”(l'Esprit de l'Histoire)和权力转移到其他国度的时刻的来临,这对于知识分子来说是痛苦的。因此对于美国的霸权,知识分子比普通人更觉得痛苦。

国家命运对知识分子态度的影响有时是以经济形势为中介的。面对失业、经济增长缓慢以及老一辈或外国老板的抵制,整个知识分子表现出比其他各个社会阶层都激烈的反应,因为他们的志向更为远大,拥有的行动手段更为广泛。对于其他人所遭受的不公、贫穷和压制,他们都发自内心地表示愤慨,那么当他们直接被损害时,他们能不更加大声地表示反对吗?

要重新发现20世纪的革命形势，只要列举出那些大学毕业生在其中屡受挫折的环境即可。在德国,一战失败后十年的经济大萧条,使成千上万的“半知识分子”(semi-intellectuelles)职业的候补者流离失所:革命成为惟一的选择。在突尼斯和摩洛哥,职位由法国殖民者垄断,这使得那些从法国大学毕业的当地人饱受痛苦,并最终将他们引向反抗。

在那些旧的统治阶级如地主、富商、部落首领等仍然几乎完全垄断权力和财富的地方，在西方理性主义文化所给予的承诺与现实所能提供的一切之间，以及在大学毕业生们的渴望与他们的运气之间存在的差异,逐渐激起了这样的情绪,即客观环境要求反对殖民统治或反动势力,进行民族革命或马克思主义革命。

甚至西方工业社会也因为充满失望情绪的专家和被激怒的文人的联合而陷入危急之中。寻求效率的专家和遵循某种理念的文人们联合起来反抗现有政权,指责它既不能唤起人们对集体力量的自豪感,也不能使人获得参与一项伟大事业的内在满足感。可能结局会使技术专家和意识形态者都不满足。意识形态者们通过歌颂现有政权的功绩来获得相对安全，技术专家们则通过构建水坝来寻得自我安慰。

知识分子的天堂

法国被世人视为知识分子的天堂，而法国知识分子则被视为是革命的：将这两个事实结合在一起显得甚为荒谬。

一位根本不为议员们所知的英国前卫作家来到巴黎，并在圣日耳曼—德普雷街附近定居下来后，也开始变得狂热起来。突然间，政治使他热血沸腾，而在他的祖国英国，政治所具有的审慎克制曾抑制了他这方面的兴趣。在法国，政治争论往往精细微妙，变幻莫测，使得任何职业的知识分子都不会对之漠不关心。让—保罗·萨特的最新文章本身就成了一个政治事件，或至少是被一个狭窄的但相信其重要性的小圈子当作政治事件来接受。功成名就的小说家的政治野心和政客的文学野心会发生冲突。政客们梦想写一部小说，而小说家们则梦想成为政府部长。

人们会认为这种说法有失肤浅，所谓的天堂亦不过适用于旅行者而已。以写作为生的文人数量不多。小学、中学和大学的教师们拿着微薄的薪水过着平淡的生活（但是前轴驱动的汽车或“203型”汽车也可能为领取双份薪水的大学教师家庭所拥有），研究者在条件简陋的实验室里工作。人们往往寄希望于一位名声卓著、著作等身的知识分子，认为他将用他的笔来为那还不明确的革命服务，但是人们忘记了这些知识分子早就对商人、外科医生或律师所享有的种种（并未明说的）好处与知识分子自身生活条件的简朴之间的强烈反差愤怒不已。

对于经济方面的状况，知识分子与其他法国人一样敏感。有些知识分子想像国家出版社将会扩大他们书籍的发行量，而另一些则以为苏维埃政权将毫不犹豫地为他们提供法国共和政府吝于提供的那些研究工具。在大西洋彼岸，某些语言专家所写的东西使人们很难称他们为知识分子,但他们却通过写作,获得相当可观的收入[①]。在美国,有慷慨的大企业主,他们把那些徒具写作技巧而无精神底蕴的作品转化为商品;在美国,还有富裕大方的国家政府在资助科学研究和艺术创作,凡此种种,均使那些生活在无论是资本家还是国库收入都难以满足这种奢侈的国家的知识分子们羡慕不已。

不过,我却怀疑这种解释是否已切中要害。在法国,技术工人和大学教师之间的工资差异同样很大,可能比美国还要大。如果说在赚钱方面,从事那些高贵活动(如写作科学或哲学书籍)的人要逊于从事低等一些的工作的人(如记者)的话,那么,这种现象绝非法国所独有。致力于高贵活动的人,如学者、哲学家和作品印数很少的小说家们,他们不仅享有盛名,而且还几乎拥有全部的自由。对于一个给予知识分子体面生活(在此,得考虑到那里的集体资源),非但不限制他们的活动,而且还宣称其精神产品代表了最高价值的社会,为什么竟然会有如此多的知识分子表示讨厌,或者是流露出厌恶的情绪呢?

理性主义和革命左派的意识形态传统解释了那些知识分子用以表达所持不同立场的词汇。这一不同立场本身就取决于当时的社会形势。绝大多数对政治感兴趣的知识分子言辞尖刻,因为他们感觉到被剥夺了那些理应属于他们的东西。无论他们是情绪激昂,还是态度谨慎,都觉得自己所说的话听者寥寥。法兰西第四共和国,由于它听从那些没有共同理论学说的议员的指令和不同利益集团的相互矛盾的要求,不仅使预言颠覆者气馁,而且还使它的坚定支持者们灰心丧气。面对一个不断变化的世界,它原有的众多美德已显得过于保守、不合时宜。

心智与行动之间的明显分离,并不应当仅仅由政体独自承担责任。知识分子似乎比其他人更加与社会秩序息息相关,因为在巴黎社会中,小说家拥有与政治家相同甚至更高的社会地位。即使是在考察某件他

① 《时代》周刊编辑的收入为三万美元。

自己也承认不了解的事时，作家也毫无争议地拥有广大的读者群，而这种现象在美国、德国或英国是难以想像的。由妇女和夸夸其谈者在沙龙占主导地位的这一传统，在“技术时代”仍然保存下来。总的文化氛围依旧允许人们随意讨论政治，既不特意保护愚不可及的行为，也不倡导具体改革措施。总之，与其他国家的知识分子相比，法国的知识分子更少与实际行动相联系。

无论是在美国、英国甚至德国，各种观念和人员在以下几个领域中不停地流动着：经济学家与工业、银行业领导阶层之间；工业、银行业领导阶层与高级政府官员之间；严肃的新闻界与大学或政府之间。而在法国，企业主们对经济学家所知甚少，甚至直到现在，他们还常常对经济学家们嗤之以鼻。政府官员们对教授们的建议根本不予理睬，记者们与教授或其他社会阶层的人也很少有联系。对于一个国家的繁荣昌盛来说，最重要的事情莫过于使知识与经验在大学、编辑部、政府部门和议会之间相互流动。政治家、工会领袖、企业经理、教授或记者既不能相互联系从而组成一个垄断权力的单一政党，也不能因为偏见与无知而相互分裂。从这一点看，没有哪个统治阶级比法国统治阶级的组织性更差的了。

作家并未指责我们的统治者忽视政治科学或经济学方面的教育，而是批评美国文化轻视作家或思想家，并且以专家头衔来雇佣知识分子。与此相反，经济学家或人口学家指责议员和部长们因过于重视利益集团的辩词，而忽视了公正的判断。由此，所有人最终都加入到毫无约束、不负责任的批评之中，痴迷于革命。对一些人来说，这场革命可归结为生产力的巨大努力和不断扩大，而对另一些人来说，它意味着历史的转变。孟戴斯—弗朗斯集团聚集了专家、作家、国家预算委员会的官员和弗朗索瓦·莫里亚克先生。或许，分权可以缓和所有人的怀旧心理。

权力、财富和威望的丧失对于旧大陆的所有国家来说都是共同的。经过两次世界大战，法国、英国与两度被毁的德国一样都是失败者。而美国,不仅因其国家统一而拥有自然条件方面的优越性,而且在人均财富占有量、可动员国力上也占有优势。但是,如果没有20世纪的两次世界大战,法国和英国将继续在世界舞台上扮演重要角色,并通过来自海外投资的收入毫无困难地支付进口所需的费用。现在,由于它们的边界正受到一个大陆帝国的威胁,如果没有外部帮助,它们将很难生存,并且感到无力保卫自己。美国与欧洲在劳动生产率上的差距也变得越来越大,而不是逐渐缩小。如果霸权至少还是一种好运的话,那么欧洲人怎么会宽恕那些从中获益者的愚蠢行为所造成的后果呢?即使美国人是无可指责的,欧洲人仍旧很难不对美国地位的上升(与此相对的是欧洲自身地位的不断衰落)持严厉批判的态度。感谢上帝,美国人并不是无可指责的。

领导者受到指责是正常的。在英国统治世界的时候,它也从未招人喜欢过。二战结束以来,也就是从英国不再能对世界事务拥有决定权,而处于一种批评地位以后,英国的外交政策使它重新获得了一些威望。在与苏维埃阵营的谈判中,英国通过表明立场、运用否决权等手段,在莫斯科或北京赢得了美国通过武力才获得的尊重。美国的所作所为与欧洲人所期望的情况之间所存在的差异,需要有另一种解释。大体而言,美国的外交政策与欧洲人的好恶相一致。通过提供大量经济援助,美国为旧大陆的经济恢复贡献良多;它从未倡导解放东欧国家;它对于北朝鲜的进攻作出了反应,但它既未接受冒险,也未接受可能会带来军事胜利的牺牲;它也并未尝试拯救印度支那。对美国仅有的明确指责有二:其一是越过三八线(这是一项美国人至今仍可能认为是正确的决定);其二是不承认北京政府(这是一个没多少理由可说的错误)。

从根本上说,美国的战略在行动上与绝大多数欧洲人(包括知识分子)的愿望并没有很大差异。那么欧洲人为什么抱怨,或者说他们抱怨的深层动机是什么呢?我认为有其重要性依次提高的三方面的因素:首先,由于着迷于对共产主义进行抵制,美国在过去曾支持了一些“封建或反动”的政府(此外,一种组织得很好的宣传把所有积极的反共产主义者都当作“傀儡”或“反动派”)。其次,作为核武器的拥有者,美国成为一场可能爆发的战争(这是人类所厌恶的)的象征性责任者。几个月前,赫鲁晓夫在布拉格吹嘘苏联已率先制造出氢弹,但通讯社并没有提这句话。与美国相比,苏联同样努力(可能还更加努力)生产核武器,只是它说得比较少罢了。最后,在我们看来至关重要的是,人们指责美国领导人承认世界被分裂为两个阵营,并通过承认而强化了这种分裂。因为这样的解释势必将欧洲国家置于二等国家的地位。

不久以前,在巴黎和伦敦,人们甚为藐视中欧或东欧知识分子的民族主义思想,并将之(并非毫无道理地)归结于旧大陆的“巴尔干化”。那么,此后在法国左翼知识分子圈中所采纳的民族主义难道就与之有多大差别吗?所谓的大国在面对自己地位衰落时作出的反应,并不就比那些所谓的小国昔日为它们的突然复兴作出的反应更理性。没有哪个口号比共产党人提出的“民族独立”更加成功。然而,对波兰或捷克斯洛伐克的命运进行考察,并不需要非同寻常的敏锐眼光;同样,把法国的军事资源与欧洲防务必需的条件进行对照,也不需要什么超常的智力。拒绝建立一切西方外交或军事力量的共同组织的法国知识分子,与1919至1939年间的波兰知识分子(他们小心谨慎地要求恢复本国在外交政策上的自由)一样犯了时代错误。而波兰知识分子直至1933年,还可以将俄国和德国这两大国的衰落作为辩解的理由。

我们并不是要为欧洲防务共同体进行辩护,这种共同体的意图要比其制度更为可取。六国同盟对那些形形色色的强烈反对意见早已有所准备。人们甚至想出一些合情合理的辩护词,支持在特定的条件下建立一个在美国力量保护下不受苏联侵略的欧洲。这一特定的条件就是,无须正式签署同盟协定,也没有美国军队驻扎在莱茵河或易北河地区。但是知识分子却不为这些复杂的论据所动——如果美国对于维护平衡来说必不可少,那么,大西洋协定代表了一种最简单的形式——知识分子们对于一个表面上重获行动自由权的欧洲的表现颇为敏感。

这些知识分子对于他们同胞的情感并没有切身体会。普通人既有对过于强大的盟国的怨恨,也有民族衰落引起的辛酸,既有对昔日辉煌的怀念,也有对一个被改变的世界的渴望。但是,知识分子应该平息这些情感,指出永远团结一致的理由。然而,知识分子们,尤其是法国知识分子[①],不是要去完成这一引导任务,他们更愿意背叛他们的使命,并通过向群众提供所谓的证据来煽动他们原本不太好的情绪。确实,在美国的问题上,这些知识分子内部就存在着争论。

在绝大多数国家中，知识分子比普通人更反美。朝鲜战争期间，让—保罗·萨特就罗森伯格事件所写的一些文章[②]，使人想起反犹主义

---

① 我指的是那些既不是共产主义者,也不同情共产主义的人。共产主义者们是忠诚地为苏联服务的。

② “在有一点上,你们可能获得了胜利:我们并不想伤害任何人:你们在我们心中引起的藐视和厌恶,我们并不愿将它们变为仇恨。但是你们无法让我们接受处死罗森伯格夫妇是一个‘令人遗憾的事故’,而不是一个司法错误。这是一起血染整个民族的私刑处死,它一劳永逸地、鲜明地宣告了北约组织的破产,并表明你们无力承担领导西方世界的任务。

……但是如果你们屈服于自己的这种罪恶的疯狂,那么明天这种疯狂就会使我们陷入一场毁灭性的战争。在欧洲,所有人都明白:你们是在谋求和平还是世界大战,这一切取决于你们是否处死罗森伯格夫妇。

……这是一个什么样的国家啊,如果它的领导人们被迫做一些惯常的杀人以使人们宽恕他们没有制止战争?

……你们不是叫嚷说它是某些狂热分子和不负责任者的行为吗:这些人就是你们国家的领导人,既然你们的政府听从于他们。你们还记得纽伦堡审判和你们的集体责任理论吗?那么!今天正是你们应该被运用这一理论。你们应对罗森伯格夫妇的死负集体责任,你们中的一些人曾怂恿这一死刑,另一些人则听任它的实施;你们容忍美国成为新法西斯主义的发源地;你们徒劳无益地辩解说这一死刑与希特勒的大屠杀不可同日而语:但是,法西斯主义的界定并不是看受害者的数目,而是依据其杀人的方式。

……通过处死罗森伯格夫妇,你们就试图以一个人的牺牲来阻止科学的进步。魔法、驱

者们的那些反对犹太人的文章。人们将美国视为他们所厌恶的事物的化身，并且将在这个灾难时代积累的巨大仇恨都集中于这一具有象征性的实体上。

法国知识分子在罗森伯格事件的问题上表现出的几乎一致的态度,在我们看来颇有特点,而且直至今天仍令人感到奇怪。自从占领时期的国家法庭和解放时期的法院出现之后，人们不会再认为法国人具有强烈的正义感。《现代》和《精神》杂志的那些好心肠的知识分子对于肃清时期[①]的过激行为不但无动于衷,反而更倾向于指责临时政府在镇压时不够严厉。在有关诉讼中，他们还表现出了对苏联体制的广泛同情。那么,为什么这些知识分子在罗森伯格事件中,就像他们的先辈们在德雷福斯事件中所真心感受到的那样,会显得如此愤慨呢？这些先辈厌恶以国家利益为名的理由和“军事法庭”,但在参加运动时表现得犹豫不决[②]。对于法官因为那些发生在苏联还是盟友而非敌人时期的行为而做出死刑判决,人们应当感到遗憾。已有的长期监禁使死刑显得更残酷和更容易引起人们的同情心。但是在法律上无可非议的法官的判决,引起了遗憾或非难(如果人们同意陪审团的判决),更别说道德论者的尖锐指责了。然而,至少罗森伯格夫妇的罪行是极有可能存在的。法共的宣传只是在审判结束几个月后,即当法共的领导人首次确信,被指控

逐巫师、火刑、牺牲:我们明白,你们的国家已陷入一片恐惧之中。你们害怕所有人:苏联人、中国人、欧洲人;你们相互之间也害怕,你们在自己核武器的阴影下恐惧不安。

……在此期间,如果我们,整个欧洲,大声叫喊,你们也得为之震撼:注意,美国已经得了狂犬病。让我们断绝与美国的一切关系,否则我们也将被咬并失去理智。”(萨特,《得了狂犬病的动物》,刊于1953年6月22日的《解放报》)

这篇文章与反犹主义者文章在相似方向可以说是什么也不缺,更别说对仪式杀人的指控。

① 指1944年法国解放时对为德国法西斯效力的法奸的肃清。——译注

② 在人们具有正义感的英国,有关罗森伯格的共产主义运动失败了。

为核间谍的党的活动分子始终否认有过那些在真正好的斯大林主义者眼中正当行为之后,才开始占据上风。这一宣传成功地将判决说成是一个司法错误,认为这一判决之所以如此严厉,是因为受到了审判时期的气氛的影响,而没有考虑犯罪时的舆论。在法国,这种宣传的成功更多是由于想指责美国,而不是由于关心正义或心理技术的效果。

如果人们想到,在很多方面,美国引以为据的那些社会标准和批评它们的人所不断宣称的东西并没有什么区别,悖论就会由此凸显。工人生活水平的低下,地位不平等,经济剥削和政治压迫,这些都是左翼知识分子揭示的社会生活中的罪恶;他们以提高生活水平、缩小阶级差别与扩大个人和团体的自由来反对这些罪恶。然而,大西洋彼岸的官方意识形态充满了这一理想,而且,美国生活方式的支持者们也许可以毫不夸张地断言,他们的国家已经接近这一目标,并且比其他任何国家都要接近。

欧洲知识分子究竟是想抱怨美国的总体成功,还是部分失败呢?很明显,他们对美国在理想与现实之间存在的矛盾尤为不满,其中黑人少数民族的命运更是这方面的典型例子和象征。然而,尽管存在着根深蒂固的种族偏见,美国的种族歧视已得到了缓解,黑人的地位也有所提高。美国精神中存在的人人平等原则与肤色隔阂之间的冲突需要很好地理解。事实上,欧洲左翼尤其抱怨美国没有依照与所选择的意识形态相一致的方法就获得了成功。繁荣、强盛、地位的逐渐一致,这些结果的取得是通过个人创造和竞争,而不是国家干预,换句话说就是通过资本主义来实现的,而对于那些出身很好的知识分子来说,他们只知藐视资本主义,却根本就不想去认识它。

作为一个实践上颇为成功的例子,美国社会并不体现某一历史观念。它所一直努力培育的简单、朴实的观念在旧大陆早已过时。美国依旧保持着18世纪欧洲式的乐观:他们相信改善人的命运是可能的,提防腐化的政权,暗中敌视权威以及某些人声称的比常人更好地知道何为幸福的秘诀。在那里，没有革命和无产阶级的位置，有的只是经济扩展、工会和宪法。

苏联对知识分子所进行的控制与清洗表明：至少它还颇为重视知识分子。正是这些知识分子，为苏维埃制度提供了冠冕堂皇和含糊不清的学说，而官僚们则根据这一学说形成一种国家宗教。甚至到现在，通过讨论阶级冲突和生产关系，知识分子们仍会同时获得神学讨论的快乐、科学争论的质朴满足和沉思世界历史时的陶醉。而对美国现实的分析，却从来没有提供过此种愉悦。美国从未过度迫害自己的知识分子，以至于使他们转而受到恐怖统治的诱惑；相反，它赋予其中一些知识分子以某种暂时性的、可与电影明星或棒球运动员相媲美的荣耀，而对绝大多数知识分子却不闻不问。但对知识分子而言，遭到冷落比受到迫害还要难受。

除了这种冷落之外，还有另一种理由更为充分的不满，即认为为实现经济成功而付出的代价往往显得过于昂贵。工业文明的奴役、人际关系的冷漠、金钱的力量和美国社会的清教徒成分，这一切皆使那些秉承欧洲传统的知识分子愤怒不已。他们轻率地将所付出的代价——这些代价可能是不可避免的，也可能是暂时的——归咎于现实或那些他们不喜爱的词语。他们将各种文摘或好莱坞的电影与供有权势者享用的最杰出的作品相比较，而不是与专给普通人看的作品相比。取消生产工具的私有制，并不能改变电影或广播的庸俗性。

在此，知识分子再一次显得比普通民众更加反美。在英国，普通人很难抗拒美国电影的诱惑。但是为什么知识分子自己不承认他们更感兴趣的是其作品和生活的精致考究，而不是工人的生活水平呢？为什么当他们事实上是在竭力为贵族制的价值观念辩护，以使它们免受大众商品和普通民众的侵蚀时，却要极力抱住民主制的各种行话和术语不放呢？

知识分子的地狱

法国知识分子与美国知识分子之间要展开对话交流非常困难,因为后者所处的社会环境在很多方面都与法国不同。

在美国,语言专业的大学毕业生或教授人数,无论是从绝对数量还是相对数量来看,都比法国要多,因为它随着经济发展而不断增加。但是从此以后,美国知识分子的典型代表已不是文人[①],而是专家,可能是经济学家,也可能是社会学家。人们信任技术专家,却不相信有学问的人。甚至在文学领域,分工也在逐渐产生。各种脑力劳动职业据以相互区分的名望等级,在美国和英国之间难道有很大不同吗?由于缺乏精确的调查,这个问题尚难以准确回答。这种等级制,不管怎样难以确立,即使在同一国家内也可能会随团体的不同而不同。每种职业都有它们自己的一套东西。一个毋庸赘述的简单事实是:在法国始终处于前台的小说家或哲学家,在美国知识分子中却默默无闻。

如果说巴黎的塞纳河左岸是作家的天堂,那么,美国就可能是他们的地狱。而且在过去十五年中,“重回美国”(Retour à l'Amérique)这一公式已深深铭刻在美国知识分子的历史当中。法国对那些唾弃它的知识分子颂扬有加,而美国对那些赞颂它的知识分子却毫不宽容。

在这两个例子中,其动力似乎如出一辙:法国知识分子是对本国所蒙受的耻辱作出反应,而美国知识分子则是对自己国家的强盛作出反应。两者都始终是彻底的民族主义者,其区别只不过是,一方担忧遭到报复,另一方则想重现辉煌。有意思的是,同是在1955年的美国,还发生了一场有关“书生”(Egghead)的争论,而且在《党派评论》(*Partisan Review*)杂志上还刊登了一份名为“美国和知识分子”的调查。尽管此前这份杂

① 与法国的情况截然相反,在美国文人中间,教授在各种观念的讨论中占据着比小说家更为重要的地位。

志曾表明，从事思想活动的美国知识分子已接受“大美国”的爱国主义思想，但是这份调查却显示，在相当大一部分的美国社会舆论中，对从事思想活动的人仍然有一种潜在的敌意。

尽管“书生”一词的起源相当含糊——人们将它的产生归于多位创始人——但是它已取得了令人震惊的成功。在短短几天之内，它就风靡全美：各种日报、周刊和杂志纷纷载文支持或反对“书生”。这场论战与当时的选举运动密不可分：M.A. 斯蒂文森的亲信们之所以对此避而不提，乃是因为他们都是这一阶层的代表人物；而共和党则竭力通过将民主党候选人与这些人混为一谈来败坏他的名誉。这场论战的发起者都是新闻记者或作家，而从社会学的角度来看，这些人与那些他们在报上揭露的人一样都属于知识分子。由此，我们有必要搞清楚作家或教授的哪些特性使其成为可鄙的“蛋头”[1]。

路易·布罗姆菲尔德堪称反知识分子者(les anti-intellectuels)中最知识分子化的一位，因此，借用他的下述定义或许不无助益：“大凡虚伪而自命不凡的知识分子，常常是教授或教授的宠儿。他从根本上说是浅薄的。无论对于什么问题，他的反应都会过分情绪化和女性化。他不仅傲慢和令人讨厌，而且对于那些更有见识和更有能力人士的经验往往满是不屑。他的思维方式本质上混乱不堪，并沉浸于多愁善感和狂暴的福音主义之中；作为支持社会主义和中欧自由主义的教条主义者，他反对希腊—法国—美国式的民主政治和自由主义观念。他听命于过时的尼采道德哲学，这一哲学往往将之引向监狱或耻辱。一个完全自我中心的书呆子，考虑问题时如此面面俱到以至绞尽脑汁。一颗正在流血但却是贫血的心。”[2]

---

① 作者在此所用的法文词为tête d'oeuf，即上文“书生”一词的英文“Egghead”的法文对译词。Egghead在英文中含有贬义，有点“臭老九”的味道。——译注

② 《自由人》(*The Freeman*)，1952年12月1日。

这一定义是那些反对知识分子的各种经典指责的集大成者:知识分子自以为比普通人更有能力,事实却恰恰相反;他们缺乏男子气概和决断;由于考虑到了问题的方方面面,因此他们不再能抓住问题的本质,变得无法作出决定(同性恋的影射是这一争论的最极端形式)。最后,具有教条主义特点的中欧社会主义成为耽于某种浅薄的马克思主义,并为共产主义开辟了道路的“书生”的思想意识的特点。

这种类型的争论并不局限于美国。资产阶级家庭的子女想从事文学或艺术时,家长往往会骂他们是“空想者”、“幻想者”、“空谈家”或“不考虑现实和实际的人”;而当教授、伦理学家批评政客、企业主行为粗野时,这些政客、企业主脑中所想、嘴中所说的也是上述词语。

美国的争论有着一些自身特点。在当今法国,从事实际活动的人对于知识分子的价值观念表现出了颇多的敬意,他们从来就不敢公开说出以上这种判断。人们不断思索着文人的不是之处,但却不太敢把它们说出来。缺少男子汉气概或同性恋之类的影射,在大洋此岸并非无人知晓,却从来没被说出来过,这类说法因有粗俗之嫌而无人使用。美国精神气候中更独特的一点是,对知识分子的指责和对那些我们称为左派知识分子,而布罗姆菲尔德称为“自由派”的人的指责是结合在一起的。

这些自由派背叛了真正而又独特的美国传统,即“伏尔泰、百科全书派、杰斐逊、富兰克林、门罗、林肯、格罗佛(Grover)、克利夫兰、伍德罗·威尔逊”的自由主义。这些伪自由派都派生于那位叫作卡尔·马克思的人,他们带来的不是某种理想,而是安全感。他们借助于各种补助和津贴以赢得选票,并采用了“一种与曾经加速了罗马、拜占庭、大不列颠毁灭的方式”相同的方式。他们都主张实行计划化,只相信自己的智慧,而对普通民众持怀疑态度;他们并非共产主义者,但是却往往思维混乱,从而使自己在雅尔塔、波茨坦被斯大林主义者所欺骗。

麦卡锡主义也对左翼知识分子提出指控,指责他们为“非美国人”(non américain),是“可耻的卡尔·马克思的信徒”,犯有试图在杰斐逊和林肯的国度中引入中欧社会主义的罪行。这一谴责同样把计划经济论和同性恋扯在一起,并宣称,如果说“福利国家”理论也与国际共产主义的所作所为有牵连的话,这或者是因为它分享了错误理论,或是因为它加速了其行动,或是因为它有意无意地和这种国际共产主义结合在一起。

尽管在时间上存在差距,这种反自由派(取这个词的美国含义)的因循守旧是对另一种相反的因循守旧的回应。在30年代,绝大多数自由派相信在托拉斯的反对者、社会立法的支持者和布尔什维克之间确实存在着某种连续性或相互联系。在第二次世界大战期间,这种连续性或相互联系在超越了与苏联结盟的必要性的情况下,维护并阐明了这一左翼的或进步主义的联盟,而且,它在尽可能长的时间里拒绝相信阿尔吉·希斯(Alger Hiss)[①]的罪行。二十年前,那些受共产主义影响的人更多的是来自资产阶级和知识分子,而不是工人或受压迫的少数人群体[②]。

此外,在美国漫游的欧洲知识分子几乎到处都能遇到随大流的反麦卡锡主义者,此外他也觉察不到麦卡锡主义的全能统治。所有人都反对那位著名的参议员[惟一例外的名人是詹姆斯·伯纳姆(James Burnham),他因为拒绝简单地指责这位参议员而被从《党派评论》编委会除名]。不幸地是,所有人都同样感觉自己属于少数派,并对与共产主义结盟这段过去的历史抱有含糊的错误意识[③]。他们还害怕公众舆论,这一舆论对红色、玫瑰色、浅玫瑰色、共产主义者、社会主义者和新政人士抱着同样的敌视态度。

在美国大学中,不反对麦卡锡的人将会遭到同事们的严厉谴责(尽管他不必担心自己会失去工作)。然而,同样是这些教授,过去却在是否

---

① 原美国国务院高级官员,1948年被指控为华盛顿特区共产党间谍网成员,曾向苏联提供过国务院秘密文件,后以伪证罪被判五年监禁。——译注

② 共产主义宣传在美国黑人中的失败是一个颇有意思的现象。黑人想成为真正的美国人。他想使美国现实与美国理想相符合,他并不选择革命。

③ 这一错误更多地是属于知识分子,而不是普通人,后者由此确信常识高于智力。

对一些问题,例如中国共产主义问题公开表态上迟疑不决。随大流式的反麦卡锡主义思潮令人惊奇地与反共产主义思潮结合到了一起。人们在反对这位参议员的行为的同时,会补充说他们同样厌恶共产主义。几乎一致反对麦卡锡主义的知识分子团体感受到一种针对自己的隐秘威胁:有一部分美国人对专家、外国人和各种观念产生了怀疑,并把这种怀疑通过赫斯特(Hearst)或麦考米克(MacCormick)控制的新闻媒体表达出来。他们认为自己被昔日的领导人所出卖，并由此将怒火转向教授、作家、艺术家,指责他们应对东欧被苏联军队占领、蒋介石的溃败和医疗制度的社会化负责。

尽管对这种反知识分子浪潮颇为担忧，但这些知识分子对美国的好感丝毫不减。旧大陆已失去了往日的声名:与希特勒德国或苏联的集中营相比,美国生活中某些方面存在的残酷和庸俗根本就算不了什么。经济繁荣保证了那些欧洲左翼人士提出的各种目标的实现。全世界的专家都来到底特律寻求财富的奥秘。难道要以某些欧洲的价值观念名义来反对美国的现实吗?或者说,难道要以欧洲的业已为机器摧毁和浓烟污染的魅力与文化的名义来反对美国的现实吗?事实上,对前工业社会的怀旧情绪,已使某些作家将法国生活方式置于美国生活方式之上。但是，对大多数人来说，为了实现这些特殊成就需要付出怎样的代价呢?欧洲人不是已经准备为提高生产力而牺牲这些价值观念、魅力与文化等等,为提高大众生活水平而不惜实现任何程度的美国化吗?在美国看来,社会主义建设,即在作为国家惟一主人的共产党推动下加速进行的工业化,非但没有避免,反而还增加了技术文明的弊端。

某些知识分子依旧坚持反成规(anticonformisme)的传统,同时指责法令、托拉斯、麦卡锡和资本主义。既然它重新拾起了昔日战斗的自由主义的某些主题,那么这种反成规就不是完全不随大流的。当前,美国知识分子正在寻找敌人。一些人在与共产主义进行斗争,并自称在世界各地都能发现共产主义;另一些人则与麦卡锡进行斗争;最后,还有一些人则既反对共产主义,又反对麦卡锡。在此,还不包括那些万不得已而被迫揭露“反—反共产主义”(anti-anticommunisme)的人。所有这些人都有如追杀非基督教徒的十字军成员。

* * * *

英国可能是以最理性的方式对待知识分子的西方国家。正如布罗根(D.W.Brogan)在谈及阿兰时所曾经说的那样,“我们英国人从不如此严肃地看待我们的知识分子”。由此,英国就避免了美国实用主义产生的狂热的反知识分子思潮,以及法国不加区别地对作家的政治观点和小说表示的尊崇,这种尊崇使这些作家过高估计了自己的重要性,并使他们倾向于各种极端的判断和拙劣的文章。我希望知识分子能成为20世纪的教士:国家事务已日益提高了专家的地位,而这些专家所犯的错误表明,不能对他们盲目赞颂。

确实,直到第二次世界大战,英国公学和大学的招生还只不过是统治阶级轻而易举地吸收一些新人的方式。持异议者与毫不动摇的社会妥协论形成鲜明对照。特权者之间的利益冲突既未触及宪法,也未涉及政治制度。知识分子设计构思的是支持改革的思想学说,而从不向广大民众提供对巨大动荡的怀念情绪。近几十年来的改革大大增加了大学生的人数,并扩展了提供大学生生源的社会阶层。英国的左翼知识分子尽管也一贯支持未来而反对过去,与世界上所有革命者有着某种联系,并控制了部分周报,但他们还没有与自己的祖国断绝关系。他们与保守派一样认同英国的议会制度。他们还将人民阵线的好处留给外部世界。在此,英国共产党的软弱反而保护了他们。

因此,他们既为英国政治制度的杰出成就所倾倒,同时又承认法国、意大利或中国等国的共产主义的合法性,认为自己既是良好的民族主义者,同时又是国际主义者。与之不同,法国人却梦想着通过将所有非法国人转变为法国人来实现这种和谐。英国人往往认为,在幸福的英伦三岛以外的地方,没有什么人配玩板球和进行议会辩论。这是一种有分寸的傲慢,这种傲慢也可能会得到“惩罚”:那些被英国人教育和解放的民族,如亚洲的印度、非洲的黄金海岸,将继续玩板球和进行议会辩论。

第八章

知识分子及其意识形态

政治意识形态总是或多或少地将事实建议和价值判断混合在一起。它们既表示了一种世界观,也反映了对未来的一种意愿。它们既不能被直接置于对错的选择之中,也不属于口味和颜色的范畴。终极哲学和喜好的等级区分需要对话讨论,而不是证实或拒斥;对现实的分析或对未来情况的预测随历史进程和我们从中获得的知识而不断变化。经验不断纠正着理论建构。

第二次世界大战以后的西方,整个思想状况是保守的。如果苏联不是一种威胁,如果核武器没有使人始终处于恐惧之中,那么欧美人将会享受重新来临的和平,美国人将会自豪地享受前所未有的经济繁荣,而欧洲人在经历了那么多的疯狂之后,将满足于一种平和的睿智。但是,两个世界的敌对仍在继续。革命已使那些外族起而反抗少数西方人。马克思代替了孔子,甘地的追随者们梦想着建造大工厂。

1954年秋天,轰鸣的炮声停止了,这是1939年以来,或者是1931年以来的第一次，但是枪声依旧：现在就关闭雅努斯神庙[①]的门尚为时过早。

重要事实

在西方，资本主义和社会主义之间的争论正在逐渐失去情感含义。一旦人们将苏联等同为社会主义，那么显然社会主义就不再是为了继承资本主义的遗产，而是确保生产力的发展。没有什么人主张应该在世界各地替代私有制。经济发展的阶段与政治制度更替相平行的观念已为各种事件所否定。

那些所谓的社会主义社会以改头换面的形式重新发现了现代体系固有的各种必要性。这里和那里一样，“管理者决定一切”。苏联的厂长经理们也为自己留下了相当于利润的东西。刺激生产的各种方式，薪水或效益奖励等都与往日西方资本主义所采用的相类似。直到现在，计划的制定者鉴于贫穷和迅速增强国力的考虑，并不关心各种投资的生产率和消费者的意愿。要不了多久，他们就会认识到生意萧条的危害和经济计算的要求。

对代议制的质疑是我们这个世纪的第二个重要事实。直至1914年，左派所极力维护和尽力自上而下阐明的，以及非西方人努力效仿的，正是各种自由：新闻出版、普选权和议会中的各种会议。议会似乎是欧洲的杰作，也是俄国立宪民主党人和青年土耳其党人所梦想实现的东西。

在两次世界大战之间，议会民主制在欧洲的绝大多数地方都陷入了失败境地。苏联的经历已证明，多党制和通过议会讨论进行国家管理并不被算在亚洲各国想从征服者那里偷学的那些国家强盛的秘诀之

① 雅努斯（Janus）为古罗马的神。古罗马有好几座雅努斯神庙，最著名的在集议广场，它有两个以侧墙联结的拱门。和平时期，庙门紧闭；在宣战时，庙门敞开。——译注

中。南美、近东和东欧发生的种种危机使民主制的运作陷入瘫痪,也激起了对输出英美政治制度之可能性的怀疑。英美两国为代表的代议制给予各个职业团体、工会、宗教派别、个人以维护自己利益的权利,以及在行动前与行动中提出异议的权利。代议制要求一个能使争论保持温和的人,以及一个意识到自己的统一,并在必要时决心做出牺牲的领导阶级。代议制受到来自多方面的威胁:过分狂热的争论(在巴尔干国家的议会会场里枪击事件时有发生),特权阶层的盲目守旧,和中产阶级的软弱无力。

在政治自由和经济进步之间,议会和街垒之间,自由主义左派和社会主义左派之间二者选一,这在西方是一个错误的选择。在某些情况下这种选择可能表现为不可抗拒的。一个非资本主义国家的地位上升,成为一流强国,这种成功使之成为“没有自由的西化”或“反西方的西化”的典范。

一位西方知识分子对19世纪资本主义的否定和亚非知识分子的狂热之间存在的一种先定和谐(harmonie préétablie)成为我们时代的第三个重要事实。通过它所犯的错误和部分正确的分析,马克思主义学说就与这样一种表述相结合,即亚洲的大学毕业生往往倾向于重塑世界。马来西亚、香港、印度的大商业和工业公司,比底特律、考文垂和比扬古尔的大工厂更像马克思所考察的资本主义。如果说西方的本质是追逐利润,宗教传教和基督教信仰都是伪装或是把厚颜无耻的利益视为荣誉,并最终使西方成为自己追求物欲思想的受害者, 那么西方世界应该早已在帝国主义战争中四分五裂,但是这种解释是片面的、不完全的和不公正的:它只不过是用来说服那些被唆使反对西方人的民族罢了。

由于忠于这种意识形态, 亚洲知识分子就改变了原来决心要完成的目标的含义。明治时期的日本改革者拟订了一部宪法,因为宪法和铁路、电报、初等教育、科学等一起被视为使欧洲获得领先地位的思想和社会体系的组成部分。通过模仿俄国的工业社会模式,那些过去被法国或英国欺凌,现在起而反抗它们的国家就陷入了这样一种幻景,即它们不欠西方任何东西,而且它们可以在历史发展进程中超越英法。

不可避免地,在伦敦、孟买、华盛顿和东京,人们并没有赋予苏联阵营和西方之间存在的巨大分裂以相同的含义,这是目前国际形势中的第四个重要事实。压制了政党间、议员间、知识分子间(有时是学者间)自由讨论的苏联政权,对欧美人来说是恐怖的。因为它将几百万人集中于城市中、拥有巨型工厂、崇拜富足和舒适以及对美好未来的承诺,所以在亚洲人眼里,它与西方政治制度一样,具有相同的美德和恶习(人们可能会为西方政治制度加上一些新的美德和恶习,这其实都没什么关系)。

美国人喜爱想像俄国威胁了自由民族,而自己则保护了它们。亚洲人则宁愿相信美国与苏联之间的争论与自己无关,而且道德与时机要求它们保持中立。欧洲人更倾向于亚洲人的解释,但是驻扎在距莱茵河二百公里的俄国军队使他们必须面对现实。日本人、中国人或印度人不可能不厌恶西方帝国主义(它已被驱逐出亚洲,但在非洲依然存在),对于俄国共产主义所可能产生的帝国主义也是如此。欧洲人不可能不知道苏联依旧贫穷,而美国已经富裕;苏联的控制必将强迫实施相当原始的工业化的相当原始的技术,而美国人的控制则通过美元的分配表现出来。

意识形态争论在不同国家各不相同,要看具体形势的哪一方面得到强调或被忽视而定,也要看视角和思维传统而定。有时争论显示了那些国家应该有效解决的问题,有时则因为将它们纳入某种普遍要求框架中而歪曲或改变了它们。

国家的争论

在英国,争论从本质上说是技术性的,而非意识形态的,因为人们意识到不同价值是可共存的,而非相互矛盾的。除非是职业经济学家,否则人们对于免费医疗服务、税收总量和炼钢厂的地位问题都是可以相互争论的,而不是自相残杀。

与欧洲其他国家一样,英国人也体现出观点和知识分子活动的多样性。主要的不同在于所关注和争论的问题:在欧洲其他地方,人们思索应选择做什么,而在英国,人们则思索别人所做的选择。《新政治家》(*New Statesman*)和《国家》(*Nation*)的编辑们已把热情转向社会主义者与共产主义者相合作——当然是在法国的思想。

如果世界上其他国家像英国一样明智,那么大争论就会因其无聊而完全停止。所幸的是,美国参议员、法国知识分子和苏联委员们提供了取之不尽的争论素材。

在形式上,美国的争论与英国有很大不同,尽管两者在本质上是相似的。美国人并不明白法国意义上的意识形态冲突;知识分子也没有和各种反对学说或阶级联系在一起,并且忽视了那些互为对比的议题,如古代法国与现代法国、天主教与自由思想、资本主义与社会主义的对比。虽然他们并未意识到现行政权的替代物,但是英国知识分子对于意识形态争论是如何发生的这一点却不难想像。虽然经历了两次世界大战,但是英国仍然避免或抑制了对领导阶级的敌视、社会嫉妒和对等级制的蔑视。但是没有什么人能保证英国社会总是能避免欧洲大陆社会出现的分裂情况。

在大洋对岸的美国,并不存在赋予欧洲观念以内在意义的那些传统或阶级。贵族和贵族生活方式早已为南北战争所无情摧毁。启蒙运动的乐观哲学、人人机会平等和人是自然的主宰这些思想与美国人从自己的历史和命运中所获得的观念不可分离。宗教虔诚、道德说教趋势、信仰和教派的多元性已经防止了教士和知识分子的冲突，而这种冲突在现代欧洲占有举足轻重的地位。美国的民族主义并没有因为那些反对异端敌人的斗争或反抗外族统治的起义而被煽动起来。

平等学说是不具有战斗性的，因为它既不与贵族相冲突，也不与教会相抵触。英国式的保守主义并不认为要保持某些人类关系或制度，就必须反对大众影响、自由研究的精神和技术。因为人们有责任维护自由传统，所以传统、保守和自由主义相互结合在一起。美国真正的问题在于如何使观念与现实秩序相协调，做到既不违背这些观念，也不牺牲现实秩序。美国人依照英国保守者的方式行事，同时又在某些时候使用法国哲学家的语言。

尽管美国是与英国的反国教论者和启蒙时代的学说一起开始自己的历史存在的，但是它并未经历过大的社会主义运动：经济发展的迅速、机会对更有干劲的人开放、由于移民和黑人而使得无产阶级中受剥削最重的阶层不断更新、民族多元化造成的大众分散，阻碍了类似于德国社会民主党或英国工党这样的政党的形成。美国的利益冲突与观念矛盾之间的关系是与欧洲不同的。

在美国，是社会而不是国家，有义务将那些新来者整合进共同体中。如果反对现行政体，人们就将自行放弃曾渴求过的公民资格。社会主义者总是受到怀疑，因为他们的理论是借自外部，尤其是借自欧洲，而欧洲是被美国指责为专制主义和罪恶的。美国民族主义看起来更像是对"美国生活方式"所具有的独特价值的一种骄傲肯定，而不是通过整个集体来复兴国家权力的意愿。

美国政党的形成，既是依照社会要求，也有地方考虑，由此就不可能将某一个党称为左派，而将另一个称为右派。解放奴隶的党是左派，但是各州反对联邦权力的人就是右派了吗？与东部的工业主或银行家为盟的林肯的政党，既不是左派，也不是右派。

在过去的这些年里，由于经济大萧条和新政，这种对立可能具备了某种含义。在南部以外的城市中,民主党成为那些少数族裔、绝大多数工人和黑人的政党。上流社会、银行家和工商业主阶层则支持共和党。在整个30年代民主党的政策和实践中,包含了敌视托拉斯与华尔街、引入社会立法、竞争规则、支持工会等。绝大多数变革措施都是在罗斯福任总统期间实施的,是不可逆转的。此外的一个基本事实是,在1941至1954年的极度繁荣中,政府措施只起了部分作用。

这种"自由主义"比其他任何时代都更像欧洲左派的自由主义,因为它包含了一些温和的美国化的社会主义(英国工党式的,而不是教条式的社会主义)思想。同时,它也是脆弱的。新政的改革措施是在国家干涉主义原则下进行的,而且随后就背弃了美国传统。

在今天的美国,经济领域的冲突是技术层面的,而非意识形态的。从原则上与联邦权力扩大和公共开支相敌对的共和党,在上台后也只是大幅度削减了国防预算。他们并没有触动社会立法,而是改善了其中一些。他们还颇为勉强地实施了一项适度的公共建设计划。共和党人一点也不喜欢刚接手的政权,就像英国保守党人厌恶免费医疗服务和遗产税一样。无论是美国共和党还是英国保守党,都不能使发展进程逆转。在英国,工商业主和知识分子从不挑战既成事实。在美国,人们则常常宣称社会医疗体系是走向社会主义(它本身与共产主义就很难区分)的第一步,美国精神的本质已受到了控制利率和增加公务员数量的威胁。

无论是源自欧洲的各种意识形态间的冲突,还是关于一个毫无争议的政权应是何种模式的争论,都是与美国无关的。相反,美国人正努力将那些美国经济的独有特点(与欧洲经济相比)表现出来,并在苏联挑战逐渐取代了原有争论时,将美国文明的独特性展现无遗。

美国资本主义与英国、德国和法国资本主义有何区别?什么是使竞争有效发挥作用的方式?在何种程度上经济集中是有利于或阻碍技术进步的?自由派往往拥护大公司,如大卫·利连撒尔(David Lilienthal)。

经济学家，如加尔布雷斯（J.K.Galbraith），则提出一项经济竞争理论，它改变了力量平衡的政治理论。在痛斥"四处扩散的社会主义"之外，在那些梦想一个个人自由、平等、负责的社会的共和党人之外，以及那些渴望价值规律不因公共权力而扭曲的教条主义者之外，一部分美国知识分子努力去掌握一项无可比拟的历史经验的独创性。

美国与苏联之间的世界性竞争促使了这种意识的产生。苏联乞灵于一种意识形态，美国依据的是什么样的观念呢？宣传并未给出回答。美国的成功也并不适合于某种系统形式。无产阶级、不断革命、无阶级社会，这些是"美国之音"努力试图从共产主义那里夺取的神圣词汇，但是却未能使听众信服。共产主义革命是能转移的，因为它是某个政党和暴力的产物，而美国革命则是不可转移的，因为它要求企业主的行动、私有团体的多元性和公民的创造力。

外交政策中的争论是这种意识的另一个方面。在较低层面上，人们就那些与欧洲相同的问题彼此争论或表达不满：国家预算中军备和经济援助应占多大份额？是否应该承认北京？虽然这些问题与对斯大林主义的解释或反共产主义的强化无关，但是"激情混合"法则（la loi de l'amalgame passionnel）却开始起作用：同是这些人倾向于以加速工业化来解释极权制，建议将第四点计划[①]扩大到月球，要求承认毛泽东，拒斥麦卡锡和麦卡锡主义。然而在另一派别眼中，这些人是可疑的，这一派别希望削减援助款项，摇摆于孤立主义和对中国共产主义的仇恨之间，并且对于安全防卫措施永不满足。

这些激烈的争论——其中围绕着召回麦克阿瑟将军这一事件的争论是最著名的——可能标志了政治教育的一些阶段。美国在历史上第一次认识到了欧洲各国几个世纪以来曾经历过的局面：与一个敌人共存，并时刻感受到它的威胁。与准备十字军东征的道德论者和宣称除了

① 第四点计划：1949年美国总统杜鲁门提出的援外计划。——译注

胜利以外别无选择的好战者相反，总统和国务卿接受了在朝鲜妥协，这一妥协的道德意义和外交结果是同样重要的。

放弃胜利也就是终止了两次世界大战的战略：它意味着听命于现实主义。人们与侵略者谈判，而不是惩罚它。在上个世纪，美国通过自愿置身于世界政治的动荡纷争之外，得以致力于开发自己的国土，而不用关心那些纷争在世界其他国家意味着什么。这一伟大的共和国在意识到自己力量的同时，也感受到了自己力量的局限。被宣称具有一种世界地位后，美国就发现了自己的独特性。一种国际政治中的多元的和实证的哲学就可能是良心检验的结果。

法国知识分子间的大争论也是围绕共产主义的，不过是以一种完全不同的形式。尽管在法国有一个力量强大的共产党，但是斯大林派知识分子并不参与到与那些非共产主义知识分子的现实争论中去。倾向或信仰共产主义的物理学家、化学家和医生既没有自己的实验室，也没有自己的研究方法。除了那些党的杂志外，他们完全忽视了辩证唯物主义[①]。人文科学的专家们，除了几个例外，都不特别担心这一点。至于巴黎大学的教授们，他们并未参加共产党，但也在请愿书上签名，反对重新武装德国或细菌战，他们撰写有关美德、虚无或存在主义的书籍，即使斯大林从未存在过，这些作品也不可能会有什么明显不同。无论人们怎么说，共产主义在法国是一个政治问题，而不是精神问题。

整个法国都为经济增长速度减慢而困扰。已为左派和右派经济学家所不断指出的问题表现为：通货膨胀和经济萧条的交替出现、过时企业依然存在、生产工具的分散和农业重要部门的生产力低下。这种危机，从上个世纪末起就因农业保护主义和人口出生率的下降而逐渐酝

① 这并不意味着：a)共产主义知识分子不寻求进入政党核心；b)在那些涉及到他们信仰对象的专业领域，他们是客观的；共产主义地理学家写的有关苏联的书籍很明显是有倾向性的，但是是受他们个人的喜好而不是辩证唯物主义的引导。

酿，并由于1930—1938年期间的错误和第二次世界大战而逐渐扩大。不过十年以来，这种危机正在逐渐被克服。

法国经济制度和经济结构并不为所有人喜欢。如果人们确定资产阶级是领导阶级，那么人们将会把这些措施归咎于资产阶级。但是，与托拉斯的领导者一样，政客、普通选民也渴望这些逐渐阻碍了经济发展的措施。法国人从总体上来说，是将闲暇置于提高生活水平之上的，宁要国家补助和津贴，也不要严酷的竞争。

1914年以前，地位突出的资本家是指拥有地产或不动产的人。从那以后，他遭受了比其他任何社会阶层都严重的损失。通过资本获得的收入，如有价证券或地产、不动产资本，在法国国家收入中所占的比例要低于任何一个西方国家（不到百分之五）。"金钱势力"（puissances d'argent），如甜菜种植者和其他什么人，向政府施加压力以保护他们自己的利益。每周四十小时工作制同样也是一种马尔萨斯主义措施。没有哪个政府比"人民阵线"的政府更信奉马尔萨斯学说了。

关于如何看待国内共产主义者的争论与关于如何对待苏联阵营的外交政策上的争论是不同的，但是两者不能相分离。一心只想着扩张的专家们，考虑右派或中派占大多数的政府是否能加速经济发展。出于不同的理由，文人们重复了专家的论证：在他们眼中，只有左派占大多数的政府才能保证反对金钱统治和实行和平政策。所有欧洲国家的内部均有比万主义分子、中立者和反对大西洋公约与北约的人。而法国人则以更为精巧的方式构思出种种尽可能不同的概念，因为他们比英国人和美国人更喜爱有关各种观念的讨论（尽管或甚至并没有实际意义）。

这些讨论可能并不像它们所表现的那样贫乏、枯燥。共产主义者已断然宣称两个世界阵营间终将发生战争，并且只有社会主义阵营会幸存下来。非共产主义者不会接受这种世界观，即使只是出于价值的不同。通过拒绝武断的结论，他们就既不接受西方世界可通过私有制、追逐利润和代议制来合适地下定义的说法，也不接受一直是斯大林主义的苏联将不能为自己的信仰提出一种容忍和平进步的解释。共产主义者希望苏联的战略将与马克思主义学说提供给普通民众的意象相一致。而反马克思主义者则希望苏联战略与某种密传学说(没有尽头的战争)相一致。历史的发展很少是这样有逻辑的。现实位于或将在某些方面位于世俗观点和神秘观点之间；征服世界的战略可能是一些领导人的内心想法,但并未支配他们的实际行动。

法国知识分子喜爱用意识形态术语来进行经济和外交这两方面的争论。什么是加速经济发展的最佳方式,以及议会道路是否可能在不重蹈“布拉格政变”覆辙的前提下实现扩张等问题,使法国人感兴趣,而整个人类却并非如此。有关外交政策的思考，也就是既不做苏联的卫星国,也不成为北约盟国,如果已使法国外交政策陷于瘫痪,那么它就不是没有结果的,但它却不具备普遍意义。习惯于为整个人类说话,梦想占有一种世界地位的法国知识分子，在19世纪历史哲学的残余下竭力掩饰他们争论的地方性特点。为共产党的利益而接受了马克思预言的共产主义者,以及以假定形式重复这些预言的革命者,他们都成功地避免了处于一种二等国家的窘境。他们思索的是什么是马克思理想中的无产阶级的革命使命,虚构了党和无产阶级相一致的神话,但是却未提出这样有理性的问题：在一个无论是地理条件还是精神上都属于西方阵营的国家里,当大量工人都投票支持共产党时,应当做些什么?

一句话,这种法国争论具有一种典范意义。法国并没有创造出那些已成为现代世界特点的政治制度(个人自由、议会)和经济制度。但是它形成并传播了欧洲左派的那些具有代表性的意识形态:人人平等、公民自由、科学和自由验证、革命和进步、国家独立、历史乐观主义思想。两个“巨人”都声称自己继承了这些思想。但欧洲知识分子在这两个国家中都不可能觉得自在。尽管他们都是尊重精神多元论的,但是根据马克思主义的预言,这些知识分子应该倾向于苏联还是美国?或者是以这两种形式否定技术文明的现实成果?并非只有法国知识分子提出了这些问题，在所有那些经历了国家地位衰落之辱且对往昔贵族价值依旧怀念的国家里,知识分子都不断重复着这些问题。

英国知识分子的高明之处是将意识形态冲突简化为技术层面的冲突；美国知识分子的长处在于将那些道德争论转变为更重方法而不是目的的争论；法国知识分子的特长则是出于为全人类思考这一狂傲意愿而疏忽甚至常常加剧了本国所面临的问题。

日本知识分子与法国模式

知识分子常为自己无力改变历史事件进程而苦恼，但是他们却低估了自己的影响。从长远来看,政客是教授或作家的学生。自由主义学说的错误在于将社会主义的发展解释为是错误观念的传播。无论如何,大学讲授的那些理论在一段时间以后就为管理者或部长们所接受。法国财政官员在1955年时都是凯恩斯主义者，而在二十年前的1935年他们还都拒绝如此。在像法国这样的国家里,文人的意识形态已影响了统治者的思维方式。

在非西方国家中,知识分子(就这个词最广泛的含义而言)的地位甚至更高。在俄国和中国,而不是在英国或德国,成员主要来源于大学毕业生且起初人数很少的政党改变了整个民族的命运，而且一旦他们成为国家的统治者,就推行一种官方真理。在亚洲或非洲,大学毕业生今天已掌握了革命运动或刚刚获得独立的国家的领导权。

对于亚洲知识分子的地位和他们为何倾向马克思主义，人们已有诸多解释。在此我们只是简单地回忆一下其核心所在。已为西方大学教师和学生所熟知的进步主义思想，往往引发了青年知识分子对传统社会的反感,并使他们以此反对欧洲的统治。这种统治是对民主政治原则的嘲讽;而这些几乎总是等级制和不平等的传统社会,是通过一些与自由验证精神不相符的信仰而得以合法化的，因而在理性主义哲学宣扬的乐观主义思想看来是丑恶的。俄国革命这一范例和众多西方作家使社会主义观念变得流行起来。为共产主义者所接受的列宁式共产主义强调欧洲人进行的世界范围内的剥削。列宁的分析是否和马克思一样是根据资产阶级社会学家(如霍布森)对帝国主义的批评,这一点其实并不重要。

除了这些概述以外,在每个具体事例中,决定争论内容和形式的具体环境是什么?让我们首先来看日本的情况。在日本,知识分子(尤其是在作家和艺术家这一狭窄含义上)感觉自己与法国模式相符合。他们中的大多数倾向于左派,或多或少接近共产主义,但是并没有越过门槛,成为共产党员。和法国一样,日本政府推行与美国密切结盟的政策,而这是为大多数知识分子所反对的。

两国的相似性很快就体现出来。在日本,知识分子因为本国受美国援助和庇护而觉得受到了羞辱。日本过去曾是美国的敌人,而法国则是美国的盟友,但是这种不同的过去并不能抹去两国现在具有的相似性。这两个国家都感觉到在可见的将来,自己不可能再现辉煌。自从中国在一个强有力政府的领导下实现统一,并且开始走上工业化道路之后,日本就不得不处于一种附属地位,无论是在美国海洋体系之中,还是在中俄大陆体系之中都是如此。即使后一体系瓦解,日本也不可能重新获得征服的机会,至多也就是在几个大国间实施平衡外交的可能。同样,不管法国是否与西欧其他国家联合,它都能在国际舞台上保持一种受人尊敬的地位,但是由于疆土和资源有限,它已不属于一流国家的行列了。

日本感觉自己和那些因为它与美国结盟而与它疏远的国家是联系在一起的,而对那些由于两个阵营的对立而关系拉近的国家则觉得颇为陌生。这一现象在法国表现得很不一样,但是深层的相似性是惊人的。对于是否和西德联合,法国一直犹豫不决,即使西德已只有原来德国一半的领土;在是否与俄国为敌上,法国也迟疑不定,即使俄国是一个共产主义国家。日本根本就不受亚洲那些反共国家的喜欢,无论是完全忠于美国的南朝鲜和菲律宾,还是独立的、保持中立且左倾的印度尼西亚和缅甸都是如此。尽管曾经是中国的敌人,但是日本仍然觉得横亘于东北亚两大文明之间的竹幕是荒谬的。反抗苏联是日本现实政策的惟一面,并且得到了国民情感上的支持和证实。

经济上,日本的情况也不是没有与法国相同的特点。当然差异是明显的:日本四岛的人口数量已超出了经济力量的最大限度,由此自然也超过了安逸生活的最大限度。六千万的人口本可以使农业自给自足,而只需要进口工业原材料。但现在人口已达九千万的日本必须在投巨资以提高农业产量和进口五分之一的所需大米之间作出选择。尽管人口出生率开始回升,但是法国还远未达到经济力量和安逸生活的最大限度。在日本,人均收入和生活水平比法国要低得多(1953年,东京大学的教授月工资为二万五千到三万日元,按照外汇比价折算,比他的法国同行要低三到四倍)。

如果我们考虑到欧洲和亚洲之间的差距,那么日本的情况还是可以和法国作比较的。这两个国家知识分子的待遇和他们的期望并不相符。而且在日、法两国中,现代工厂与那些更多是具有手工艺性质而非工业性质的工场并存。反对者拒绝那些托拉斯的领导者(在日本比法国要更现实),但是他们忘记了小企业的分散有时候比经济权力集中于几人之手对生产力损害更大。

日本还不如法国了解真正的即清教徒式的资本主义、自由竞争和依照成功标准来招募最有天赋的人。国家在日本的工业化中起了决定性作用,它将众多公司托付或转让给那些大家族。管理被看作是一种公共服务,由那些“封建主”垄断。马克思主义批评资本家是现代大贵族的观点自然在日本获得了广泛支持。尽管日本社会从未经历过停滞,它的经济总是有活力的,但是现实环境在知识分子对国家的期望和他们实际可能得到的之间产生了差距,就像人们在当今法国所看到的一样。

日本文化从本质上说是文学和艺术性的。日本知识分子吸收了民主思想,并且真心相信可以将自由主义和社会主义观念联系在一起。从他们内心深处来说,他们可能将生活艺术和美置于一切之上。口头上,他们厌恶美国资本主义,而事实上,他们是从情感深处厌恶美国式的放纵不羁和大众文化的粗俗。日本的传统价值属于堪与中世纪欧洲骑士风尚相比的高贵的道德:责任感、忠于上级、激情从属于道德。日本文学中常见主题是不同责任间的冲突或者爱与责任的冲突。日常生活被严格的规则所束缚,这些规则抑制了人的本能,并迫使每个人遵守社会秩序。美国占领军的生活方式对于普通日本民众有很大的诱惑,但是它的无拘无束和人际关系中的平等却触痛了那些讲究原有习俗的人。希望赋予每时每刻、每朵花和每道菜肴以不可替代之美的日本观念是与强调实际效率的美国思想不同的。在日本和法国知识分子中(可能在日本表现得不如在法国那么明显),这样一种情感开始逐渐传播,即认为以《读者文摘》、大众娱乐、自吹自擂的广告为具体内容的美国生活方式破坏了文化的高级形式。在这两个国家里,对美国制度的模仿往往将原型漫画化了:东京的喜剧就比底特律的喜剧更为粗俗。同时,进行文化争论也是他们不情愿的,因为这可能是反动声音。人们更愿意将所有罪恶归咎于"资本主义"。

这可能是日本和法国知识分子采取共同立场的深层动机。他们都赞同进步主义思想体系,反对封建主,梦想投资、提高生活水平和理性化。在现实中,他们讨厌美国化并不是因为麦卡锡或资本家,而是因为受到了美国霸权力量的屈辱,感觉文化价值正受到大众的威胁,而他们是有义务以自己意识形态的名义提高这些大众的认识水平的。

由此,我们就发现了日本知识分子和法国知识分子所处环境的深刻差异。实证科学、工业技术、理性化、银行和信贷、现代经济制度等在法国和美国一样都是原生的。可能法国和美国这两种工业社会模式间的差异比两种欧洲模式间的差异,如法国和德国间或法国与英国间,要大得多。汽车工厂、代议制、工会、劳动组织并不代表与国家传统的决裂。要承认过去的日本并没有任何东西预示了议会制、照相机或1789年原则这一点，并不需要采纳形而上学的理论，而正是依据这种理论，每一文化构成了一个统一体，并且注定将实现一种独特命运。

对蒙帕纳斯或圣日耳曼—德普雷心存向往的日本知识分子已形成了和法国知识分子相同的政治经济意识形态。这些意识形态在一种完全不同的环境下传播开来，它们是从属于一个世纪以来已侵蚀了旧有日本结构的西方文明的。

绝大多数文化的发展并不是依照莱布尼茨的“单子”(monade)形式，也就是说，既不接受外来文化，也不向外传播，相反，它们大量吸收和转化其他文化的观念、习俗和信仰。日本文化曾经接受了一种起源于印度并通过伊朗和中国而得以逐渐流传的宗教。日本还从中国吸收了文字体系和建筑、雕刻与绘画的初始形式：日本在所有这些外来物上都打上了自身创造力的烙印。明治时代的维新者试图摆脱西方的控制，并确信军事力量是实现这一目的以及国家独立所必不可少的，同时，他们明白军事力量并不只是大炮和纪律，而是还需要社会体系。为此他们引进了西方的法律、大学、科学研究等。与此同时，这些维新者竭力恢复天皇崇拜和原有的民族习俗精神。这种结合，就像几个世纪以来任何西方工业社会与亚洲信仰的结合一样，是不稳固的。然而这种结合也可以产生一个强大的国家，而且如果没有军事冒险和战败的话，它可能持续很久。

美国的军事占领增强了西方影响，而削弱了日本原有传统。与宗教区别不大的日本社会道德是与帝国传统、爱国狂热以及国家革新中大名和武士的贵族地位相关联的。现在，军人已颜面扫地，旧统治阶级也已屈服于征服者的法律，天皇被迫向麦克阿瑟将军行礼致敬，并且从此以后必须如立宪君主一般行事。美国占领军所推行的种种改革，宛如野蛮人的示范，对日本原有的世俗习惯是致命打击。美国人每天在日本表现出的平等友情，大大破坏了日本人原有的对上级和权威的尊敬。

暂时地，日本知识分子内部在继承原有文化还是引进外来文化上产生了分裂。从内心来说，他们对这两者都不赞同。由于明治时代维新者在引入议会制度时并没有确立宪法的权威原则，因而使得议会制度在日本步履维艰，缺乏威信和影响。保守派势力集中在农村。有一半是外来移民的城市居民正在越来越多地投票支持社会主义政党。政治就像音乐、戏剧、文学、体育一样逐渐变得西方化了。大量日本人到体育场观看棒球比赛或是涌入音乐厅。能乐表演变得只是博学者的爱好了。佛教和神道教也不再是绝大多数知识分子的信仰了。

这些日本知识分子最终将走向共产主义吗？我更倾向于认为在不远的将来这是不可能的。日本知识分子本身将不可能归附共产主义，除非中国的实践能提供一个更好的前景。如果形势——内部分裂、经济秩序中困难逐渐增多、不可避免地从属于苏维埃亚洲——有利于共产党的胜利，那么日本知识分子将一点也不会进行精神上的反抗。一旦共产主义在日本掌权，那么它既不需要从日本人心灵中抹去某种宣扬得救的宗教，也不需要打碎什么教会世俗权力。它只需要利用旧秩序崩溃所留下的巨大真空，以一些新的信仰来建立新的等级制。

印度与英国的影响

日本知识分子的思维模式受法国的影响很小[①]。这种影响的产生是因为两国知识分子的处境、情结和矛盾在相当程度上是相同的。日本知识分子以同样的激情阅读安德烈·纪德和让—保罗·萨特的著作。通过萨特的观点，日本知识分子感到自己的实用主义思想得到证实，但却丝

① 这么说可能是太草率了。从上个世纪末开始，法国文学就对日本文学有影响了。在模仿法国人的政治方式之前，日本作家就已在模仿他们的艺术形式。

毫不为纪德的《从苏联归来》所震动。

在亚洲国家中只有印度和缅甸是曾受英国殖民统治，并在第二次世界大战结束后获得独立。这两个国家的知识分子大部分也是进步主义者，但不是共产主义者。从他们的言论来看，他们更倾向于反帝国主义，而不是反共产主义；从他们内心来说，则对毛泽东的计划的担心远甚于对艾森豪威尔总统的计划的担心。

从这个角度来看，我认为有三个因素是决定性的：西方影响的国家形态；对待宗教和历史的态度；自由派信念和社会主义信念各自的力量。在东京、香港、西贡和加尔各答，没有什么比那些起源于欧美的制度所表现出的各自民族特性更使人感兴趣的。在1945年以前从未受过外国统治的日本，向不同国家派遣法学家、作家、政治家和哲学家。绝大多数日本教师都能说一门外语，而且语种并不相同。东京的西餐馆有法式、德式、英式或美式，它的政治制度或科学流派也分别具有法国、德国、英国和美国的特点。印度的情况则完全不同，在这里，西方的影响只来自英国文化。受英国影响的知识分子在对政治的反映上与受法国或美国影响的知识分子完全不同。

法国的影响大大增加了革命者的数量。革命崇拜、迷恋美好的空想、爱好意识形态和对那些左右集体命运的令人不快的现实漠不关心，这些可以说是具有传染性的美德或恶习。久居此种环境中的知识分子既是法国化的，又是民族主义者。我们法国文化易于激起人们的不耐烦情绪，它产生于对比之中，即这是什么和这应该是什么之间的比较，以及膨胀的野心和道德保守主义间的比较，同时它也为屈服于打着极端自由旗号的严格束缚做了准备。

美国的影响可能以另一种方式导致相似的结果。它并不教导说“左派不是敌人”或资本主义本身就是罪恶。但是它传播了一种毫无限制的乐观主义，贬损过去和鼓吹采纳那些会毁坏集体统一的制度。

美国今天已成为反对共产主义的保护者。得到或好或坏解释的冷战的必要性,有时将美国置于一种防御策略下,而这种策略是和美国人自己在“民有、民治、民享”这句著名格言中所表达的策略背道而驰的。依照这句格言,所有不平等和等级制的传统社会都应受到谴责,应该信任人民而不是权力,教育人们要分权,增强工会、地方政府的力量。(在日本,占领当局甚至取消了国家警察体系。)

美国的影响并未能普及那些在美国使国家的虚弱、职业团体力量、宗教组织的不存在与集体的强大、繁荣、协调一致相并存的因素:几乎完全忠于美国,个人的公民感,尊重个人权利,非教条的并与某种发展为效率崇拜的实用主义相结合的宗教感情。由于缺乏这些信仰和态度,宣扬人人平等和具有获取幸福之权利的启蒙时代的乐观主义就会在个人灵魂中产生与整个社会相类似的空虚,它促使共产主义反对美国生活方式和不依照法国意识形态发展。

英国教育与法国相比,较少意识形态色彩,也不如美国那么乐观,同时又不像法美两国那样使知识分子反感。它创造习惯,而不是构建理论;产生模仿实践的欲望,而不是再生一种语言。崇拜英国的人希望新德里的议会和西敏寺的一样。但我却不相信印度支那或摩洛哥的某位知识分子会梦想一个类似于波旁宫[①]的议会。学习英国的人以现实为典范,而学习法国的人则以西方意识形态为典范。现实总是要比意识形态更保守。

在锡兰[②]、缅甸和印度,那些领导新独立国家的人具有法制感,更倾向于进步措施,反对组织团体和厌恶暴力。人们常说佛教改变了共产主义知识分子,我认为这一断言是靠不住的。除了精神上的喜好或厌恶外,还有其他一些情况决定了20世纪的亚洲政治史进程。确实,越是因为神位空了,共产主义就越是吸引人。当知识分子不再觉得和共同体以

① 法国议会所在地。——译注

② 今斯里兰卡。——译注

及先辈的宗教相联后,他就寻求进步主义的意识形态来填补整个灵魂。拉斯金或罗素学派的进步主义与列宁共产主义的主要区别在于它较少考虑意识形态和忠诚的内容,而更多关注它们的形式。正是理论上的教条主义和信徒的无条件依附构成了这种主义的原创性，而依照知识分子的计划,它是低于进步意识形态的开放、自由版本的,不过对那些正在寻求信仰的人来说,它却是高级的。自以为和任何人都无关联,对任何观点都不满的知识分子想要一种确定性,一种体系。革命为他提供了麻醉自己的鸦片。

仍然是佛教徒的缅甸领导人虽然赞同社会主义概念，却反抗共产主义。在其他佛教国家中,大量知识分子转而支持共产主义:共产主义的吸引力较少取决于旧信仰的内容，而更多的是依赖于将旧信仰彻底铲除。端赖西方影响是否能激起人们抛弃或净化民族宗教,知识分子们要么感到不受某种狂热约束,要么正相反,倾向于将进步观念引入源于传统或模仿自西方的宗教框架之内。

从比例上来说,印度拥有最多的支持共产主义的选民,同时它也是拥有能读会写的基督徒和传教士最多的国家。悲观者指出印度农民的处境是如此糟糕,以至于一旦他们从祖先的沉睡中醒来时,就必然会发生农民起义。通过唤醒他们,传教士就使他们在面对一种新信仰的煽动者时毫无抵抗能力,而这是与传教士的本来意愿相违背的。其他一些观察者则认为存在于像基督教这样的历史性宗教和像共产主义这样的有关历史的学说之间的相似性就解释了这种传播。和印度教决裂、转而赞同基督的神圣性与末日审判的那些人,在面对基督教异端的预言时,比那些忠于本质上是贵族性的教会或一种普世教义的人更脆弱。

可能根本原因在于个人与环境的分离，而那外来的劝人入教的宗教是环境的代理人(agent)。基督教学校的学生常常是些已和印度教相脱离并接受了洗礼的人,但是他们还没有被完全纳入西方世界,因此他们不再有什么固定的坐标,也不再自信。在经济或政治领域,他们是进步主义者,但是并不十分确信自己的信念。共产主义则可以将他们零散的、不确定的观点置于一个精神上完美的体系之中,不再有任何怀疑,并且还可以为他们制定纪律。这一纪律将排斥那些确信精神自由美德的知识分子,但是却给予那些思想上的无根者(déracinés)以渴望已久的确定性。

自由主义的强大或软弱也解释了赞同共产主义的人的数量和质量。西方文化的本质、成功的根源和影响的中心都在于自由。并非由于普选权、政治生活中的讨论与搁置制度,也不是因为议会辩论和舆论管理中的程序性,而是因为研究和批评的自由已逐渐扩展,其中世俗权力与精神权力的二元性、国家权力的有限和大学自治是产生这种自由的历史条件。

共产主义远不是资产阶级自由主义的延伸……民主政治理想的任何制度表达都是一种对理想的背叛。并不存在所谓民治的人民政府:所谓选举和多党制是比一党制更好的体现人民主权的政治制度的观点,对于某些人来说可能是非常明显的,但是却会引起无尽的争论。

一旦人们看到那些界定西方社会的价值,如尊重个人和研究自由,怀疑就会消失。从西方大学毕业的人都拥有了这种自由观。确实,在欧洲以外的地区,欧洲人过于频繁地违背了他们自己的原则。他们的所作所为使人对他们为民主制所作的辩解和反对苏联体制的要求产生了怀疑。尽管如此,但这些价值的威望正在于共产主义者也不敢蔑视它们,因为人们是如此依赖它们。以一种与理性相符的态度来实现内心平衡的知识分子,将会拒斥在伪理性主义的名义下传播的某种正统教条。

尽管心存反感,但是如果实践表明自由派方法在政治或经济领域失败了,那么人们可能最终接受这种教条。没有哪个代议制和民主制的欧洲国家曾经历过现在印度和中国所经历的经济发展阶段。在人口大量增加、工厂在市郊出现和建造铁路的漫长岁月里,没有哪个地方能把个人自由、普选权和议会制等始终结合在一起的。人们看到下列事物的出现:个人绝对权力与普选相结合的专制统治;选举权属于纳税人和贵族议会形式的议会制;立宪君主制。文明间的交往产生了一种类似于印度的尝试:努力兼具普选、法治和五年计划的议会民主共和国。

困难是显而易见的。在我们这个时代,民主政体意味着任何同盟、工会或党派的利益都有表述的自由,并且禁止统治者独断专行。在欧洲,代议制度具有限制或取代君主制的功能,它们接替了一个强大政权。在亚洲,代议制度则接替了一个绝对政权(殖民统治或是帝国),但是这个绝对政权的崩溃已形成了一个权力真空,使得印度共和国或印度尼西亚共和国必须填补它。由此,人们很少依照自由民主制的规范建立一个国家。

在亚洲,落到政府中大学毕业生肩上的经济任务同样是沉重的。独立国家的这些精英几乎一致接受了扩展的紧迫性,这就意味着工业化比增加粮食生产更重要。他们从欧洲左派那里吸取了对社会主义技术的喜好。这些技术有时是适应形势的:在一个不存在企业家的国度里指望私有企业是错误的,在这样的国家里富人们更愿意进行奢侈消费。但是如果政府不能开放那些能吸收资本的工厂,那么把希望寄托于计划体系也是错误的,因为这种计划缺乏统计和干练官员,而只是列举大量资金会带来的好处。

在亚洲,与在法国一样,知识分子们热衷于争论那些强调普遍需求的意识形态,如私有制和公有制的对立,市场机制与计划经济的对立等,而不是具体分析各国的不同情况,以确定哪种方法适用于具体环境。正如模仿英国议会制并不能保证印度尼西亚或印度实现一种有效的民主制一样,在不发达国家中移入美国资本主义或英国工党政策也不符合经济发展需要。无论从外部引进了什么,人民必须塑造自己的未来。

一种普遍理论总是以经济增长阶段论作为开端。马克思已试图将经济阶段的更替与政权的转型联系在一起。但他提出的方案是受他那个时代所知的事实影响的,并已跟以后的历史发展脱节了。社会主义技术(就共产主义者赋予这个词的含义而言)并不是经济成熟的必然结果,也不是加速工业化所必不可少的东西。

并不强加给每一个阶段以特定技术的理论,将会指出什么是每一个时代应该解决的问题。这一理论还将为争论留有广阔空间,因为在20世纪,知识分子的愿望是很难与刚获得独立但尚未摆脱贫困的国家的情况相一致的。

知识分子们将继续是进步主义者,并依旧只看到民主制方法和暴力方法的交替。但是他们不再将人均收入是国际水平七倍的英国的工党政策与同一哲学在印度次大陆的应用相混淆。免费医疗服务在印度是不可想像的。失业保险已为弱者利益而牺牲了强者,为现在牺牲了未来。贫穷社会不可能将加速生产的愿望置于平等分配的愿望之下。相反,富人的奢侈既是经济丑闻,也是道德丑闻。只保证工厂中少数雇佣劳动者(这些人是从几百万失业者中随机选择的)的安全的社会立法将注定是一个经济错误。

无论是否涉及价值、方法或遥远的未来,科学从不禁止思想辩论,并促使它们与现实同步进行。它还将对过去的怀念与徒劳无益地反抗现实留给知识分子:在想要改造现实之前,先思考一下整个世界。

* * * *

没有哪个亚洲国家像中国这样有理由为自己的历史和文化骄傲。也没有哪个国家像中国这样,一个世纪以来受到了如此深重的屈辱。并不是因为它被征服:从未有人征服过中国,严格地说只是像满清一样夺取了它的皇位。鸦片战争、火烧圆明园、外国租界、不平等条约或是给予外国传教士自由,这些都是在枪炮威胁下强加给中国的,并留下了难以抹去的仇恨。……

支撑中国世俗秩序的传统学说首先是道德的和社会的。儒家学说为文人担任行政管理职务提供了依据。帝国的崩溃导致了意识形态的毁灭。佛教或印度教的复兴是在野蛮人的眼皮底下、在印度行政当局的保护下进行的。随着中国重回大国行列,儒家学说也许能够复兴;但这种复兴并不能为中国重回大国做准备。

1949年以前,志愿信奉共产主义的中国知识分子只是少数。从1920年开始,俄国革命的影响促使几位文人开始赞同共产主义,但他们并没有将它与来自欧洲的其他革命观念做本质区分。长期战争、国民党的日益腐败、通货膨胀和警察体系的残酷,这一切使知识分子越来越反感,并最终成为毛泽东的盟友。

世俗的唯物主义的共产主义,有可能成为中国文人的信条吗?家庭地位的下降、政党和国家地位的上升,这与过去相比是一个巨大变化,而且就在昨天人们还认为它是不可能的。马克思列宁主义者在今天指的就是这些学者,而他们同时也是战士。战争领导人和文人合二为一,这在几个世纪以来都是从未有过的。可能仍旧需要西方影响以恢复它。通过反对令人厌恶的统治,中国文人就重新获得了十字军和征服者的狂热,使西方重新认识到了它最神秘的胜利:他们用来赶走野蛮人的理论正是属于西方本质的东西,它将"行动"和"历史"置于首要地位。

西方人已教会了亚洲民族要重新思考自己的过去。还在19世纪时,俄罗斯哲学就将对比俄罗斯与欧洲的命运作为核心问题。而列宁式的马克思主义使得所有大陆的知识分子能够毫不谦逊地重新解释自己的历史和前辈学者的历史。

科学真理取代宗教真理并不是没有精神危机的:人们很难满足于一种暂时的、无可争辩的但却是有限的真理,它并不总是令人快慰的。可能历史科学的教育是最尖刻的,因为它们是含糊的,而且主题本身是随客体和知识的永远更新而不断变化的。马克思主义重新找到了一种绝对性。从此以后,中国的官方学说不再和宇宙秩序或中央帝国的独特性相连了。它是真的,因为它反映了必要和有益的变化秩序。马克思列宁主义超越了历史意识赋予它的相对主义，治愈了中国一个世纪以来因西方技术优越性而蒙受的痛苦。

人们思索着未来亚洲是否会表现出宗教不宽容，这曾是西方的灾难,而在佛教中早已不存在,或者是否亚洲会如此解释新信仰,即异端分子有生存的机会,他们可能会受人蔑视,但是不会被以皈依的借口强行改变信仰或是被征服。

第九章

寻求一种宗教的知识分子

世俗宗教这一表述已成为习语[①]。但一种没有神的教义能被称为宗教吗？那些信徒自己就反对这种比较，他们确信自己的信仰是与传统信念相一致的。一切都取决于人们对这些词语的定义。对某些共产主义者来说，其理论展现了一种对世界的全面解释，在他们心中激起了与任何时代的信徒都相近的情感，并确立了价值等级和行为规范。它将某些功能灌输入个人和集体心灵之中，而这通常是被社会学归入宗教之列的。至于说这种学说中缺乏超验性和神圣性，对此，人们无法否认。但是，人们应当想到几个世纪以来，很多社会虽然忽视了“神的存在”的概念，却没有忽视思维、感觉方式和命令、牺牲等，而这些在今天的观察者看来也都是宗教。

这些争论都未触及问题的根本所在。人们可以用这样或那样的方式定义宗教，如原始部落的祭祀、仪式和激情，或是儒家实践以及基督或佛祖的崇高情感。但是，在浸透着基督教的西方环境中，世俗宗教的

① 我相信已在发表于1944年6—7月的《自由法兰西》上的两篇文章中首次运用了这一表述。

含义究竟是什么?

经济观点或世俗宗教

共产主义是在教会权威和精神活力日益衰落的时代中，从一种经济、政治学说逐渐发展起来的。在其他时代可能会以宗教信仰形式表现出来的激情都转到了政治行动上。社会主义更多的是表现为一种与人类尘世生活中的苦难相决裂，而不是一门可应用于企业管理或经济运作的技术。

无论是左派的意识形态还是右派的意识形态,无论是法西斯主义,还是共产主义,都从现代“内在性”(immanence)哲学汲取了诸多养分。它们都是无神论,甚至当它们都不否认上帝的存在时亦是如此。而且,它们更进而认为,人类世界并不需要参考超验(transcendant)。根据拉贝托尼埃(La Berthonnière)的论点,无论笛卡尔是一个多么好的基督徒,他都可以被看作是这种无神论的创始人。笛卡尔对研究自然的兴趣要大于思索彼岸世界的兴趣。虽然第二国际或者第三国际的马克思主义者均愿意重申宗教是私人事务，但是他们都仅仅把国家组织看作是惟一重要的事。激情的转变自然是伴随着利益中心的变动。人们自相残杀的目的不再是决定哪种教会享有解释圣典和管理圣物的使命，而是确立何种政党或何种方法提供了在这尘世中为所有人布施物质恩惠的最好机会。

确实,民主制或民族主义也激起了与无阶级社会相同的激情。在一个其最高价值与政治现实密切相连的时代里，人们带着同样的狂热致力于民族独立和所谓的理想秩序。在这一含糊意义上,一切曾经震撼了现代欧洲的政治活动都具有了宗教特点。而在这当中,人们并没有发现宗教思想的本质或框架。从这个角度上说,共产主义是独一无二的。

我们前面已看到的某些主义者的预言，是和犹太教基督教预言的典型形式相一致的。一切预言都谴责事物的现状,描绘事物该是什么和将是什么的图景，并选择一个人或一个集体去跨越那使可耻的现在与辉煌的未来相分离的界限。无需政治革命就能带来社会进步的无阶级社会堪与至福千年论者的千年王国相比较。无产阶级的不幸证实了这一使命，党不仅受到那些拒绝倾听福音的资产阶级异端(bourgeois-paiens)的反对,而且也不受犹太社会主义者(socialistes-juifs)欢迎。这些人并未看出这是一场他们自己多少个世纪中一直宣称正在到来的革命。

人们可以用理性的术语来解释这种抨击或预见。由于将科技应用于工业而得到发展的生产力,还只能保证少数人过上舒适的生活。而在将来,技术的发展,加上所有权和管理权的改变,则会使生活富足的恩惠遍及所有人。由此,人们轻易地从马克思主义预言转到了“20世纪的伟大希望”,从革命信仰转到了经济进步理论。

那么，预言是怎样摇摆于有关现代社会发展变化的理性观点和伪宗教教条(dogme pseudo-religieux)这两者之间的呢?

人们或者会使理论变得温和，并承认革新事业需要所有资本主义的受害者，以及那些虽然未受制度伤害却承认其弊端并想消除这些弊端的人的合作。因此,无产阶级的使命并未消失,只是它不再被排斥在外罢了。无论是从他们的人数还是从其所承受的痛苦来说,产业工人都被要求在技术社会的人性化过程(humanisation)中占据显著地位;但是,他们既不是惟一遭受不公平的人,也不是惟一缔造未来的人。

人们或者并不拒绝任何竞争，就在口头上增强集体救世主与代表这一救世主的政党的无产阶级特性。政党应该而且只需被称为是无产阶级的先锋队，用不着去管产业工人本身在该党的实际行动中和方向上究竟占何种地位。

上述的第一种方法,即社会民主派的方法,也是民主政治、和平改革所共同主张的方法。而共产主义方法则是革命暴力的方法。

在第一条道路中，预言被转化为一些随国家而异并且自然而然是乏味的观点；马克思主义则分解为一些要素，如历史假设、经济方面的爱好等等。在第二条道路中，政党兼教会将理论僵化为教条，形成一种经院哲学；通过激励一种有激情的生活，它就赢得了大量支持者。

为了使共产主义的解释体系永远不出错，政党中的无产阶级代表应该是毫无例外、毫无保留的。这就转而要求否认那些无可争辩的事实，以有关集体存在（通过他们在预先确立的命运中的行动来界定）的简单斗争来取代现实的多样的冲突。经院哲学产生于我们在前面的章节中已多次看到的一些现象，如有关经济基础和上层建筑的无休止的强词夺理、微妙的含义和粗浅的含义之间的区分、表面正确的预测与历史实际进程的不同、以事件的历史意义（无产阶级革命）代替事件本身（1917年布尔什维克夺取政权）等等。

社会民主派拒绝这种经院哲学，他们并不寻求使事实和昔日的预言相一致，也不愿将人类社会的丰富多样性置于某些框架之下。但是也正因为如此，他们失去了制度的声望、确定性和被揭示的未来。相反，共产主义者试图将他们运动的每一插曲都与整个历史进程相联，将历史本身与自然哲学相联；他们无所不知，永远正确。而且，辩证法的艺术使苏联现实的方方面面均与一种可任意伸缩的理论相吻合。

预言和经院哲学的结合激起了一些类似于宗教情感的东西：对"历史"的信仰、对那些今天还是苦难者而明天将是胜利者的人的同情、希望未来将有一个无阶级社会到来，这些神学中的美德难道没有在伟大事业的积极分子身上显示出来吗？但是，这一次它与历史的联系要少于和教会的联系，而这一教会与救世主（le Messie）的关系已日渐松弛；对未来的希望，由于缺乏使这种希望得以实现的自发性力量，它将只能是暴力的产物；对于苦难者的同情，在面对为辩证法谴责的阶级或国家或个人时则是冷酷无情的。

这是一种教派心理，而不是一个普世教会所应有的心理。积极分子

(militant)确信自己属于为数很少的选民之列,负有共同得救的使命。已习惯于沿着弯曲道路行走的信徒们温顺地重复着有关《苏德互不侵犯条约》或是“医生谋杀案”的自相矛盾的解释,并由此转变为某种形式上的“新人”。根据唯物主义者的概念,依据一定方法培养的人面对权力时会是温顺的,同时完全满足于自己的命运。灵魂的工程师们从不怀疑精神材料的可塑性。

在一种极端中,社会主义堕落为含糊地偏爱经济国有化和集体所有权。在另一种极端中,它又扩大为一种全球性的解释体系,并将整个宇宙和危地马拉国内斗争的曲折反复都同时包含在内。

人们可能会认为,共产主义“信仰”因其所具有的不妥协性而区别于其他政治、经济观点。但是一种新的信仰难道不总是不妥协的吗?教会会随着它因怀疑主义而日趋衰弱从而倾向于宽容。但是,这并不只是不妥协的问题。堪与世俗宗教相比的东西没有什么是来自于民族主义或民主制的。如果人们能够通过谈论一些特殊的教谕,那么,这些教谕是:有着并且只有一个政党被转变为世界无产阶级的引导者;将一种解释体系强加在那些互不一致的事实之上;将通往社会主义的惟一道路视为一切民族的必由之路。共产主义者依照对神圣事业的不同态度将人们分为两个阵营,而积极分子则强迫资产阶级异端分子写其自传时必须符合无产阶级国家所揭示的真理。

积极分子与同情者

共产主义是一种意识形态,而且,根据其对“起点”或“终点”的认识,人们试图严肃地或轻率地看待世俗宗教这一概念。

没有什么比社会主义者和共产主义者之间的曲折、悲怆的竞争史更好地体现出了这种犹豫不决。共产主义者是从不犹豫的,从1917年以来,他们就指责那些“已成为敌人的兄弟”是叛徒,认为这些人没有看到俄国革命是预言的第一个成果而投向了资本主义阵营。相反,社会主义者往往揭露布尔什维克的残酷、没有民主的社会主义或是名为“无产阶级专政”的对无产阶级的专政。但是,他们从未能完全克服一种内疚心理:如果这种道路是可怕的,那么还有其他道路可循吗?

社会主义者和共产主义者不是都反对资本主义、敌视市场混乱和支持计划经济与集体所有制吗?当布尔什维克消灭孟什维克和社会革命党人时,当几百万抗拒集体农庄化的农民被流放时,西方那些早已习惯于议会道路的社会主义者、人道主义者很是恐怖,觉得自己与这些野蛮的创造者的疏远程度和自己与法西斯主义者的疏远程度几乎相同。一旦斯大林去世,他的继承者们减轻了某些被看作是制度中反常行为的极端措施,并向进步主义者和基督教徒伸出友好之手,这时社会民主党人中的马克思主义者就会重新开始沉思:专制主义的方式和五年计划难道不是俄罗斯和不发达国家惟一可能的选择吗?加速工业化使那些恐怖的极端措施不可避免,而社会主义建设事业将使这些极端措施逐渐变得不再必要。随着苏维埃制度的民主化,这一巨大分裂将自行消失。

失望和信任之间的这些交替并不只取决于社会主义者的无限幼稚,这种幼稚在任何制度下都导致了集中营。这些交替取决于世俗宗教的模棱两可,无论是在左派中还是在右派中,世俗宗教都只是将观点僵化为教条。

1933年时同情国家社会主义的人并不一定相信种族主义,他们也谴责反犹主义的暴力行为,但确信必须由一个强有力的政权来重建国家统一,消除党派争论,实施有活力的外交政策。这种有所保留的赞同并不只是那些门外汉(hommes du seuil)或追随者(compagnons de route)的特点,而且在那些党员,有时甚至是党的核心成员中也能看到。戈林的信仰可能一点也不比那些纯粹是出于投机心理而聚集在褐衫党的煽动者周围的旧传统的民族主义者更正统。

在1955年，一个并非共产党成员的进步主义基督徒(chrétien progressiste)将会如何思考呢？让我们回过头来看那些工人教士(prêtres-ouvriers)出版的书。他们(至少其中一些人)大都接受了共产党宣传中对事件的解释："无产阶级的指导是正确的，最近发生的政治、社会事件的教训已向我们证明了这一点：马歇尔计划、欧洲防务计划、失业、低工资、越南、非洲、贫困、住房匮乏、违法和压迫等。"[①]将低工资或贫困归咎于大大缩短了法国经济重建所需时间的马歇尔计划，这是一个典型的以教条代替事实的事例，也是斯大林经院哲学中极具特点的一次替代。

这些工人教士可能在不自觉中就吸收了共产主义历史哲学的基本思想。他们赋予工人阶级以独特使命和非凡美德。"尽管伤痕累累，但是在我们看来，我们的阶级是如此美丽，拥有如此多真正的人类价值，没有任何理由可以贬损或低估它。它为人类历史所开启的前景是如此广阔和如此真实，以至于其他任何阶级都不可能漠不关心。"(第268页)人的思维方式本质上取决于所从属的阶级。"通过在生活中忍受无产阶级生活条件的艰苦和不断紧密地与工人大众相联，我们中的相当一部分人正在获得(或重新获得)一种新的心态和另一种阶级意识。他们加入到工人的反抗中去，具有了无产阶级意识。例如，针对工人阶级所受压迫的阶级斗争意识、必然相互团结的情感、确信人民只能是所有人一同摆脱资本主义剥削……"(第207页)[②]这些基督徒所获得的无产阶级意识显得和共产主义意识形态完全一致："现在我们知道，如果无产阶级光凭自己，没有阶级意识，没有组织，那么就将永远不能打败敌人，这个敌人从各个方面展开进攻，而且比无产阶级强大百倍，即使不算它的数

① 《工人教士》，巴黎瑟伊出版社，1954年，第268页。

② 《教会青年》的作者将他可能体验到的对教会神性的罪恶怀疑归咎于资产阶级的罪恶："或者，如果某人听从于这种怀疑，这是因为他为自己曾是资产阶级这一过去所扭曲，从而不能从工人阶级的生活和斗争中获得历史的意义和它所表现出来的耐心的教训。"(《事件和信仰》，第79页)

量和质量，至少在压迫和镇压手段上也是如此，这些手段从公开、残酷的斗争到虚伪的仁慈和宗教麻醉药。”（第230页）①

在此，这些工人教士以这样的语句判断和指责社会主义的改良思想：“在社会民主派的资产阶级进行反抗的那些国度里，这些人深陷于各种矛盾之中：压制、不公正、贫困、侵略战争，用《罗马观察家报》（*Osservatore Romano*）的话来说，所有这些都是由于‘此后不可避免的衰落’。”（第272页）

确实，工人教士依然是天主教徒：“如果我们非常牢固地保持对耶稣和天父的信仰，认为他们是历史的主宰，从而也是我们的无产阶级兄弟生活其中的政治、社会史的主宰，那么这种信仰对于我们教会来说也是有活力的。”（第269页）他们承认无产阶级的痛苦已取代了救赎事业。但是他们常常使用的表述却表明在进步主义的基督徒的分裂意识中，世俗事件已逐渐具有了神圣事业的意义。“在我们的体内承受着无产阶级的痛苦，我们的祈祷和圣事都关注着这些痛苦……我们的信仰，作为与我们的工人阶级密切相联的强大动力，它永远不会减弱或被玷污。”（第268页）人们由此想像天主教会已接受了工人阶级，由于这种世俗解放，工人阶级通往基督真理的道路就被打开了。同时，“我们与教会都想到和感觉到，如果没有这些最低程度的物质条件，那么‘任何精神生活都是不可能的’，一个饥饿的人不可能相信上帝的仁慈，一个受压迫的人也不可能相信上帝的全能”（第270页）。这样，在奴隶制因阶级斗争而被取消以前，人们不可能带给奴隶任何好消息。

这些引文证明：对于这些仁慈的、渴望献身的基督徒来说，共产主义不仅仅意味着关于现在和未来经济制度的观点，也不仅仅是众多意识形态中的一种。在从意识形态到宗教的道路上，他们已经历了最初的两个阶段：无产阶级的使命和由共产党代表无产阶级，依据教条（资本

① 宗教麻醉药（Narcotique religieux）等于人民的鸦片（opium du peuple）。

主义是恶,通过政党夺取政权本质上就是解放等等)来解释当今事实和全球历史。最后一个阶段对于天主教徒来说是不可逾越的:如果无阶级社会解开了历史之谜,如果组织起来以便更好地开发地球的人类已对自己的命运感到满足,实现了愿望,那么这时的人已不是基督甘愿为之钉死在十字架上的人类了,而是马克思所预言的由于机器的力量和无产阶级的反抗而使史前史终结的人类。

就像共产主义者不可能信仰上帝和基督一样,基督徒也永远不可能成为一个真正的共产主义者,因为受彻底的无神论激励的世俗宗教信奉人类的命运将在这个地球和国家中得到彻底实现。进步主义的基督徒对这种不一致佯作未见。

有时候,他把共产主义简化为一种经济组织技术,并把宗教信仰从集体存在中完全分离出来,而且拒绝承认基督教教会与世俗教会一样不容忍这种分离:世俗教会并不把共产主义看作是一种可与由人类操纵的机器相比的中立技术,基督教教会则想在任何时候都激励每个人的生活,而并不将自己局限于对圣物的管理之中。

有时候,进步主义的基督徒走到了另一错误极端。他是如此为无产阶级的痛苦所感动,以至满怀激情地加入到共产党的斗争中去。他从基督教的理解来重新使用那些相同的词汇,来形容世俗历史的曲折和神圣历史的神秘。帝国的更替所从未发现的基督教历史观念,有迷失于马克思主义的下述观念中的趋势,这些观念是劳动文明、大众的来临、无产阶级的解放等等。人们并不知道进步主义者是不是渴望一种普遍繁荣,这种繁荣最终将使人类摆脱千百年来的受奴役状态,并将他们提升至对彼岸的思索;或者,无阶级社会,而不是上帝之城,是不是并没有成为信仰的对象。

社会主义者和进步主义者这两个例子都不能使我们在共产党员和同路人之间划分界限。有些党员是以进步主义的基督徒的方式进行思考和感觉的:通过奉献、牺牲精神以达到克服内部阻力的目的,这种内部阻力在他们看来是一种资产阶级残余，由此他们就开始了宗教生活；他们并不信仰唯物主义，而只是想为之服务。相反，大量同路人则没有宗教怀旧情绪，他们估算着政党成功的可能，毫不犹豫地赞同反射蒙太奇（le montage des réflexes），尽管还为自己保留了一种不完全自由（demi-liberté）的好处。

人们徒劳地在党的内部寻求一种独特的历史教条或日常繁琐哲学。我们已经看到[①]，人们不大能说出党员整体信仰什么。当官方公报宣布克里姆林宫的九位医生谋杀了几位政府高级官员（从死者中随机选出），并正在密谋暗害其他一些领导人后，从上到下的党内积极分子们都知道自己应该说什么（但不是他们从这以后三个月将说的），尽管他们并不知道行动的动机和目标。在他们内心深处，没有人会毫无保留地同意党的解释，这一解释通过每个人的发言、无数会议投票通过的数不胜数的决议而回响于广阔的苏联大地——每个人都为自己选择了密传的解释。

当国家法令影响到整个教条时，另一种同样程度的含糊不清出现了，那些忠诚者——党内核心人物、高级官员、地方负责人——给予主要概念以何种意义？他们相信在共产党勉强存在的英国，无产阶级和共产党是相一致的吗？既然没有哪个政权拥有如此多的警察，那么他们相信苏联国家政权正在萎缩吗？既然它已建立起了一个新的等级制，那么他们如何想像一个无阶级社会呢？

我们已经区分了教士和信仰者，也就是首先忠于政党的人和首先赞同预言的人。这一区分与积极分子和同情者的区分并不一样。积极分子们迈出了决定性一步，并服从党的纪律，与此同时，同情者们则仍留在门槛外。但是同情者并不必须是一个信仰者（就我们已使用的这个词的含义而言），积极分子们从其内心来说也不总是教士。乔治·卢卡奇信

---

① 参见第四章，第116—117页。

仰马克思主义预言,却不无痛苦地承认共产党是无产阶级的化身。某些追随者忽视了工人阶级的使命或无阶级社会，盲目相信由八亿人在同样法则下实现的联合所揭示的历史必然性。有一些积极分子是决心牺牲的理想主义者,有一些同路人则是渴望借机高升的恬不知耻的人。

真正的共产主义者在哪里？从理论上来说,他应该经历三个阶段：政党崇拜、解释性的经院哲学、积极分子的训练。但是一旦他出现了,他就获得了以自己的方式“重新思考”教条以及日常使用的那些主要论题的权利。他将对政党教会一体(l'identité parti-Eglise)和世界革命持一种解释,这一解释最终将和那些反抗者所给出的相一致。积极分子并不都是“真正的信仰者”。事实上,他们既不忽视事物的另一面,也不忽视那些秘密含义。尽管有这一认识,但他们仍然完全保持对运动的忠诚和对未来的希望,认为这是不可避免的和由党来实现的。

世俗宗教同时给予它的显贵们以怀疑主义和信仰，对于这种其教义难以把握,并且要靠一系列法令才得以存在的、世俗宗教,人们难道还应该严肃认真地去看待它吗？一旦人们拒斥无产阶级等同于政党的观点与解释性的经院哲学,那么这一宗教将解体为一个观念的集合体。一种持久性的宗教难道可能建立在与事实或常识相悖的证明的基础上吗?

在我看来,不幸的是,关于这一疑问的答案还远远没有获得。

从公民宗教到斯大林主义

知识分子发明了意识形态以及关于社会世界的解释体系，这些意识形态和体系都包含了价值体系,并暗示着有待完成的改革,以及一种令人恐惧或充满希望的大动荡。这些以理性名义谴责天主教会的人接受了一种世俗教义,因为他们对部分而不全面的知识感到失望,或者因为他们渴望那种只被赋予掌握真理的教士的权力。

18世纪的法国哲学家已经是现代意义上的知识分子。他们以写作为生，并宣称有权发表自己有关历史或政治问题的观点，这些观点常常是批评性的。无论是在思想上还是在生存方式上，他们都不依赖教会，他们与富人的联系也要比与旧贵族的联系更为密切。而且，他们还传播一种与天主教和君主制法国的世界观截然不同的世界观。

教士和哲学家之间的冲突是历史性的，而不是形而上学的必然。教会并不谴责尽可能舒适地组织尘世生活的努力，它也可能授予对“启示录”(Révélation)未涉及的那些领域进行自由研究的权利。即使通谕继续指责关于人性的乐观主义并坚持在教义和道德方面的权威原则，渴求知识和技术进步的意愿也已成为值得称赞的。一旦旧制度的哲学被从天主教教义中赶出去，文人或专家们就不再在理论上和教会争论了。

在法国，这一争论由于教会事实上所占据的和人们总是给予它的政治和社会地位而得以延续。作为一个宣称已得到揭示的真理的等级制团体，教会很难与政权和政党断绝关系，这些政党并不同意权威来自于下层，或者是人类在自己的虚弱状态中能够治理自己。

教会与反民主政治运动的妥协[①]并不是教士和知识分子间的持久对立的惟一的或是主要的原因。或许，教会一方很难听任一个世俗国家的存在，而知识分子这一方也难以接受自己不能占据首要地位。从教会专制主义解放出来后，知识分子渴望将他们认为早该摧毁的那些东西都更换掉。

一些为自己的无神论而欣慰并敌视宗教生活的左派知识分子，希望像传教士传播宗教信仰一样来传播不信仰宗教的思想，并确信通过消灭神和推倒祭坛就能解放人类。其他一些知识分子则为基督教的无可挽回的衰落而感到担忧，设想出一些为理性接受的、可以重新建立精神统一的信条。布尔什维主义兼具这两种意愿：无神论的战斗热情赋予

① 这一用法不适用于所有西方国家，甚至在法国也不适用于整个19世纪。

它活力;构建了一种自以为与科学教诲相一致的正统学说。在俄国,正是知识分子为最高权力授职。

也许,奥古斯特·孔德比其他任何人都更明确地形成了那些启发人们研究一种具有替代性的宗教的观念。

一方面是神学和形而上学,另一方面是实证知识,这两者是互不相容的。过去的宗教正在丧失活力,因为科学不再允许人们相信教会所讲授的东西。信仰将逐渐消失或是堕落为通俗意义上的迷信。

上帝之死在人的灵魂中留下了一片空白,但是内心需要依旧存在,需要一种新的基督教来满足它。只有知识分子能够发明甚至宣传一种为学者所接受的旧信条的替代物。

最后,教会提供的那些社会功能还继续存在。共同道德应建立在什么基础之上?如何在集体成员中维护或恢复信仰的统一,如果没有这种信仰的统一,文明将面临危险吗?

我们已知道奥古斯特·孔德是如何认为在他的理论体系中已对这一历史挑战作出了回答。科学确立的法则揭示了一种宇宙秩序,一种人类群体的永久秩序和最终变化秩序。这一教义是科学的,它不仅提供了思想上的终极真理,而且还提供了心中热爱的对象。未来的社会将是整体的(total),而不是极权的(totalitaire)。它包含了人性中的一切财富,以舆论来平衡权力,以慈善来制衡强力,使过去成为现在,开启毫无动荡的进步之路,实现人性(l'Humanité)。

除了在巴西,实证主义从来没有超越学派的界限。与圣西门和他的信徒圣西门主义者的"新基督教"一样,它从没有成为某一运动或某一政党的理论信条。作为一位数学家的产物,实证主义仍旧只是一小部分人的信仰。

对一种适用于国家的宗教的探寻在法国大革命危机之前就开始了。《社会契约论》是卢梭集中探讨公民宗教的书,书中表述了两种观念,它们是卢梭从他的前辈们的著述中吸取的,也是萦绕于当时理论家脑中的。世俗权力和精神权力的分离是一个有缺陷的原则："谦卑的基督徒改变了他们的语言，而不久我们便看到这个所谓另一个世界的王国，在一个有形的首领之下，竟然变成了这个世界上最狂暴的专制主义。可是，既然永远都只能有一个君主以及公民的法律，结果这种双重权力就造成了一种法理上的永恒冲突，这就使得基督教的国家里不可能有任何良好的政体，而且人们永远也无从知道在主宰与教士之间应当服从哪一个。"卢梭又补充道："霍布斯是惟一一个能够建议把鹰的两头重新结合在一起，并完全重建政治统一的人，没有这一统一，无论是国家还是政府都永远不能很好地组织起来。"人们并未忘记卢梭的那句名言："一个真正基督徒的社会将不再是一个人类的社会。"[①]就是希特勒也会赞同这种说法。

何种宗教有利于国家财富和政权？这类政治考虑促使卢梭像马基雅维里一样宣称民族宗教的优越。他自己的宗教，即简化为一神论的基督教，促使他仔细思考这一问题。他并不否认民族宗教的好处，这一民族宗教"把对神明的崇拜与对法律的热爱结合在一起"，并且"使祖国成为公民崇拜的对象，从而就教导了他们，效忠于国家也就是效忠于国家的守护神"。但是，这种民族宗教是建立在谬误基础上的，因而它欺骗了人民，"使全民族成为嗜血的和不宽容的"，它使这个民族对其他的一切民族都处于一种天然战争状态。卢梭最终满足于一篇纯属公民信仰的宣言，这一宣言将使每个公民都爱自己的责任。神明的存在，未来的生命和对坏人的惩罚，这些就是将公民与他的国家相联系的这种宗教的教条，并且没有把其他任何国家都看作是敌人。在民族的或异教的宗教（启蒙时代的哲学家认为这种宗教的复兴是不可能的和不受欢迎的）与普遍救赎的宗教（它激起了对尘世荣耀的冷漠）之间，公民宗教在既没

① 以上三处的中译文选自何兆武先生译《社会契约论》（商务印书馆1980年2月修订第二版）第174—175页，第176页，第180页，个别地方有改动。——译注

有削弱个人对主权者的忠诚,也没有将分裂原则引入社会的情况下,就避免了盲信。

革命崇拜分享了公民宗教的这种模棱两可。它们以爱国主义为基石,“建立在公正基础上的对理想社会的爱远甚于对国家土地的爱”[①]。但是就在同时,革命的立法者们并不满足于教会和国家的分离。国家虽然已和旧教会相分离,但是仍然保留着宗教特性,仍然“以各种节日和强制仪式强迫群众尊重教会”。已成为最高存在的理性将成为信仰的对象,这一信仰消除了一切迷信,并成为一个以其美德而承诺了无限美好命运的国家的基础。

尽管它们获得了象征性和历史性意义，革命崇拜只是一个短暂插曲,而这已为奥古斯特·孔德所注意。无论是对民族宗教的怀念,还是对法国大革命带来的一种公民的和普遍的信仰的情感，都没有因君主制和天主教会的复辟而消失。

日本的神道堪与民族宗教等量齐观。除了那些有关最遥远历史的内容以外,神道还包含一种对天皇的崇拜,认为他是太阳神的子孙,并与永恒的日本合为一体。决意从西方借鉴强国秘诀的日本贵族同时决心复活这些古老的信仰和实践。第一次世界大战以后,鲁登道夫把神道作为正在寻求精神统一的德国人的榜样；他重新发现了从马基雅维里到卢梭等理论家关于两大问题——政教分离的危害，为国家和上帝战斗牺牲的信念带给普通大众的热情——的论述。

这种“德国基督教”是一种有意识地将救赎宗教“民族化”的企图。在兴登堡葬礼致词中,希特勒使用了一个日耳曼语词Walhalla。希特勒

---

① 马迪厄:《论法国革命的宗教史》(A.Mathiez, *Contribution à l'histoire religieuse de la Révolution*, Paris, Alcan, 1907),第30页。这句话为古耶在《奥古斯特·孔德的青年时代和实证主义的形成》(H.Gouhier, *La Jeunesse d'Auguste Comte et la formation du positivisme*, Paris,1930)第8页引用。

的年轻信徒们还欢庆一种对火的崇拜。人们试图将这些事件归咎于童子军狂热和异教徒仪式的复活。假如希特勒在世界大战中获胜的话,他很可能发动反对基督教的战役，而且更多的是运用唯物主义和种族主义,也就是那些与理性主义和民主政治理论相背的观念的混合,而较少采用“德国基督教”或“日耳曼信仰”。种族不平等、元首学说、国家统一、第三帝国等主题更多的是被宣传机器组织起来,而并未形成一个体系,但是它们已经激励了整个国家的管理和精英的教育，并建立起价值体系,煽动了狂热激情和促进忠诚者的团结一致。这些主题还通过各种仪式得以神圣化。在一个深深烙有基督教痕迹的文明里,它们会像真正宗教那样存在吗?同样的问题也可以向共产主义提出,它似乎已最终强制推行一种替代信仰,而这是法国大革命的积极分子、实证主义者和圣西门主义者所梦寐以求的。

米什莱的名言也适用于共产主义:“法国大革命并不采纳任何教会。为什么?因为革命本身就是教会。”就像公民宗教一样,它将个人对政党、社会主义国家和人类未来的责任神圣化。一旦政党掌权,它就变成了国家宗教,而在它的秘传教义中,依旧反对普遍的宗教。如同实证主义一样,共产主义也宣称将汇集过去的创造,把它们传到将完成人类使命的社会中去。虽然它已与启蒙时代的个人主义断绝了关系,但是它仍然宣称为所有人谋幸福。它拒绝怜悯弱者和信任群众,但是它却以人道主义情感来证实社会主义事业，以教育大众的必要性来证实领导者的绝对权力。它让科学墨守成规,但却是打着科学的旗号。它颠覆了西方理性主义,但却继续仰仗理性主义。

这一成功的原因是什么呢？马克思主义的预言把一种进化示意图转变成为一种神圣历史,而无阶级社会将是这一神圣历史的结果。它赋予一些制度(所有权制度、运作方式)过分的重要性,将一个万能国家(Etat tout-puissant)的计划化看作是历史的决定性阶段。知识分子很容易地就陷入到左派随大流者(conformism)所具有的这些错误中去了。它们痴迷于如何增加国家收入,因而也准备借用苏联走向富饶的捷径。

信条的内容是对历史的一种解释：斯大林主义在一个因各种灾难而充满动荡的世纪里传播。如同星相学并未立即被科学的天文学消灭一样,实证史学也未驱赶走历史的神话。在机械物理学出现之前,一些观察家已经以惊叹的眼光探寻宇宙的秩序。不久以前,每个社会都自认为是具有典型意义的。由于没有意识到时间的无限,它就没有在神秘未来中找到自己适当的位置。历史的神话更多表现为对经验教训的反抗,而较少表现为与时代不符的信仰。

在我们这个时代,技术进步确实是一个重要事实。正是它根除了文明中的旧基础,而且我们的同时代人除了依赖于机器的权力和财富以外,也没有更高的目标。人们将劳动利益的优先性与生产力的因果优先性相混合,并将这种混乱的综合看作是知识的征服。

马克思主义意识形态在利益的盲目混合之下发现了变化的秩序。每一个人只服从自己的意愿,而所有人一起就产生了高级智力曾想要的东西。为了追逐利润,资本家就将这曾给自己带来财富的制度引向了灭亡。从阶级斗争中诞生了无阶级社会。完美的市场,就像黑格尔式的“理性的狡智”(la ruse hégélienne de la Raison)一样,为了所有人的最大利益而利用个人的自私。但是有一个决定性差异:自由派认为人始终是不完善的,并听任这样一种制度的存在,即“善”(le bien)将是无数行动的结果,而永远不是一种有意选择的目标。在此范围内,它赞同悲观主义,即将政治看作是一种创造条件以使人的缺陷有助于国家的善的艺术。对于过去,马克思主义承认人的意愿和事件是不同的,但是一旦深层力量被揭示出来,那么它就能摆脱环境的控制了。由于对历史法则的认识,人将达到那些被指派的目标。对未来的预测使人可以操纵敌人和同伴。

正是在这一点上,意识形态成为信条的内容。集体拯救者不再听命于历史,而是创造历史,建立社会主义,塑造未来。只要政党一直处于反对派的境地,没有力量,内部也不和谐,那么这种政党向救世主(Messie)的转变将始终是一种教派的精神错乱。正是夺取政权才证实了这些意愿。它越是紧密地和国家结合在一起,就越可能代表无产阶级。

在这一切想成为替代宗教的企图中,斯大林主义获得成功的原因说到底很简单:正是革命的胜利使共产主义得以传播,而不是那为震撼世界的十天做了准备的世俗宗教的诱惑。放下武器的先知们已消失了。世俗宗教的未来尤其取决于权力的竞争。

世俗的教权主义

法国知识分子是最早寻求一种替代宗教的人,今天,他们的无产阶级欧洲的同伴们如同往昔的法学家们建立王权绝对主义的合法性一样,建立了苏联绝对主义的合法性。他们以神学家的方式解释党代会或总书记的神圣文本和宣言。左派知识分子以要求自由为起点,却最终屈服于国家和政党的严格纪律。

意识形态确实已变成一种宗教了吗?对此,人们再一次无法确切地回答是还是不是。在拜占庭传统和苏维埃制度当中,国家领导人就是教会领袖。与不久以前的超验性的信仰一样,意识形态决定了什么是最重要的;它证实了权威的合法,并承诺(不是对个人,而是对集体)在历史彼岸,也就是未来,将存在公正的分配。但是共产主义并不认为自己是一种宗教,因为在它看来,一切宗教都是历史的残余;它以无神论的名义反对教会,并以社会主义的名义使之就范,就像它对其他制度一样。它过分夸大了一种片面学说的意义,以使它显得包含了人类的一切力量。

基督徒和共产主义者间关系的双重性似乎使得那些人民民主制的政府可以煽动起类似于"德国基督教"的异端,以达到使基督教信仰与官方意识形态部分一致。这好像并不是铁幕另一边的主要趋势①。共产主义当局首先力求打碎本国教会与罗马教廷的联系：任何国际对它们来说都是不可容忍的。然后它们命令教会高级神职人员在口头上必须忠于国家正统。但是它们的这种强迫并不更甚于对待音乐家、国际象棋棋手或小说家。它们尽力使教皇和主教的行动，至少是他们的语言，具有政治特点，但是并不支持对历史的意识形态作宗教解释。正是在西欧，而不是在东欧，某些信仰者分辨不清基督教的悲剧和无产阶级的悲剧，以及无阶级社会和千年王国。

因此，在欧洲共产主义与其说是一种基督教继续提供给西方人做典范的宗教，还不如说是在已上升为正统的意识形态中寻求宗教替代物的一种政治企图。这种正统还孕育了一些已被天主教会抛弃的意愿。神学家们直截了当地承认神的启示（Révélation），这一说法并不包含天文学或物理学，或者说只包含了一种十分原始的科学，并且是以一种与基督时代人民的思想相一致的术语表达出来的。物理学家从圣经中学不到任何有关核子的东西。同样，从辩证唯物主义的神圣文本中，他也不可能学到多少这方面的东西。

基督教信仰可能可以被称为是"总体的"（total），因为它启示整个存在，当它否认世俗活动的自治时，它就是"极权的"（totalitaire）了。当共产主义信仰想成为"总体的"时，它就变成"极权的"了，因为它只是通过官方真理的强制性而把那些本质上需要自治的活动置于权力的命令之下，从而创造出整体性的幻像。

---

① 人们已注意到在波兰同时存在"爱国主义教士"、马克思主义者和天主教徒的活动。华沙新的天主教神学院力求在提供天主教教育的同时还提供马克思主义教育。参考《纽约时报》1954年12月19日。

也可参考W.班宁(W.Banning)的近著《作为世界性政治—社会信仰的共产主义》(柏林，1953年)。

人们可以想像出，就像其他人受基督教信仰的鼓舞一样，诗人们是如何因共产主义信仰而倍受鼓舞；人们还可以想像得出，物理学家和工程师们充满激情地渴望为无产阶级服务。人们还应当承认，这些人的信念和献身精神是真诚的，它们并非是由那些对文化颐指气使的官僚从外部下命令后才形成的。而且，这些官僚准许艺术家自发地去寻找那些他们自己的形式，并让研究者自发地去寻找真理。社会主义现实主义或辩证唯物主义无法将集体聚集到一种信仰或一种共同经历的知识之下。一种虚假的统一是如此获得的：使每种精神世界的特殊意义服从于社会功能，而这一社会功能通过把可能的或错误的假设作为一种自称是科学的和哲学的学说的基础而强加到精神世界身上。

在西方，我们并没有力图寻求一种与历史唯物主义等同的东西，就好像一种哲学能够而且必须将它的原则、观念以及导致其成果的主线固定在自然科学上一样。我们应该小心翼翼地维护知识界或学界的独立，而这种独立，在铁幕的另一边因为必须考虑为政治服务和革命目的而受到了影响。

批评本身越是足以消除苏联文化统一的幻象——而且这种人为的综合体本身也会解体——那么我们想要进行一种正面反驳的希望就越是错误。直到现在，数学家、物理学家和生物学家都知道官方学说可以提供一种语言——在书的前言和结语中——以使研究成果和官方理论相一致，而不是一种研究工具。即使历史学家们大体上都承认正统理论范畴的有效性，他们也感到是被囚禁于一种强制的和不断变化的正统之中，这一正统不时激起其他民族对大俄罗斯帝国主义和教化使命的反抗。确实，除了对人类理性难以理解的一些主题所作的无法证明的断言，天主教教条还包含一种尚不完全的知识的梗概和系统化。但是，通过清除那些世俗知识，宗教教条可以在不改变信仰的情况下变得纯洁和更深入，并符合自己的本质。相反，新的正统如果不解体为各种成分，如果不分散为一批关于今日或明日社会的或多或少含糊不清的观点，就不可能实现自我纯洁或是满足于一种理性表述。

由于对荒谬的认同,意识形态就变成了一种教条。如果人们承认在每个社会都是由少数人掌握领导权的观点，那么政党专政与无产阶级专政之间的融合关系就会在顷刻间自行解体。所剩下就是依照经验比较一党制与和平竞选的议会制之间的利弊。只要人们拒绝普遍性(universalité)，无论它是哪种学说所预言的，就可以避免这种神秘化(mystification)。社会主义社会将是历史进化中的一个较近的终点,但是有多条道路可以通向它。社会民主派的政党并不是叛徒,而是兄弟,他们在西方提供了拯救的功能,因为在西方,布尔什维克党严厉的措施是行不通的。简而言之,共产主义者应该真诚地接受那些感到不安的善良的马克思主义者向他们建议的解释，这些善良的共产主义者并未失去理性,他们赞赏五年计划,但对集中营却深恶痛绝。共产主义者应该思索他们在命令中漫不经心说的话,当苏联利益要求这样做时,它到底意味着什么?

这样一种转变看似不难,然而它却对教条的本质提出了怀疑:如果党是无产阶级的代表这一点并不是普遍的、明确的,那么,1917年革命就会失去神圣历史赋予它的地位,而只不过是一场幸运的政变。那么,又如何预见哪些国家将注定要承受加速工业化带来的充满痛苦的利益呢?如果第二国际的支持者并未被开除,那么如何才能坚持认为一种政治制度向另一种政治制度的转变必须要采用暴力手段呢?如果没有革命标志着史前史终结的观念，那么苏联的事实将只不过是在一党专政下，以残酷的方式实现现代化，而且这一政党并不是由命运之神指定的,而是由人们之间难以预料的曲折斗争决定的。

如果俄国共产党继续坚持自己是世界无产阶级的代表，那么它将沉溺于故弄玄虚的经院哲学的玄奥之中。如果它放弃这一抱负,那么就意味着放弃权力。不久以后,通过采纳明智的英国工党的建议,它也将分担工党的不幸。如同英国工党一样是资产阶级的和令人厌倦的它,在从虚幻中觉醒过来，并克服恐怖之后，坚定不移地走向了20世纪的路易·菲力普主义[①]。

不管怎样，这种转变是不可避免的吗？它正在我们眼前展开吗？苏共似乎已限制了自己的活动范围。它已为科学争论提供了某些自由，并容忍一些嘲笑现行制度某些方面的文学作品（小说或戏剧）。斯大林晚年采取的奴役人的智力创造的那些极端和残酷的措施也变得缓和多了。尽管解释性的经院哲学仍然是必须遵守的，但是它将不再一直是一种逻辑妄想了。这一制度将逐渐资产阶级化，而且其实践乃至理论也将倾向于放弃其普遍性。

回到日常生活，意识形态热情的减退，这些是迟早都将出现的。革命可能是永远的，但是革命精神却已丧失了。第三代领导人，如果不是第二代领导人的话，听从了西内阿斯[②]的教诲，放弃了不可能的征服。从长远来看，他们如何才能使官僚专制主义的稳定与征服的教派的传布信仰的热忱这两者相互结合？面向未来的革命理想沉浸在虚幻之中，而人们则无法忽视苏联现有体制中的主要特点。

通过同时诉诸恐怖和意识形态，并颂扬现在是通往无阶级社会的阶段，斯大林体制就克服了存在于对现有政权的证实和对美好未来的期待之间的矛盾。同时，工业化的结果、新领导阶级的巩固以及作为超人类事业（la surhumaine entreprise）源泉的普罗米修斯行为的逐渐远去，这一切在狂热逝去的时候都促使信仰逐渐蜕化并解体为各种意见。在我看来，这是长时段里最有可能的前景。人们可能会错误地得出结论：噩梦即将消失，思想教育的痕迹将被抹去，资本主义文明和苏维埃文明

① 路易·菲力普（Louis Philippe）是法国七月王朝（1830—1848年）的国王，在位期间，废除了法国革命后复辟王朝的一些反动措施，采取了一些有利于资本主义工商业和金融业发展的自由主义措施。——译注

② 西内阿斯（Cinéas）：古希腊伊庇鲁斯国王皮洛士的大臣，在赫拉克莱亚战役后作为使者被派往罗马求和，但是失败。——译注

的统一将奇迹般的建立起来。

在信仰和不信仰之间、在忠于斯大林经院哲学和简单纯粹地抛弃政党的精神世界之间,存在着多个中间阶段。对某一细小解释的意义的怀疑并不影响整体的稳固性。人们保留了教条的重要概念,并继续以生产关系、社会阶级、封建主义、资本主义或帝国主义等术语进行论辩。

也许思维和行动方式比概念工具持续的时间更长。转而毫不妥协地反对往日的战友、将斗争逻辑或是所谓的斗争逻辑坚持到底、以非对即错的观点看待这个世界、不愿承认问题是支离破碎的以及世界与学说是多元的，这些从教育中获得的特点往往在一位已从狂热教派中解脱出来的“前共产主义者”身上明显表现出来。

知识分子可能比普通人更难以摆脱这种意识形态，因为就像国家对意识形态的依赖一样,意识形态已成为知识分子的事业。苏联政权以一种学说的名义进行统治，而这种学说是由一位毕生在图书馆中度过的知识分子创立的,并且一个世纪以来已为无数学者所评点。在苏共的政权里,知识分子是统治者。无论是发现异端的教育审查官、为社会主义现实主义所束缚的作家，还是负责执行计划和领会中央含糊命令的经理,他们都必须是辩证学家(dialecticiens)。掌握着几百万人生命的党的总书记本人也是一位知识分子,在他光辉生涯的结尾,他会提供给信徒们一种有关资本主义和社会主义的理论，好像一本著作标志了最高成就。古代帝王往往是诗人或思想家:而帝王作为辩证学家、学说和历史的解释者进行统治,则还是开天辟地头一回。

所有那些在议会民主制中阻碍知识分子上升到权力之巅的资本家、银行家和当选者都消失了。在18世纪,尽管知识分子反对教会占有大量财富,但是他们却无所顾忌地接受富商或包税人的保护。他们指责个人地位的不平等,为新生资产阶级的事业辩护。在法国大革命以前,左派知识分子并不怨恨商业、竞争和正当获取的财富,而是憎恨继承或囤积而得的财富和出身歧视。在每个时代,知识分子都把自己看作是一切权贵的敌人，先是反对教会，接着是贵族、资产阶级。对于作为辩证学家的官僚(bureaucrates-dialecticiens)，知识分子却突然显得宽容起来，好像重新认识了自己。

苏共的国家需要经理来领导工厂，需要作家、教授、心理学家来传播真理。处理实际物质的工程师和负责灵魂事务的工程师都享有很丰厚的利益、很高的生活水平和名望，能够参与到令人兴奋的事业中去。他们并不是那样天真以至于采纳那些庸俗的言论。他们太关注自己的特权以至于为这一制度和他们自己的驯服进行辩解。这样，他们就混杂了信仰和悲观主义、口头上忠诚和内心的保留，因为他们无法原封不动地接受一种非理性的教条主义或是摆脱一种难以觉察的正统的束缚。

他们可能通过最后手段祈求超验的宗教榜样吗？基督教告诉奴隶的喜讯是和告诉国王们的一样的，它宣扬尽管有社会等级制存在，但灵魂是平等的。教会使那些世俗权力合法化，并确保权贵们心安理得。有时，它想统治这个世界。进步主义的知识分子如何才可以拒绝将自己的才能奉献给一个宣扬美好学说的国家、一个与革命理性主义希望相一致并且慷慨对待专家和文人(只要他们听话)的社会？

* * * * *

马克思称宗教是人民的鸦片。无论教会是否愿意，它还是巩固了现存的不公正。它帮助人们忍受和忘记痛苦，而不是克服痛苦。信徒们沉浸在对彼岸世界的关注之中，对国家组织则漠不关心。但是，基督教从未授予统治者以全权。即使是东方的教会也保留有指责不称职君主的权利。沙皇尽管是教会首领，但也不决定教义。苏共的总书记则具有重写党史以适应不断变化的现实的自由，而这一党的历史就是斯大林学说的核心。随着政权从大革命中产生，无阶级社会的概念也逐渐失去了意义，并在一个毫无创新的官僚专制主义中稳定下来。通过历史的彼岸来获得证实的观点在发展过程中也蜕化为语言上的闹剧:“另一个世界”更多指的是现实,而不是未来,这一现实在人们用来界定它的那些语言的作用下已经走样了。

人们认为在我们这个时代,新的宗教具有完全不同于基督教的意义。基督教鸦片使人民消极,而新的鸦片则激励人民反叛。毫无疑问,这种意识形态不仅招募革命者,而且还训练他们。他们与其说是服从一种学说,不如说是服从于一种政治本能、行动的爱好和权力欲。导师的预言不仅指引了他们的生存,而且唤起了他们无尽的希望。

尽管已经因教条主义而变得僵化和枯燥乏味,但是这种意识形态在亚洲和非洲国家中仍然发挥着革命功能。它促进了人民大众的动员和使那些因派别不同而相互戒备的知识分子加强了联合。作为行动工具,它依然是有效的。而在其他地方,如法国,情况却完全不同。在这里,革命崇拜、对历史的悲怆疑问表现出一种逃避。对“启示录”(Apocalypse)的怀念并没有激起对改革的不耐烦,而是一边接受现实,一边又在口头上反对,这就是所谓“不墨守成规者”(non-conformisme)的荣誉攸关的事。

不可否认的是,甚至在法国,也有几百万人相信一件如同巨大灾难一样恐怖、如同节日一样令人兴奋的事件将会彻底改变他们的命运。曾在众多进步主义的基督徒中引起骚动的“如何才能使不幸的人获得赋予他们生活以意义的希望”的争论,对于像西蒙娜·韦依这样的人们来说是没有效力的,她并不觉得信仰能够培养人为真理而牺牲。人们尊敬信仰者,但是人们必须反对错误。

斯大林的宗教为了夺取政权和加速工业化而动员大众,使战士和创建者的纪律神圣化,并将人民收获长期忍耐的结果的时刻推迟至大革命,然后又推迟至未来。而这个未来,随着人们不断朝它前进,也不断后退。

不信仰上帝的人也不敌视宣称永恒真理的救赎宗教:人并不是在

社会命运中实现自己的命运；命令和财富的等级制并不反映价值的等级体系；尘世中的失败有时是通往更大成功的路；尽管人与人之间相互争斗，但是一种博爱神话将人们团结起来。

不相信马克思预言的人应该是反对世俗宗教的，即使这种宗教到处宣传人们希望的变革：作为迷信，尽管它逐渐鼓励暴力和消极、奉献和英雄主义，但是最终还是导致了混杂着狂热的怀疑主义以及反对不信宗教者的战争，即使其信仰已慢慢丧失了实质内容。它将阻碍政治的此岸或彼岸中人们的友谊，直到有一天，由于干部的逐渐资产阶级化和人民大众的相对满足使其逐渐失去信誉，退化成为一种平常的意识形态和不再能唤起希望或是恐怖。

根据占主导地位的哲学，在我们这个时代，自从人类的命运变成为理性地组织世界后，宗教就自然变为世俗的了。反对这种观点将是错误的。无神论，不管它是如何自信，都既不包含也不证实意识形态上的教条主义。作为西方独有辉煌的开端的政教分离并不要求在人的双重本性中有一种惟一的信仰。它甚至也不要求大多数公民继续信仰“启示录”。在不信仰宗教的时代里，它将继续存在着，只要国家本身不冒充是一种观念的化身，或是真理的见证人。

一种预言可能是整个行动的灵魂。它指责现实世界，在拒绝和期望之中肯定精神的尊严。当为革命成功而自豪的统治者为了巩固自己的政权和挫败敌人而独占某种预言时，世俗宗教就会产生，它以谴责为开端，然后逐渐僵化为正统或是在冷漠中解体。西方人依旧因过于基督教化，以至于无法将世俗世界神圣化。苏联的法学家们如何才能延续热情？如果现实使活着的人满意，那么愤慨和梦想的时代就会消逝。如果现实使人们失望，那它又怎么可能被看作是通往千年王国的道路？

在或长或短的时期内，世俗宗教将继续抵制这种纠缠它的矛盾。在西方，它只是代表了通往“希望的终结”的必然阶段。

知识分子的命运

我们希望在一幅双连画上描绘出苏联和法国两国知识分子的截然不同的形象。

在画的这一边,为数众多的文人和专家似乎相分离:工程师不承认经理或金融家的权威具有合理性或值得肯定之处,文人则对政客的阴谋和警察的暴行感到愤慨,对于遭受不幸的人民——饥饿的印度农民、蒙受侮辱的南非黑人、一切受压迫的种族和阶级、被麦卡锡追逐的前共产主义者、受梵蒂冈决议处罚的边做工边传教的教士——感到具有一种责任感。

在画的那一边,在人民民主制度下,文人和专家则签署决议反对同样的人和同样的事件。西德的重新武装、罗森伯格夫妇的被判刑、梵蒂冈和美国反对和平的阴谋等等,这些人和事件也同样燃起他们西方同伴的怒火。人民民主制度下的文人和专家保留了愤怒的权利,但是这种愤怒只是针对他们无法客观认识和访问的资本主义世界。他们对自己周围的现实表示赞同,对其他的、遥远的现实,则表示反对,而自由欧洲的亲共产主义的知识分子则与之完全相反。

人们将很容易地描绘出第三种形象,即西方的前共产主义者或反共产主义者,他们与共产主义者一样相信同样的价值,但是他们认为资产阶级民主制比人民民主制要更忠于他们的理想。他们有时在一切动议上签名:支持罗森伯格夫妇和反对苏联集中营,反对西德重新武装和支持释放匈牙利、罗马尼亚、保加利亚的社会主义者,反对摩洛哥警察以及反对1953年6月17日镇压东柏林的骚乱;有时则有选择地在某一类动议上签名:例如反对苏联集中营,因为他们是遵守斗争逻辑的,而且感觉到了斯大林的压迫与资产阶级的压迫在程度上和本质上的不同。

我怀疑这三类知识分子——莫斯科共产主义者，欧洲共产主义者或进步主义者,华盛顿、伦敦和巴黎的反共产主义者——中的任何一类是否会对自己的命运满意。我也怀疑苏联知识分子是否如他所表现的那样与政权紧密结合在一起；是否法国知识分子如他想让人相信或自认为的那样抗拒现行政体。

苏联和美国这两大帝国的知识分子,尽管在方式上有所不同,但是都依附于一个与国家相混同的制度。无论是“反意识形态”还是“反国家”都未曾在他们身上出现过。

这种准一致性(quasi-unanimité)并非源于相同的方法,也不是以相同的形式表现出来的。“美国生活方式”是与欧洲知识分子的意识形态相悖的。“美国主义”(américanisme)既不用通过一套概念或体系来加以表述,也没有集体救星、历史的终结、未来决定因素、宗教的教条否定之类的东西。相反,它所包含的是:尊重宪法、鼓励个人创造力、受强烈而又模糊信仰激发的人道主义、对教会间斗争的漠不关心（只有天主教“极权主义”使其不安)和崇拜科学与效率。它并不包含具体的正统学说或官方观点。这一思想在学校得到传授,而社会则使这一思想成为必须接受的事物。如果人们愿意,那么它也算是一种“因循守旧”(conformisme)。但是,它并不怎么专制,因为它并不禁止有关宗教、经济和政治的自由讨论。尽管没有压迫,但是毫无疑问的是,那些同情共产主义的“不守成规者”(non-conformiste)感觉到了集体谴责的沉重压力。个人如果想要对那已成为国家观念一部分的思维方式和制度提出质疑，就会成为犯有亵渎爱国主义罪行的嫌疑分子。

从表面上看，苏联的意识形态与美国的非意识形态(non-idéologie)完全不同。它声称自己与一种唯物主义玄学(métaphysique matérialiste)紧密相连，并使日常措施与人类的终极目标具有了明显的相互联系。它将实践的所有方面都纳入到理论形式中，而美国则倾向于对各种决定进行一种实用主义论证，即使这些决定是关于精神世界的。正是国家宣布学说为真理，并在社会中强制推行；也正是国家将任何时刻的教条都确立为正统，它将自己置于法律之上，并给予警察完全的自由。而美国则继续珍惜和尊重司法权的至高无上。

但是人们不禁要问：源自西欧的马克思主义意识形态，它能忠实地体现出苏联的特性吗？如果摆脱了解释性的经院哲学，人们就会注意到一种十分具有民族特性的意识形态因素：五年计划、"干部决定一切"、先锋队作用、选择精英、集体开发土地、正面英雄人物、新秩序的景象。这种意识形态不是源自青年马克思的思辩，而是来自俄国革命。同样，人们看到一种美国所特有的意识形态，它表现了美国社会和经济的独有特点：崇拜成功、个人创造力和适应团体、道德激励和人道行动、竞争的残酷和遵守规则、对未来的乐观、拒斥存在的焦虑、将一切情况简化为可解决的技术问题、传统上敌视权力和托拉斯以及事实上接受军事国家和大公司等等。

在美国和苏联，专家的结合必定是依据研究条件来进行的。物理学家受雇于大资本家的公司、国有苏维埃托拉斯或原子能委员会的实验室。他们共同工作，服从保守军事秘密的义务。他们都领取薪水，但专家们在苏联比在美国享有更高的特权，而且他们已经丧失了业余者或自由职业者的独立性。在资本主义民主制中，像医生、法律界人士这样的专家仍然在反抗。专家从属于雇用他们的企业，这一点在未来将成为所有工业文明国家的特点。

这种集体性把获得实用知识置于保存文化之上。同样的人,在过去也许只是文化人,在当今就变成了各类专家。不管是在苏联还是美国,对人的管理被提升为一种科学和技术。那些改写(rewriting)、广告、宣讲宣传、信息、心理技术方面的专家教人们读、写,组织劳动以使我们同胞满意、愤怒、消极和粗暴。作为他们职业基础的心理学并不必然是巴甫洛夫的反射心理学那类唯物主义。它同样也教诲道,要把人看作是可计算其反应的群体存在,而不是每个不可替代的个人。

技术对文化的压制使一部分文人躁动不安,并使他们感觉到被孤立。严格的专业化唤醒了人们对另一种秩序的怀念,在这一秩序里,知识分子作为拿薪水的人,并没有和商业企业结为一体,但是作为思想家,却和人类集体紧密结合在一起。

在美国,除了现存制度外,人们并不期待另一种制度,因而这些不满和怀念并未表现为主动的叛离。而导致这种相对疏远的原因在苏联表现得更突出,在那里,技术专家比文人地位要高,这一点要比美国更加明显。作家、艺术家和宣传鼓动者并不拒绝灵魂工程师的头衔;而坚持为了艺术而艺术或纯粹研究的人会因此而被开除。难以想像苏联生物学家不想讨论摩根和李森科的各自优点,物理学家不想与他们的外国同行自由通信,哲学家不想质疑机械唯物主义思想,音乐家不想毫无危险地犯形式主义错误。

当然,并不能由此认为苏联知识分子是敌视现有政权的。可能他们认为经济国有化和政党领导是自然的,就像美国知识分子将私人企业视为是自然的一样。如果画家不再被束缚于社会主义现实主义、小说家不被局限于强加的乐观主义,如果遗传学家不再被禁止为孟德尔主义[①]辩护,那么他们就会觉得满意。斯大林死后的几年内,因“日丹诺夫主义”的衰落而出现的批评性小说和戏剧,比作家委员会的众多决议更能

① 孟德尔(1822—1884),奥地利遗传学家,遗传学的奠基人。——译注

反映文人的意愿。

美国知识分子并不渴望苏联知识分子的处境，但是在那些讨厌美国资本主义、着迷于无产阶级冒险的国家里，知识分子却来回打量着这两个“怪物”，思索着哪一个预示了自己的未来，哪一个更可恨。

实验室设施简陋的法国学者可能对“美国主义”和“苏维埃主义”同样需要。但是与法国制度一样都是资本主义的美国制度，也并没有与现实决裂。法国人自发要求国家承担那些对于集体繁荣必不可少的任务，并梦想一个公共权力能毫不吝惜地为科学研究提供经费的国度。历史学家、作家、艺术家这样的文人惧怕官僚对文化的专制主义。同样，他们也厌恶报刊、广播、出版社的专家们对大众口味的专制。对知识分子来说，思想的商业化和服从国家意识形态一样是不能忍受的。文化人感觉到必须在出卖自己和孤独之间作出选择。

在一个让技术为哲学服务的体制里，这种选择有可能被超越吗？在这一体制下，作家参加了一项伟大事业——改造自然和人类自身。在这里，作家为五年计划的成功作出了贡献：他像矿工一样生产，像工程师一样指导。他用不着担心销售情况，因为这是该由国家负责的事情；他也用不着依赖出版商，因为根本就不存在商业问题；他并不觉得自己是奴隶，因为他忠于使人民、政党和公共权力相一致的意识形态。由此，他就避免了孤独、以写作为生的潦倒、第二职业的艰辛和改写的无聊。作为交换，他必须做出的惟一牺牲是：赞同现行制度，赞同信条和它的日常解释。这是不可避免的让步，但也是整体腐败的源泉。

西方作家有的为了成功而不惜改变原有立场，有的则过着默默无闻的生活，他们都很想与塑造未来的群众相联合，并想像着国家出版社所保证的平静生活。对于大清洗的不可预料的动荡所带来的不安全，他们并不太难接受，因为这种不安全正是他们所希望的责任的另一面。但是他将如何忍受这种狂热的责任呢？被解放的无产阶级的英雄们歌颂着他们导师的丰功伟绩。他们忠诚的可靠性在公共服务的义务下能维持多久呢？

三十年前，朱利安·班达使这一表述大获成功：学者的背叛。当时的舆论还未忘记莱茵河两岸文学和哲学界的一些最有名的人士签署的宣言。知识分子不断向军人们重复：他们也在战斗，一些人是为了文化，另一些人是为了文明。他们揭露了敌人的野蛮，却没有对所引用的证据进行批判；他们将强国之间的竞争转变为类似于欧洲历史上曾经经历过的圣战。他们为国家利益、民族间的仇恨披上了一种确定的和所谓理性的形式。他们已经忘记了自己的使命，这就是为真理和公正这样的永恒价值服务。

通过争论得出的这些结论同样是含糊不清的。朱利安·班达毫不费力地就描绘出思想的世俗化：大多数知识分子此后不再关注彼岸，他们为了终极目的而保持国家组织。他们教导人们珍视人间幸福、国家独立、公民的政治权利和生产水平的提高。甚至基督徒都受"内在性"(immanence)的迷惑。如果背叛意味着抬高现世的地位和贬低永恒，那么我们时代的知识分子都是背叛者。一旦脱离教会，知识分子们就抛弃了教士身份，因为他们渴望占有自然和控制自己的同伴。通过不断的说教，这些知识分子的职业活动就和历史冲突混杂在一起了，他们如何才能逃避政治冲突和束缚呢？德雷福斯事件为朱利安·班达提供了一个理想模式。为错判的无辜者辩护的学者们是遵守他们等级的原则的，即使他们损坏了参谋部的名誉和军队的战斗力。学者应该将对真理的尊重置于国家的辉煌之上，但是如果君主的判断与此相反，他也不应觉得震惊。

那些著名的案件并不全都符合德雷福斯事件的模式。当两个国家相互争斗时，当一个正在上升的阶级试图取代昔日特权者的地位时，何为真理和公正？假设中欧帝国在第一次世界大战爆发中的直接责任比协约国的要大——这一假设是成立的——那么学者应如何判决呢？无论哪一阵营胜利，其结果都和战争爆发的原因同样重要。为什么德国知识分子不能真心相信德意志帝国的胜利最终将有利于人类的最高利益？

由抽象术语定义的价值很少允许在政党、制度和国家中进行选择。如果我们排除了为暴力而暴力的党派分子、理性的否定者和要求回归野蛮状态的预言家，那么每个阵营都代表了一些价值，没有哪一方能满足学者的一切要求。那些宣告未来之公正的人使用着最残酷的手段。那些拒绝杀戮的人轻易地就听命于地位的不平等。革命者变成了刽子手，保守者则转向犬儒主义。在国家的命令下，知识分子正成为政党或企业组织的仆人、为美国航空业或原子能委员会服务的研究主管，他还可能摆脱行动的束缚吗？签署决议以反对世界上的一切罪行，这在我们这个时代不是对教士行为的可笑模仿吗？

在他们受软弱和分裂保护免受一致性威胁的那些国度里，知识分子既担心自己计划的有效性，也担心它们的公正性。当“美国占领”被知识界名流们看作是重要危险时，是否应该揭露苏联集中营？在对立的另一边，情况也没有什么不同：轮到反共产主义者为了斗争的需要而牺牲一切了。和一般人一样，知识分子也未能摆脱“激情的逻辑”(logique des passions)。相反，他们更加渴望证实(justification)，因为他们想减少自身的无意识成分。但是政治上的证实总是和善恶二元论(manichéisme)混合在一起。人们再一次要问，叛徒在哪里？

对于这一问题，在此我只能提出我自己的回答。珍视国家的理性组织的知识分子将不满足于只是在一切反对不公正的宣言上签名。虽然它尽力唤醒一切党派的良知，但是它将投身于支持那个在它看来为人类提供了最好机遇的党派——这一历史选择有犯与历史条件密不可分的错误的风险。知识分子并不拒绝实际行动，一旦他参加了行动，就会忍受行动的艰难。但是他们尽力去永远不忘对手的论证、未来的不确定、自己朋友的过错和战士之间隐藏的博爱。

作为党的“负责人”的知识分子们组织群众、训练他们如何战斗、送他们上学、鼓励他们工作和传授他们真理。因为他也传授教条,因此成为教士。他变成了一名战士,但他同时还继续思想和写作。这一征服性的宗教允许知识分子在运动的初始阶段同时代表不同类型的人，而一旦和平重新降临,这些人之间的关系就会日渐疏远。

这一暂时的成功是要付出很大代价的。积极分子们将权力授给少数几个人,这些人昨天是广受欢迎的领导人,明天将是官僚制的主宰。积极分子们受制度残酷奴役的束缚,被迫赞颂那些国家的领导人,遵循由未来的上帝王国神圣化的曲折道路。更糟的是，他必须重复正统言论,并最终向刽子手欢呼和剥夺战败者的荣誉。

也许,他不是不知道托洛茨基和布哈林罪行的象征意义。在巴黎,哲学家有权区分作为反对派的罪行和为盖世太保效力的间谍罪行。但是铁幕另一边的知识分子无权公开这一区分。他必须表现得如同警察兼审查官(policier-inquisiteur)一样,并为了保持对国家的忠诚而背叛自己的使命。被一个政党和一种僵化为教条的意识形态所控制,左派知识分子就注定要走向反叛或是自甘放弃。

在仍然自由的欧洲,知识分子是否将继续感觉被异化,以至于渴望这种束缚?被剥夺真正信仰之后,知识分子是不是不再在作为伟大行动的灵魂的预言之中,而是在作为对暴政的证实的世俗宗教中,重新认识自己?

结　论

意识形态时代的终结？

在麦卡锡参议员继续在华盛顿政治舞台上扮演重要角色、《大人先生们》赢得龚古尔奖①以及知识界名流们本人亲自去莫斯科等地朝圣的时候，预测意识形态时代的终结似乎有失荒谬。我们并未天真到去期待即将到来的和平：征服者们要么希望落空，要么已被消灭，而官僚们却继续在统治。

或许，西方人正在梦想着政治宽容，就像三个世纪以前，他们厌倦那些为了真正教会的意愿，以同一个上帝的名义进行的徒劳的杀戮。但是，他们已经向其他民族传播了一种有关美好未来的信仰。无论是在亚洲还是非洲，天命国家（Etat-Providence）都未能布施足够多的恩惠以遏制那些不理智的希望所产生的冲动。在工业文明进程中，欧洲各国曾领先于其他国家。现在，由于首先受到怀疑主义影响，欧洲各国可能会预

① 《大人先生们》（*Les Mandarins*）：西蒙娜·德·波伏瓦的小说，1954年获得龚古尔奖。——译注

言新时代的来临,尽管这一新的时代还颇为遥远。

*　*　*　*　*

让我们回顾一下“内在哲学”和现代科学的曙光初现以来那些逝去的岁月。那些在几年或几十年中占据群众或思想家头脑的意识形态,在人们追溯已往时每每会显露出一种由少数观念引导的简单结构。

左派的乐观主义是由这样一种强烈情感——即赞美理性的力量,确信科学之应用于工业将彻底改变集体秩序和个体处境——所产生与维系。为了依次或者同时激起民族主义和社会主义,对博爱共同体的古老渴望在一种实证知识中与信仰结合在一起。

通过反对教会的正统教义而得以确定的研究自由和通过战场上硝烟战火建立的战士的平等动摇了传统等级制的结构。未来属于自由、平等的公民。在加速了贵族制欧洲最奢华大楼之崩溃的风暴之后,在法国君主制解体之后,因辉煌成功和流血挫折而增长的革命热情分裂为两种趋势,其一为民族主义,其二为社会主义。

当被号召冒着生命危险去保卫祖国时,难道主权国家的成员们无权要求一个只属于他们的国家以及其语言能被他们所理解的统治者吗?坚持集体灵魂单一性或是坚持民族自决权的历史学家、哲学家或小说家们,感受到了那几个世纪以来不为人所知的进程或是古代城邦的一致性,从而形成了有关民族(nation)的各种理论。通过证实这些理论,他们可能夸大了民族激情,使之或是接近于部落激情,或是被自由梦想所照亮。如果合理的管理与民族毫无关系,那么,小学教育和征兵制久而久之就会使原已被众多民族所接受的合理的管理变得过时。

在铁幕的两边,民族感情依旧强烈。在人民民主制之下,人们厌恶苏联的统治。但是人们也轻易激起了法国人对美国“占领”的愤怒。欧洲防务共同体被指责为最大程度的放弃,因为它将国家主权拥有的一些特权转交给一个超国家组织。忠实的共产主义者听从着来自莫斯科的指示。他们在1939至1940年曾竭力破坏法国针对纳粹德国所做的战争努力,而在1941年6月又加入到抵抗运动当中。在法国利益与苏联利益相一致的时期里,法国共产党吸收了数百万新成员。

尽管民族情感依然是而且势必依然是集体的纽带，但是民族主义意识形态在西欧仍受到谴责。一种意识形态是以解释性的事实、渴望和预见的表面系统化的形式为前提的。本质上想成为民族主义者的知识分子,必须将历史解释为野兽国家之间的永久争斗,或是预言独立国家之间在相互尊重基础上的和平。莫拉斯[①]学说中革命民族主义与马基雅维里式外交相结合的情形在欧洲国家衰落之后将不复存在。

当然，统治者们要竭尽全力以使国家利益和权利不受强大和冒失的盟友的侵犯。在不能建立自己军队的情况下,它可能会为某一集体的暂时性辉煌而兴奋吗？在大西洋同盟的军费支出总额中,美国的防务预算占了四分之三。孤立、中立和游走于各个集体之间有时是可能的,而且始终是合理的，但是它们并没有引起一种意识形态的转变。在本世纪,人类秩序并不会形成于一个二等国家之中。

美国和苏联将可能扩展统治的傲慢和征服的意愿。它们两国的民族主义跟欧洲各国的与一块土地、一种文化和一种语言联系紧密的民族主义并不相同。在沙皇和苏维埃俄国以及美国,公民资格是依照人们的种族、肤色和语言而授予的。肤色成见阻碍了黑人获得美国宪法所承诺的平等。如果这些黑人并未受到共产主义者号召的影响,那么铭刻于美国宪法之中的承诺是主要原因之一。在国外,除了上个世纪末至本世纪初的一段时间外,美国人忽视了欧洲式的帝国主义、扩展的渴望和国家之间的持久斗争。在美国,公民资格不是参与到一种植根于历史的文

---

① 莫拉斯(Maurras,1868—1952):法国作家、政治家,法兰西行动的创始人。——译注

化之中，而是获得一种生活方式。

苏联延续了沙皇政体的传统，使那些异族的统治阶级进入到帝国的贵族统治之中。它因共产主义而得以维护多民族精英的统一性。提供给众多民族的苏联公民资格要求忠于国家和赞同意识形态，而不是要求放弃原有的民族。

由于二战结束以后两国之间出现的力量真空而产生的相互敌对，使美苏两大国分别建立了针对对方的超国家体系。美国通过向盟国军队提供武器装备而控制了北约，而且也只有它才能够抗衡苏联。罗科索夫斯基元帅统军驻扎在华沙，因为苏联领导人对波兰人的忠诚心存疑虑，此外红军的众多师团部署在德国腹地。“生存空间”这一第三帝国理论家最爱探讨的论题在铁幕两边得以实现，但只是在军事领域内。

对于采用帝国一词，人们颇为犹豫。因为并不存在什么“大西洋爱国主义”(patriotisme atlantique)的起源，而且人们也根本不相信“苏维埃俄国爱国主义”(patriotisme soviéte-russe)已在少数共产党人之外的卫星国得到广泛传播。通过一种共同信仰的胜利而得以在理论上统一起来的超国家体系，由于使各个人民民主制国家互相分离而否定了自身。从罗马尼亚到波兰旅游并不比从波兰到法国旅游更容易。虽然莫斯科组织了中国和东德之间的商品交换，但是却增加了人员流动中的阻碍。那些人民民主制国家徒具独立的表象，因为人们并不让它们留有独立的实质，它们中的每一个都被限制在本国疆土之内，好像为了总体计划的需要，即使是在面对盟国时，国家也必须是封闭的。

各种条件的极端不平等也和属于另一种族或另一语言的人所进行的统治一样，与新时代精神相悖。科学所产生的种种奇迹更将使人类的苦难成为丑闻。人们毫不怀疑在不久的将来工业将消除千百年来长期存在的贫穷。他们只是在手段的选择上意见分歧。社会共同体的理想摇摆于两种形式之间：一种是所有人在无意识中形成的平衡状态；另一种是通过总体计划和消灭剥削者而实现的所有人的幸福状态。

自由主义和社会主义继续唤起信念和激起争论。但是将这些偏好转变为理论却变得越来越困难了。西方现实中包含了各式各样的社会主义制度。人们不再指望集体所有制或是计划化来迅速改变人类的命运。

技术进步并未使人失望,其发展速度在本世纪或许更快。在几年或几十年以后,它将可能超越物质材料的限制。但是人们将不再忽视技术进步的代价和限度。机械社会并不是太平无事的;虽然它们使人类摆脱了贫穷和懦弱的奴役,却使数百万劳动者屈从于大批量生产的逻辑,并有把人变为机器的危险。

无论是设想物质充裕能实现博爱的乐观主义者，还是想像由于通讯工具和酷刑工具而使暴政已扩展到人的意识中的悲观主义者，他们都没有因为20世纪的历史经历而被驳倒。这两者之间的对话在工厂刚出现时就开始了,现在仍在继续。它并未采取意识形态争论的形式,因为那些相对立的论题都不再与某一阶级或政党相联系了。

最后一种宏大意识形态产生于三个因素的结合：与我们的渴望相一致的有关未来的看法;这种未来和某一社会阶级的联系;在由于计划化和集体所有制而产生的工人阶级胜利之外还信仰人类价值。对一种社会经济技术(technique socio-économique)的作用的信任正在消失,而且人们正在徒劳地寻找那个能带来制度和观念彻底更新的阶级。

今天依旧流行的阶级斗争理论已因为一种不合理的类比而走样了：资产阶级和无产阶级间的敌对与贵族和资产阶级间的敌对有着本质上的差别。人们曾把法国君主制的崩溃和陷入党派纷争与恐怖统治的第一共和国曲折、血腥历程转变为普罗米修斯般的丰功伟绩。黑格尔自信看到了世界精神骑马走过，并化身为一位战神为之加冕的幸运军官[①]。马克思,接着是列宁,将梦想寄托于激进民主主义者,此乃能鼓动

① 指拿破仑·波拿巴。——译注

大众的少数积极分子和为社会主义革命服务的传教团体。他们从不怀疑无产阶级将终结资产阶级事业。

无产阶级的空想理论家都是资产阶级。资产阶级，无论他们是依据孟德斯鸠、伏尔泰或是让—雅克·卢梭的理论，都以他们自己的有关人类生存和政治秩序的观念反对旧制度和天主教世界观。无产阶级有的只是一种关于无产阶级应该是什么或做什么的意识形态，产业工人的人数越少，这一意识形态的历史影响就越大。所谓的无产阶级政党，在他们占优势的国度里，是以农民而不是工厂的工人为自己的成员，并以那些被传统等级制或民族屈辱激怒的知识分子为自己的领导人。

工人阶级本能体验到的价值观念与资产阶级的价值观念是有区别的，两者可进行如下对比：团结一致的感觉与占有欲，加入到共同体之中与特立独行或自私自利的加深，贫穷者的慷慨与富人的吝啬等等。我们并不想否认这一事实：工人居住区和上流社会居住区的生活方式是不一样的。

在本世纪里，大众文化已受到《真理报》(*Pravda*)、《法兰西晚报》(*France-Soir*)和《读者文摘》(*Digest*)的猛烈冲击。革命的工联主义和无政府主义的工会并不对抗那些惧怕他们的企业主组织与厌恶他们的社会主义政党——尤其是共产党的无意识联合。这些社会主义政党深受知识分子思想和行动的影响。

正是在充分实现资产阶级野心——征服自然、人人平等或机会平等的愿望中，空想理论家们把火炬传给了无产阶级。技术进步与工人所受痛苦间的鲜明对比已激起公愤。由此人们怎么能不把事实上是由于积累(资本主义的或社会主义的)需要、生产力的不足和人口增长造成的古已有之的贫穷的持续存在归咎于私有制和市场的混乱呢？起而反抗不公正的善良人们逐渐坚信这一观念，即资本主义就是恶的化身，它将因自身内部的矛盾而毁灭，而那些资本主义的受害者将战胜特权者。马克思将黑格尔的历史哲学、雅各宾派关于革命的解释以及英国作家提出的有关市场经济的悲观理论天才般地综合到一起。为了保持法国革命与俄国革命之间的连续性，只需称马克思主义意识形态是无产阶级的意识形态就够了。但是,只要睁开双眼就足以消除这种虚幻。

市场经济和总体计划是互不相同的模式，两者都未再现现实经济状况,也不是经济发展中相连续的阶段。在工业发展的不同阶段和某一模式占主导地位之间并不存在必然联系。落后经济比发达经济更接近计划经济模式。混合制度并不是难以生存的怪物,或是走向某种纯粹模式的过渡形式,而是一种正常状态。人们将会在一种计划化的体制中发现绝大多数市场经济的类别,当然,这些市场经济的类别均或多或少经过调整。随着生活水平的提高和苏联消费者具有确实的选择自由,那么西方繁荣中出现过的好处和困难也将会在铁幕的另一边出现。

20世纪的革命并非是无产阶级的,而是由知识分子构想和领导的。他们推翻了与技术时代要求不相符的传统政权。那些预言家们曾想像资本主义将会爆发一场可与18世纪末震撼法国的大革命相比的革命。但它从未发生。相反,在那些统治阶级不能或是不想迅速更新的地方,资产阶级的不满、知识分子的急躁和农民的古老愿望已促成了这类爆炸。

无论是俄国还是美国都从未经历过贵族与资产阶级的斗争。沙皇统治时曾想在排除民主思想的同时引入技术文明。它已被一个政权所取代,这个政权重新使社会和国家融合在一起,而行政官员则是惟一的特权阶级。

通过18世纪欧洲的进步主义思想,美国人有了自我意识。他们试图在一块处女地或一块应被征服的土地上将这些思想付诸实施。在此被征服的对象与其说是那些由于部落文化和移民者的文化之间的差异而注定要消亡的印第安人,毋宁说是原始丛林和暴风雨。在那里,没有为自己所做的服务而感到自豪的贵族来阻止理性和工业的突飞猛进。宗教传授给人们的是道德上的严格自律,而不是一种信仰的教条。它鼓励公民们既要不妥协，又要遵守习俗。但是，它并没有为了限制现代思想运动而与国家结合在一起。

18世纪的乐观主义思想并没有因为法国大革命和无产阶级的分离这样的事件而被否定。美国南北战争〔一场总体战和军事装备大战(guerre de matériel)〕被作为战胜者的代言人的历史学家解释为是一场胜利：世界不可能生活于半是奴隶、半是自由人的状况里。美国工人接受了“美国理念”的承诺，并不相信“启示录”(Apocalypse)的必要性。

以一种事先就谴责其事业的学说为武装，布尔什维克是一个过去从未有过的工业社会的创造者。在那里，正是国家承担起了分配集体财富、管理工厂、产生积蓄和增加投资的责任。在19世纪，西方工人阶级起来反抗雇主，而不是直接反抗国家。而在苏联，雇主和国家已混同在一起，对其中任何一方的反抗都会导致对另一方的不满。马克思主义意识形态对国家经济的必要性给出了一个奇妙的合理化解释：无产阶级必须无条件地服从“他们的”总体意愿，这个意愿由党所代表。

确实，如果对话能被允许，那么知识分子就可能会像他们的同道在一个世纪以前对曼彻斯特或巴黎郊区的悲惨生活进行揭露一样，揭露出1930年代俄国莫斯科和列宁格勒的郊区的悲惨生活。生产资料的增长和大众苦难的明显或真实的加重之间的鲜明对比，自然会激发起一些预言没有痛苦或深重灾难的进步的乌托邦理想。

那么，那些革命者会以什么样的计划来反对苏维埃的现实呢？他们可能将会要求或是已在要求恢复政治自由和工人的控制。除非是在农业领域，否则他们不会要求生产工具的个人所有。在资本主义制度下，大众可能会想像公有制将克服或是缓解工业化带来的恶果。而在集产主义制度下，他们却不可能期待恢复私有制所产生的奇迹。不满者梦想回到列宁主义，梦想一个真正无产阶级的国家，换句话说，他们期望那些更忠实地表达了占统治地位意识形态的制度和生活方式。

在美国，无产阶级从不这样想。在那里，工人组织要求并获得了欧洲人认为是属于福利国家或社会主义的许多改革。群众的领导者们对现行制度给予他们的地位感到满意，而群众本身也不渴望另一个社会或是另一种价值观。有关"自由企业"、竞争、精英流动的一致性并不意味着美国社会的现实已经与这些观念相符合，而马克思列宁主义的强制教育也并不能使人确信苏联社会已与官方意识形态相一致。

由此，通过不同途径（自发的或是借助警察），这两大社会已消除了意识形态争论的条件，将劳动者整合到一起，并迫使人们一致遵守国家的各项原则。而在那些尚未完全认清自己所属阵营的二等国家中，这一争论依旧激烈。在这些国家中，人们因过于自豪以至无法接受其国家事实上（对一等强国）的依赖性，因过于傲慢以至不愿承认国内无产阶级的叛离更多地是一种民族失败，而不是历史的意旨。他们被散布恐怖的强权所迷惑，并受到容忍抨击但禁止逃跑的"地理学"（geographie）的束缚。

* * *

同一种工业文明在地球上的传播，以一种明显的悖论方式，赋予当今不同国家所面临的问题以独特的特征。我们时代的政治意识由于对这些独特性毫不了解而谬误百出。

我们的各种意识形态：自由派、社会主义、保守派、马克思主义，都是这样一个世纪的遗产，在那个世纪里，欧洲虽然没有忽视文明的多样性，却依旧毫不怀疑自身使命的普世性（universalité）。今天，工厂、议会、学校已出现在世界的各个地区，民众们已群情激昂，知识分子已掌握了权力。已完成了征服，并且已经因自己的胜利和殖民地奴隶的反叛而不堪重负的欧洲，不敢承认自己的观点已征服世界，但是这些观点又未保留它们在我们的学校讨论和论坛争论中曾有过的形式。

受马克思列宁主义正统教义的束缚，东方知识分子无权宣布一些明显的事实:工业文明包含了多种模式,无论是历史还是理性都不能强迫在其中作一根本选择。西方知识分子有时则在发表下述与之相反的言论时犹豫不决:没有研究自由、个人企业、商人和工业家的创新精神,这一文明可能将不复存在。但是,同样的美德对于再创或是延续这一文明来说是必不可少的吗?这是一个奇怪的世纪,虽然人们在四十八小时内就可周游地球,但是戏剧中的主角们仍然如同荷马史诗中的英雄一样,仅仅是远远地相互叫骂。

印度既不可能模仿今天的欧洲,也不可能模仿1810年的欧洲。即使1950年印度的劳动力分配和人均收入达到欧洲一个半世纪以前的水平,它们的经济发展阶段也并不相同。印度从国外引进技术方法(并非由自己所发明),吸纳了英国工党采取的一些观念,并将当代医学和卫生学理论付诸实践。在20世纪的亚洲,人口和经济的增长并非像19世纪的欧洲一样是相一致的。

不仅由于各国的经济和人口的情况不同,而且还由于各国和各个文化范围的不同传统,使得各国政治各不相同。在所谓自由世界中,议会往往会在展开激烈争论的情况下,慎重考虑各种问题。从一开始,人们就在调整作为西方民主制度王冠的议会制。在上个世纪的巴黎,人们要求使普遍选举制和议会主权合法化;国家已因为几个世纪的君主制而得以巩固,民族也因为几个世纪的共同生活而得以形成。在雄辩争论中得到锻炼的知识分子阶级渴望掌握权力。西方人相信他们的议会制——无论是大陆的半圆形议会会场,还是不列颠岛的长方形建筑——和汽车或电力一样已在全球得以胜利前进,这种想法并没错。但是,若认为颂扬这些制度的意识形态具有一种普世意义,那就错了。

理论应该而且也可能列出在各国决定议会制成功机遇的各种情况:国家统一的力量,语言、宗教或政党争论的强度,地方共同体的一体化或解体,政治精英的能力等等。政治或经济学说对某一方法表现出特别的喜好是正常的,只要它们并没有忘记自己的局限或不确定之处。如果自认为拥有一种可与马克思列宁主义相比的独特意识形态，那么自由世界就犯了致命错误。

斯大林式的技术，至少在初始阶段，依然适用于那些由于俄国军队或国家军队而使某一政党掌握政权的国度。一种错误的学说激起了有效的行动，因为这种行动是由建立在半个世纪经验基础上的策略考虑而决定的。

许多人对这种“伪解放”(pseudo-libération)的厌恶表明了这一学说的错误。随着时间的流逝，各国的独特性——经济发展阶段、传统——将在苏维埃世界中重新得到确认。

苏维埃世界并不是它所犯错误的受害者。西方才是受害者。通过讨论达成一致或妥协而进行治理的意愿可能只是一种理想，而选举或议会实践也只是众多实践之一。如果人们试图在不考虑环境因素的情况下引入它，那么将会使之失败。然而，民主政治实践的失败并不能通过恐怖和狂热的组织来掩饰，否则它终有一天会爆发出来，并导致专制主义。

没有哪个国家的知识分子像法国知识分子那样为普世性的丧失而感到痛苦，那样固执地拒绝抛弃自己的虚幻，以及将会因为认识到法国的真正问题所在而获益。

法国属于非共产主义世界，而且不可能在改变阵营时不产生一场灾难，而这一灾难正是法国竭尽全力想避免的。这种从属关系并不禁止采取那些所谓的左派措施，如将企业国有化或改善北非的地位。在突尼斯或摩洛哥，盎格鲁—撒克逊影响与苏联影响结合在一起反对法国的保护。地理因素排除了苏联统治技术的引入和莫斯科代理人参加政权。就像为了确保他们自己的无效(inefficacité)，法国知识分子不断建议一种根本不可能的仿效，并不断向共产党提出合作，对此共产党则始终以蔑视的态度并依据形势的需要，或是拒绝，或是接受。

尽管向往一种适用于全人类的真理，但是对于现实事件，法国知识分子仍然保持观望。在南斯拉夫被莫斯科开除出共产党情报局后①,圣日耳曼—德普雷一度进入铁托主义者时代。然而,并未放弃共产主义的铁托元帅缔结了一些军事同盟。由于这一做法与西方国家受到进步主义者指责的事情相类似,于是,铁托顷刻之间就威望扫地。

在1954年年底,毛泽东的中国取代了铁托的南斯拉夫。作为比巴尔干半岛的南斯拉夫幅员更辽阔、更神秘莫测的国度,中国将最终实现真正的共产主义。因为没有人能识别中国人书写的文字,而且对中国的访问被限制在几个城市和工厂,所以访问者的热情丝毫不会因为接触现实而受到威胁。人们将避免询问那些可能会讲述美丽假象背后情况的人,如传教士②,反革命。中国共产主义的胜利或许是本世纪最重要的事;大家族的毁灭,重工业、强大军队和国家的建立,标志着亚洲历史上一个新时代的开始。然而,毛泽东政权又可为法国提供何种模式和教训呢?

本世纪中叶摆在法国面前的下述几项任务具有一种大大超越我们国界的意义:组建一个法国人与北非穆斯林之间的可靠共同体;联合西欧各国以减少对美国力量的依赖;改变我们在技术方面的落后状态。这些历史性事业可能会唤起一种清醒的热情。在上述各种任务中,没有哪一项将会动摇地球上人类的状况;没有哪一项将使法国成为理想的捍卫者;没有哪一项将使我们摆脱那与我们命运紧密相连的亚洲小岬③;没有哪一项具有形而上学观念(如自由、平等)的光芒;也没有哪一项具有社会主义或民族主义意识形态所拥有的普世性。通过正确界定我国在世界格局中的地位以及只是进行社会科学教育,人们将达到只有我

① 在1948年6月。——译注

② 参考F.迪费(F.Dufay):《红星反对十字架》(*L'Etoile contre la Croix*),香港,1952年版。

③ 指印度支那半岛。——译注

们时代才能理解的政治普遍性。人们将赋予机械文明以一种与民族的过去和民族的年龄相符的形式，并为了繁荣与和平而组织我们的力量和思想影响所及的地球区域。

法国文人似乎对这些即将到来的前景漠然视之。人们感觉到他们渴望在一种“内在性哲学”中重新找到与已消失的永恒性相同的东西，而且他们还窃窃私语:“如果这不是普世的,那这一切又是什么呢? ”

* * *

对一种普世观念的怀念和民族傲慢决定了法国知识分子的态度。这种态度在国外引起的轰动并不能仅仅归因于法国作家的才能。如果文化人不再从心底相信一种为了全人类的真理，那么他们不是就逐渐变得冷漠了吗?

共产主义在亚洲或非洲知识分子中吸收信徒，而西方理性的民主制尽管经常赢得自由选举，但是从来也吸收不到为事业的胜利做好一切准备的忠实追随者。

“通过将我们西方文明的一种世俗版本提供给中国和日本,我们就将石块给了他们,而不是他们想要的面包。而俄国人则通过向他们同时提供共产主义和技术,将一种面包给了他们:一块黑色的如同石头般的面包,但它是面包;尽管只含少量营养成分,但对于精神生活来说它仍然是食品,没有它,人将不可能生存。”①

那么,能否把共产主义版本的占据上风归因于知识分子的软弱呢?一种真正的理论并不隐瞒现实中的不确定性，而是会继续保持政党间的争论,它只是使人希望一种缓慢的进步,而且它并不会将亚洲知识分

① 阿诺德·汤因比:《世界和西方》(*Le Monde et l'Occident*),巴黎,1953年版,第144页。

子从他们自身的困境中解放出来。世俗宗教则仍具有"预言论"(prophétisme)的名望和力量,它激起了一小部分人的狂热,而这些人随即又动员和组织起群众,后者并不是由于受到美好未来的诱惑,而是为了反抗现实中的不幸。

共产主义信仰的内容与世界各地左派知识分子赞同的其他意识形态的内容几乎没有差异。这些左派知识分子绝大多数还处在门槛外,抗拒教派的纪律。而已克服疑惑和顾虑迈出了决定性一步的那小部分知识分子,则为"搬动大山"的信仰任意支配。自由派也开始怀疑自身,并且有时还为站在邪恶一方(右派、反动派、封建势力)而感到深深的内疚。西方大学中的精神气候使那些来自世界各地的大学生易受马克思列宁主义学说的影响,这种学说并不是进步主义哲学的完美结束。

有人说共产主义是那些本质上具有欧洲特性的信仰中第一个成功地使几百万亚洲人改宗的信仰。最早的初学者都是知识分子。这些知识分子过去没有被与传统价值、习俗体系相抵触的基督教改变信仰;入侵者的行动推翻了这一体系,而这一体系是与科学思想、帝国主义军事优势的根源所不一致的。共产主义之所以具有诱惑力,并不是因为它是一种基督教异端,而是因为它似乎是理性主义和乐观主义哲学之确定解释的最终形式。它给出了一种与西方政治期望相一致的表述。

头脑简单的人容易受这种期望的影响,但是对解释性的繁琐哲学漠不关心。他们任自己受党的控制,却并不觉得忠于教会。农民并不渴望集体所有制,而是想要个人所有制。工人们并未事先设想工会所致力的社会主义建设。正是"预言论"赋予共产主义以一种精神实质。

当未来的征服者都变成经济计划者时,它将变得如何?"被神化的穷兵黩武者都是臭名昭著的:如果亚历山大是在两个同谋者的帮助下,而不是整支军队的支持下完成他的冒险的话,他将被视为一个匪徒,就像圣奥古斯丁向我们讲述的故事中,一位第勒尼安海盗当着亚历山大的面无所顾忌地指出的那样。那么被神化的警察又如何呢?例如,当奥古斯都清除了他的强盗同伴以后，他成为了警察，为此我们要感谢他；但是如果人们进而要求我们像热爱神明一样来热爱这改悔的匪徒，以此表达我们的谢意的话，我们就会既不相信也无热情地这样做。”[①]对于昔日消除了季诺维也夫和布哈林的斯大林，以及今天消除了贝利亚的马林科夫，我们能感受到何种情感呢？业已确立的共产主义还包含有精神实质吗？

创造者的激奋能支撑狂热者多长时间呢？国家强盛又能在多长时间里证明这种“历史命运的委托”？或许，中国会在这种士大夫的宗教(religion de mandarin)中找到持久和平，但基督教的欧洲则不可能如此。官方正统将会堕落为一种仪式性的语言，或者一种任何现实利益都不能使之满足的真正信仰将会反抗世俗教权主义。人们可能在不崇拜精神上和事实上的神灵的情况下生存。在胜利之后，他们不可能长时间生活于对尘世天堂的等待之中。

除了信仰基督，难道人们就没有任何别的信仰能与对无产阶级的信仰相抗衡吗？西方能确立一种精神真理以反抗苏联的唯物主义吗？我们应该注意的是，切勿在权力斗争中损害宗教，也切勿赋予我们正在维护的制度以一些它所不具有的美德。

自由民主政治并不代表一种“基督教文明”。它们是在一些基督教社会中发展形成的，并在某种程度上是被一种为每个人的灵魂准备的绝对价值所激起的。无论是选举制、议会制实践，还是市场机制，都并未由此而成为基督教的或是与基督教精神相悖的活动或事物。毫无疑问，如果原罪没有使人性败坏，那么创造力的自由活动、买与卖之间的竞争都将是不可接受的。个人将把自己最好的东西给别人，而不期待回报，也不关心自己的利益。既然人已是如此，那么不赞同无限制竞争或对财富的无尽欲望的教会就不应坚持谴责已成为工业文明特点的那些经济

① 阿诺德·汤因比：《世界和西方》，第182页。

制度。那些计划经济者也被迫求助于对金钱或荣誉的欲望。任何体制都不可能忽视人的自私自利。

苏共之所以与基督教发生冲突乃是因为它主张无神论和极权,而不是因为它领导着经济。它只让自己负责青年人的教育。共产国家允许做礼拜和行圣事;但它们并不认为自己是中立的,它们把一些宗教信仰看作是必然会随社会主义建设的发展而消失的迷信。它在政治运动中吸收了教阶制度;东正教神甫、教士、主教和大主教被邀请来共同参加要求和平、揭露梵蒂冈教廷阴谋的运动。

对于我们这些不属于任何教会的人来说,建议选择何种信仰的事与我们无关,但是我们这些明天将会反对教权主义的无可救药的自由派,今天却要担起责任,与迫害教会、科学或艺术团体的极权主义进行斗争。我们不仅揭露那强加于一种我们并不信奉的信仰上的暴行,而且还揭露那伤害我们所有人的暴行。灌输一种有关日常事件之正统解释的国家也会将一种有关全球未来乃至人类命运的解释强加给我们。它想使一切思想行为、团体活动都屈从于它的伪真理。通过维护说教的自由,不信仰者就维护了自己的自由。

西方世界与苏维埃世界的本质区别在于一个承认自己内部是分裂的,而另一个则将全部存在都“政治化”(politise)。最不重要的多样性——尽管人们最愿意引用,是政党的多样性。这种多样性虽然也并非没有缺陷,如它使国家始终处于争吵的气氛中,使共同需要感变得模糊,并损害了公民间的友谊。尽管如此,人们仍旧会容忍它,把它看作是一种手段,一种不可替代价值的象征,限制权力专断和确保合法表述不满的方法,以及国家世俗性和创造、探询或祈祷精神的自治性的象征。

西方人,尤其是知识分子,为西方世界的四分五裂而感到痛苦。诗歌语言的分裂和含糊、绘画的抽象使诗人或艺术家与大众或民族相隔离,对于大众,他们假装蔑视,而对于其民族,从内心深处来说,他们还是梦想能为之效力。从事尖端科学研究的物理学家或数学家属于一个狭小团体，虽然他们能从原子中分离出能量，却不能从多疑的政客、追求轰动效应的新闻界、反理智主义的煽动家或警察身上分离出他们的言论自由和结社自由。作为核粒子的主人和阴谋集团的奴仆，学者们感觉到一旦他们将秘密传达给将军和部长们，就完全失去了对他们的发现的控制。专家只了解一个狭窄领域的知识；虽然目前的科学将任意探索，但也对一些人类从婴儿起就意识到的终极问题漠不关心。天文学家能十分精确地预测日食；而无论是经济学家还是社会学家都不知道人类将走向核大战的末日还是伟大的和平。或许，意识形态提供了这样一种虚幻情感：与人类事业相一致、通过一种观念和意志来管理事业。

对少数精英的归属感，整个历史和我们自身都能在其中找到自己位置和感觉的一种封闭体系所提供的安全感，在当前行动中将过去和未来连接在一起的骄傲感，这一切都激励和支撑着真正的信徒。对于信徒来说，繁琐哲学无法使他气馁，路线的曲折不会使他失望；虽然在日常生活中奉行马基雅维里主义，但他依然保持着心灵的纯洁；他完全是为事业而生活，并不再承认党外的同胞也具有人性。

这种黏附力只可能属于这样的政党：因为拥有一种作为绝对真实的意识形态而提出的意识形态而强大，并且宣称一种彻底的决裂。无论他是社会主义者或自由派、保守派或进步主义者，知识分子并未狂热到疏忽自己知识中的缺陷。虽然他明白自己想要的东西究竟是什么，但他并不总是明白该通过何种手段以及与什么样的同伴一块达到这一目的。

在殖民体系分崩离析的时代里，当几百万人已失去了他们所习惯的社会环境时，会产生各种狂热。它们在为民族独立或社会主义建设而奋斗的战士们当中注入了忠诚、遵守纪律和牺牲精神。人们赞赏由这些信仰者组成的军队和他们的辉煌业绩。这些战争中的美德带来了胜利。明天，当征服的理由消失之后，这些美德中还有什么将继续存在？占压倒优势的是狂热，让我们毫无遗憾、毫不内疚地将它留给狂热者。

*　*　*

对狂热予以批评是否就表示鼓励一种有理智的信仰或是怀疑主义呢?

当人们不再想以武力改变异教徒或犹太人的信仰，而且不再重复“不经教会,不得救赎”时,他们并非就不再信奉上帝了。如果人们拒绝美化一个阶级、一种行动技术和一种意识形态体系,难道这就意味着他们不再想要一个更加公正的社会和更少残酷性的共同命运吗?

确实,比较并不全然有效。随着人们能够更好地区分道德上的美德和对教会的服从,他们的宗教感受也越真实。一旦抛弃了教条,世俗宗教就瓦解为各种观点。可是一个并不期望奇迹般转变、革命和计划的人,并不就会对社会不公正听之任之。他并没有将自己的灵魂奉献给抽象的人性、专制政党和荒谬的繁琐哲学,因为他热爱人本身,参加了充满活力的团体,尊重真理。

情况或许将会有所不同。或许当知识分子认识到政治的局限后,将会对政治不感兴趣。我们将会高兴地接受这一尚不确定的前景。我们并没有受到冷漠的威胁。人类并非即将失去自相残杀的机会和动机。如果宽容来源于怀疑,那么我们将教育人们怀疑一切模式和乌托邦,拒绝一切拯救和灾难的预言者。

如果怀疑主义能平息狂热,那么就让我们真心呼唤它们的来临吧!

人文与社会译丛

第一批书目

1.《政治自由主义》(增订版),[美]J. 罗尔斯著,万俊人译 118.00 元
2.《文化的解释》,[美]C. 格尔茨著,韩莉译 89.00 元
3.《技术与时间:1. 爱比米修斯的过失》,[法]B. 斯蒂格勒著,裴程译 62.00 元
4.《依附性积累与不发达》,[德]A. G. 弗兰克著,高铦等译 13.60 元
5.《身处欧美的波兰农民》,[美]F. 兹纳涅茨基、W. I. 托马斯著,张友云译 9.20 元
6.《现代性的后果》,[英]A. 吉登斯著,田禾译 45.00 元
7.《消费文化与后现代主义》,[英]M. 费瑟斯通著,刘精明译 14.20 元
8.《英国工人阶级的形成》(上、下册),[英]E. P. 汤普森著,钱乘旦等译 168.00 元
9.《知识人的社会角色》,[美]F. 兹纳涅茨基著,郏斌祥译 49.00 元

第二批书目

10.《文化生产:媒体与都市艺术》,[美]D. 克兰著,赵国新译 49.00 元
11.《现代社会中的法律》,[美]R. M. 昂格尔著,吴玉章等译 39.00 元
12.《后形而上学思想》,[德]J. 哈贝马斯著,曹卫东等译 58.00 元
13.《自由主义与正义的局限》,[美]M. 桑德尔著,万俊人等译 30.00 元

14.《临床医学的诞生》,[法]M. 福柯著,刘北成译 55.00 元
15.《农民的道义经济学》,[美]J. C. 斯科特著,程立显等译 42.00 元
16.《俄国思想家》,[英]I. 伯林著,彭淮栋译 35.00 元
17.《自我的根源:现代认同的形成》,[加]C. 泰勒著,韩震等译 128.00 元
18.《霍布斯的政治哲学》,[美]L. 施特劳斯著,申彤译 49.00 元
19.《现代性与大屠杀》,[英]Z. 鲍曼著,杨渝东等译 59.00 元

第三批书目

20.《新功能主义及其后》,[美]J. C. 亚历山大著,彭牧等译 15.80 元
21.《自由史论》,[英]J. 阿克顿著,胡传胜等译 89.00 元
22.《伯林谈话录》,[伊朗]R. 贾汉贝格鲁等著,杨祯钦译 48.00 元
23.《阶级斗争》,[法]R. 阿隆著,周以光译 13.50 元
24.《正义诸领域:为多元主义与平等一辩》,[美]M. 沃尔泽著,褚松燕等译 24.80 元
25.《大萧条的孩子们》,[美]G. H. 埃尔德著,田禾等译 27.30 元
26.《黑格尔》,[加]C. 泰勒著,张国清等译 135.00 元
27.《反潮流》,[英]I. 伯林著,冯克利译 48.00 元
28.《统治阶级》,[意]G. 莫斯卡著,贾鹤鹏译 98.00 元
29.《现代性的哲学话语》,[德]J. 哈贝马斯著,曹卫东等译 78.00 元

第四批书目

30.《自由论》(修订版),[英]I. 伯林著,胡传胜译 69.00 元
31.《保守主义》,[德]K. 曼海姆著,李朝晖、牟建君译 58.00 元
32.《科学的反革命》(修订版),[英]F. 哈耶克著,冯克利译 68.00 元

33.《实践感》,[法]P. 布迪厄著,蒋梓骅译 75.00 元
34.《风险社会:新的现代性之路》,[德]U. 贝克著,张文杰等译 58.00 元
35.《社会行动的结构》,[美]T. 帕森斯著,彭刚等译 80.00 元
36.《个体的社会》,[德]N. 埃利亚斯著,翟三江、陆兴华译 15.30 元
37.《传统的发明》,[英]E. 霍布斯鲍姆等著,顾杭、庞冠群译 68.00 元
38.《关于马基雅维里的思考》,[美]L. 施特劳斯著,申彤译 78.00 元
39.《追寻美德》,[美]A. 麦金太尔著,宋继杰译 68.00 元

第五批书目

40.《现实感》,[英]I. 伯林著,潘荣荣、林茂、魏钊凌译 78.00 元
41.《启蒙的时代》,[英]I. 伯林著,孙尚扬、杨深译 35.00 元
42.《元史学》,[美]H. 怀特著,陈新译 89.00 元
43.《意识形态与现代文化》,[英]J. B. 汤普森著,高铦等译 79.00 元
44.《美国大城市的死与生》,[加]J. 雅各布斯著,金衡山译 78.00 元
45.《社会理论和社会结构》,[美]R. K. 默顿著,唐少杰等译 128.00 元
46.《黑皮肤,白面具》,[法]F. 法农著,万冰译 58.00 元
47.《德国的历史观》,[美]G. 伊格尔斯著,彭刚、顾杭译 58.00 元
48.《全世界受苦的人》,[法]F. 法农著,万冰译 17.80 元
49.《知识分子的鸦片》,[法]R. 阿隆著,吕一民、顾杭译 59.00 元

第六批书目

50.《驯化君主》,[美]H. C. 曼斯菲尔德著,冯克利译 88.00 元
51.《黑格尔导读》,[法]A. 科耶夫著,姜志辉译 98.00 元
52.《象征交换与死亡》,[法]J. 波德里亚著,车槿山译 68.00 元
53.《自由及其背叛》,[英]I. 伯林著,赵国新译 48.00 元

54.《启蒙的三个批评者》,[英]I.伯林著,马寅卯、郑想译 48.00元
55.《运动中的力量》,[美]S.塔罗著,吴庆宏译 23.50元
56.《斗争的动力》,[美]D.麦克亚当、S.塔罗、C.蒂利著,李义中等译 31.50元
57.《善的脆弱性》,[美]M.纳斯鲍姆著,徐向东、陆萌译 55.00元
58.《弱者的武器》,[美]J.C.斯科特著,郑广怀等译 82.00元
59.《图绘》,[美]S.弗里德曼著,陈丽译 49.00元

第七批书目

60.《现代悲剧》,[英]R.威廉斯著,丁尔苏译 45.00元
61.《论革命》,[美]H.阿伦特著,陈周旺译 59.00元
62.《美国精神的封闭》,[美]A.布卢姆著,战旭英译,冯克利校 89.00元
63.《浪漫主义的根源》,[英]I.伯林著,吕梁等译 49.00元
64.《扭曲的人性之材》,[英]I.伯林著,岳秀坤译 69.00元
65.《民族主义思想与殖民地世界》,[美]P.查特吉著,范慕尤、杨曦译 18.00元
66.《现代性社会学》,[法]D.马尔图切利著,姜志辉译 32.00元
67.《社会政治理论的重构》,[美]R.J.伯恩斯坦著,黄瑞祺译 72.00元
68.《以色列与启示》,[美]E.沃格林著,霍伟岸、叶颖译 128.00元
69.《城邦的世界》,[美]E.沃格林著,陈周旺译 85.00元
70.《历史主义的兴起》,[德]F.梅尼克著,陆月宏译 48.00元

第八批书目

71.《环境与历史》,[英]W.贝纳特、P.科茨著,包茂红译 25.00元
72.《人类与自然世界》,[英]K.托马斯著,宋丽丽译 35.00元

73.《卢梭问题》,[德]E. 卡西勒著,王春华译 39.00 元
74.《男性气概》,[美]H. C. 曼斯菲尔德著,刘玮译 28.00 元
75.《战争与和平的权利》,[美]R. 塔克著,罗炯等译 25.00 元
76.《谁统治美国》,[美]W. 多姆霍夫著,吕鹏、闻翔译 35.00 元
77.《健康与社会》,[法]M. 德吕勒著,王鲲译 35.00 元
78.《读柏拉图》,[德]T. A. 斯勒扎克著,程炜译 68.00 元
79.《苏联的心灵》,[英]I. 伯林著,潘永强、刘北成译 59.00 元
80.《个人印象》,[英]I. 伯林著,覃学岚译 88.00 元

第九批书目

81.《技术与时间:2. 迷失方向》,[法]B. 斯蒂格勒著,
赵和平、印螺译 59.00 元
82.《抗争政治》,[美]C. 蒂利、S. 塔罗著,李义中译 28.00 元
83.《亚当·斯密的政治学》,[英]D. 温奇著,褚平译 21.00 元
84.《怀旧的未来》,[美]S. 博伊姆著,杨德友译 85.00 元
85.《妇女在经济发展中的角色》,[丹]E. 博斯拉普著,陈慧平译 30.00 元
86.《风景与认同》,[美]W. J. 达比著,张箭飞、赵红英译 79.00 元
87.《过去与未来之间》,[美]H. 阿伦特著,王寅丽、张立立译 58.00 元
88.《大西洋的跨越》,[美]D. T. 罗杰斯著,吴万伟译 108.00 元
89.《资本主义的新精神》,[法]L. 博尔坦斯基、E. 希亚佩洛著,
高铦译 58.00 元
90.《比较的幽灵》,[美]B. 安德森著,甘会斌译 79.00 元

第十批书目

91.《灾异手记》,[美]E. 科尔伯特著,何恬译 25.00 元

92.《技术与时间:3. 电影的时间与存在之痛的问题》,
[法]B. 斯蒂格勒著,方尔平译 65.00 元
93.《马克思主义与历史学》,[英]S. H. 里格比著,吴英译 78.00 元
94.《学做工》,[英]P. 威利斯著,秘舒、凌旻华译 68.00 元
95.《哲学与治术:1572—1651》,[美]R. 塔克著,韩潮译 45.00 元
96.《认同伦理学》,[美]K. A. 阿皮亚著,张容南译 45.00 元
97.《风景与记忆》,[英]S. 沙玛著,胡淑陈、冯樨译 78.00 元
98.《马基雅维里时刻》,[英]J. G. A. 波考克著,冯克利、傅乾译 108.00 元
99.《未完的对话》,[英]I. 伯林、[波]B. P. -塞古尔斯卡著,
杨德友译 65.00 元
100.《后殖民理性批判》,[印]G. C. 斯皮瓦克著,严蓓雯译 79.00 元

第十一批书目

101.《现代社会想象》,[加]C. 泰勒著,林曼红译 45.00 元
102.《柏拉图与亚里士多德》,[美]E. 沃格林著,刘曙辉译 78.00 元
103.《论个体主义》,[法]L. 迪蒙著,桂裕芳译 30.00 元
104.《根本恶》,[美]R. J. 伯恩斯坦著,王钦、朱康译 78.00 元
105.《这受难的国度》,[美]D. G. 福斯特著,孙宏哲、张聚国译 39.00 元
106.《公民的激情》,[美]S. 克劳斯著,谭安奎译 49.00 元
107.《美国生活中的同化》,[美]M. M. 戈登著,马戎译 58.00 元
108.《风景与权力》,[美]W. J. T. 米切尔著,杨丽、万信琼译 78.00 元
109.《第二人称观点》,[美]S. 达沃尔著,章晟译 69.00 元
110.《性的起源》,[英] F. 达伯霍瓦拉著,杨朗译 85.00 元

第十二批书目

111.《希腊民主的问题》,[法]J. 罗米伊著,高煜译 48.00 元
112.《论人权》,[英]J. 格里芬著,徐向东、刘明译 75.00 元
113.《柏拉图的伦理学》,[英]T. 埃尔文著,陈玮、刘玮译 118.00 元
114.《自由主义与荣誉》,[美]S. 克劳斯著,林垚译 62.00 元
115.《法国大革命的文化起源》,[法]R. 夏蒂埃著,洪庆明译 38.00 元
116.《对知识的恐惧》,[美]P. 博格西昂著,刘鹏博译 59.00 元
117.《修辞术的诞生》,[英]R. 沃迪著,何博超译 59.00 元
118.《历史表现中的真理、意义和指称》,[荷]F. 安克斯密特著,周建漳译 58.00 元
119.《天下时代》,[美]E. 沃格林著,叶颖译 78.00 元
120.《求索秩序》,[美]E. 沃格林著,徐志跃译 48.00 元

第十三批书目

121.《美德伦理学》,[新西兰]R. 赫斯特豪斯著,李义天译 68.00 元
122.《同情的启蒙》,[美]M. 弗雷泽著,胡靖译 48.00 元
123.《图绘暹罗》,[美]T. 威尼差恭著,袁剑译 76.00 元
124.《道德的演化》,[新西兰]R. 乔伊斯著,刘鹏博、黄素珍译 65.00 元
125.《大屠杀与集体记忆》,[美]P. 诺维克著,王志华译 78.00 元
126.《帝国之眼》,[美]M. L. 普拉特著,方杰、方宸译 68.00 元
127.《帝国之河》,[美]D. 沃斯特著,侯深译 76.00 元
128.《从道德到美德》,[美]M. 斯洛特著,周亮译 58.00 元
129.《源自动机的道德》,[美]M. 斯洛特著,韩辰锴译 58.00 元
130.《理解海德格尔:范式的转变》,[美]T. 希恩著,邓定译 89.00 元

第十四批书目

131.《城邦与灵魂:费拉里〈理想国〉论集》,[美]G. R. F. 费拉里著,刘玮编译 69.00 元
132.《人民主权与德国宪法危机》,[美]P. C. 考威尔著,曹晗蓉、虞维华译 58.00 元
133.《16 和 17 世纪英格兰大众信仰研究》,[英]K. 托马斯著,芮传明、梅剑华译 168.00 元
134.《民族认同》,[英]A. D. 史密斯著,王娟译 55.00 元
135.《世俗主义之乐:我们当下如何生活》,[英]G. 莱文编,赵元译 58.00 元
136.《休谟的人生智慧》,[英]J. 巴吉尼著,杨春丽译 68.00 元
137.《自由意志、能动性与生命的意义》,[美] D. 佩里布姆著,张可译 69.00 元
138.《自由与多元论:以赛亚·伯林思想研究》,[英]G. 克劳德著,应奇等译 58.00 元
139.《暴力:思无所限》,[美]R. J. 伯恩斯坦著,李元来译 59.00 元
140.《中心与边缘:宏观社会学论集》,[美]E. 希尔斯著,甘会斌、余昕译 88.00 元

第十五批书目

141.《自足的世俗社会》,[美]P. 朱克曼著,杨靖译 58.00 元
142.《历史与记忆》,[英]G. 丘比特著,王晨凤译 59.00 元
143.《媒体、国家与民族》,[英]P. 施莱辛格著,林玮译 68.00 元
144.《道德错误论:历史、批判、辩护》,

[瑞典]J. 奥尔松著,周奕李译　58.00 元

145.《废墟上的未来:联合国教科文组织、世界遗产与和平之梦》,
[澳]L. 梅斯克尔著,王丹阳、胡牧译　88.00 元

146.《为历史而战》,[法]L. 费弗尔著,高煜译　98.00 元

147.《康德与现代政治哲学》,[英]K. 弗利克舒著,
徐向东译　58.00 元

148.《我们中的我:承认理论研究》,[德]A. 霍耐特著,
张曦、孙逸凡译　69.00 元

149.《人文学科与公共生活》,[美]P. 布鲁克斯、H. 杰维特编,
余婉卉译　52.00 元

150.《美国生活中的反智主义》,[美]R. 霍夫施塔特著,
何博超译　68.00 元

第十六批书目

151.《关怀伦理与移情》,[美]M. 斯洛特著,韩玉胜译　48.00 元

152.《形象与象征》,[罗]M. 伊利亚德著,沈珂译　48.00 元

153.《艾希曼审判》,[美]D. 利普斯塔特著,刘颖洁译　49.00 元

154.《现代主义观念论:黑格尔式变奏》,[美]R. B. 皮平著,郭东辉译
98.00 元

155.《文化绝望的政治:日耳曼意识形态崛起研究》,[美]F. R. 斯特恩著,杨靖译　98.00 元

156.《作为文化事实的未来:全球现状面面观》,[美]A. 阿帕杜莱著,
周云水、马建福译　98.00 元

157.《一种思想及其时代:以赛亚·伯林政治思想的发展》,[美]
J. L. 彻尼斯著,寿天艺、宋文佳译　88.00 元

158.《人类的领土性:理论与历史》,[美]R. B. 萨克著,袁剑译(即出)

159.《多元社会中的正义》,[美]G. 高斯著,范震亚译　　68.00 元
160.《荒原:一部文化史》,[美]V. D. 帕尔玛著,梅雪芹等译　88.00 元

第十七批书目

161.《浪漫派为什么重要》,[美]P. 盖伊著,王燕秋译　　49.00 元
162.《欧美思想中的自治》,[美]J. T. 克洛彭伯格著,褚平译(即出)
163.《冲突中的族群》,[美]D. 霍洛维茨著,魏英杰、段海燕译(即出)
164.《八个欧洲中心主义历史学家》,[美]J. M. 布劳特著,杨卫东译(即出)
165.《在记忆与悼念之场》,[美]J. 温特著,郭立秋译　　78.00 元
166.《20 世纪的战争与纪念》,[美]J. 温特、[以]E. 希文编,吴霞译　　78.00 元
167.《病态社会》,[美]R. B. 埃杰顿著,杨靖、杨依依译(即出)
168.《种族与文化的少数群体》,[美]G. E. 辛普森、J. M. 英格尔著,马戎、王凡妹等译(即出)
169.《美国城市新主张》,R. H. 普拉特著,周允程译(即出)
170.《五种官能》,[法]M. 塞尔著,徐明译(即出)